부모가 화를 내면
아이의 행동은
변하지 않습니다

아이와 힘겨루기를 끝내는 애착 육아의 기적

부모가 화를 내면 아이의 행동은 변하지 않습니다

바네사 라포인트 지음 · 신솔잎 옮김

빌리 billy button 버튼

추천사

"매년 영어로 출간된 자녀교육서를 거의 다 빼놓지 않고 읽는 내가 지난 5년간 출간된 최고의 자녀교육서 다섯 권 중 하나로 꼽는 도서가 바로 《부모가 화를 내면 아이의 행동은 변하지 않습니다》이다. 이 책이 모든 부모의 필독서 목록에 들길 바란다. 세상을 바꿀 책이라 생각한다."

— 로라 마컴Laura Markham 박사,
Ahaparenting.com의 창립자이자 ≪부모 멘탈 수업≫의 저자

이 책에서 바네사 라포인트는 어떻게가 아니라 왜 훈육을 해야 하는지, 그 중요한 질문을 파고들었다. 아이가 우리의 바람에 따라 행동하지 않을 때 혼을 내야 후에 행복하고 유능하며 따뜻한 어른으로 성장할 수 있다는 기존의 신념을 다시 생각해봐야 한다. 저자는 아이에게 진정으로 필요한 것은 친절함과 공정함, 따뜻하고 안전한 환경이라는 점을 보여주며 부모가 신뢰할 수 있는 자녀교육서를 탄생시켰다."

— 메기 덴트Maggie Dent,
≪아홉 가지 사항: 기본으로 돌아가 침착함, 상식,
유대감으로 0세부터 8세까지 아이를 기르는 양육법(가제)
9Things: A Back-to Basics Guide to Calm, Common-sense, Connected Parenting Birth-8≫의 저자

"라포인트는 유려한 글로 힘겨루기, 조종, 통제 없이도 아이를 훈육하는 놀라운 방법을 소개한다. 부모라면 누구에게나 도움이 될 통찰력 가득한 지침서이다!"

— 셰팔리 차바리Shefali Tsabary 박사,
뉴욕타임스 베스트셀러 ≪깨어있는 부모≫의 저자

"아이를 어떻게 훈육해야 하는지 잘못 알고 있었던 모든 부모들이 반드시 읽어야 할 책이다. 라포인트는 과학 이론에 풍부한 임상 경험을 더해 올바른 훈육법을 어떻게 실천해야 하는지 명확하게 제시하고 있다. 이 책을 읽고 행복하고 적응력이 뛰어난 아이라는 결과물을 직접 경험하길 바란다."

— 바버라 피츠제럴드Barbara Fitzgerald, 왕립 외과 협회 회원 (캐나다),
발달소아과 의사, 브리티시 컬럼비아 대학University of British Columbia 임상 부교수

"정말 좋은 책이다! 과학을 바탕으로 실용적이면서도 효과적인 훈육법이라는 요소를 모두 갖춘 보기 드문 자녀교육서이다."

— 티나 페인 브라이슨Tina Payne Bryson 박사, 뉴욕타임스 베스트셀러
≪아직도 내 아이를 모른다≫, ≪아이의 인성을 꽃피우는 두뇌 코칭≫의 공저자

큰 아들과
작은 아들에게

•일러두기

1. 이 책의 맞춤법과 인명, 지명 등의 외래어 표기는 국립국어원의 규정을 바탕으로 했습니다.
2. 소개된 도서는 국내 출간된 번역서가 있는 경우 해당 도서명을 사용하였으며, 없는 경우는 원서 명에 가깝게 번역했습니다.
3. 옮긴이 주는 괄호 안에 줄표는 두어 표기했습니다. (-옮긴이 주)
4. 이 책에 소개된 나이는 만 나이를 기준으로 했습니다.

당신이 이 책을 집어 들었다는 데 무척이나 기쁨을 느낀다.
그냥 하는 말이 아니다. 매년 영어로 출간된 자녀교육서를 거
의 다 빼놓지 않고 읽는 내가 지난 5년간 출간된 최고의 자녀교
육서 Top 5 중 하나로 꼽는 도서가 바로 이 책이다. 대부분의
자녀양육서는 아이의 잘못된 행동을 어떻게 해결해야 하는지
에 초점이 맞춰져 있을 뿐, 아이가 그런 행동을 하는 원인에 대
해서는 알려주지 않는다. 또 아이가 위협을 마주할 때 정서적
으로 안정된 상태를 유지하지 못하는 이유와 그 상태를 해결할
방법에 대해서도 다루지 않는다.

그 순간의 잘못된 행동을 멈추게 하는 방법만 알려주는 책은
아이와의 관계를 악화시키고 향후 잘못된 행동이 더욱 많이 발

현될 가능성만 높인다. 아이는 자꾸 잘못된 행동을 하고 부모는 이에 대응해 처벌을 내리지만 내심 이 방법이 화목한 가정으로 향하는 길이 아닌 것 같다는 생각이 든다면, 바로 이 책이 당신을 위한 책이다.

자녀 양육을 주제로 한 많은 책은 부모가 부족한 양육자인 것만 같은 기분을 느끼게 한다. 책에서는 아이를 통제해야 한다고 말하지만 대부분의 부모들이 이 조언을 실제로 행하지 못하기 때문이다. 하지만 이는 부모만의 잘못이 아니다. 부모와 아이 사이의 감정의 역할을 고려하지 않은 많은 육아 전문가의 잘못이다. 이 전문가들은 부모가 그저 꾸준하게 '아이에게 행동에 대한 결과를 경험하게' 한다면 아이는 결국 교훈을 얻고 '자발적으로' 잘못된 행동을 멈출 거라고 말한다.

하지만 아이들은 말썽을 부리는 게 좋아서 또는 성격이 못되서 잘못된 행동을 하는 것이 아니라 무엇을 '해야' 하는지 모르기 때문에 그런 행동을 하는 것이다. 아이들은 누구나 착한 아이가 되고 싶고, 우리와 따뜻한 연결의 상태를 유지하고 싶어 하며, 올바른 일을 하고 싶어 한다. 아이들이 잘못된 행동을 하는 이유는 정서적으로 조절력을 잃어서, 진정할 방법을 몰라서, '올바른 일을 하는 법'을 모르기 때문이다.

당신은 침착함을 유지한 채 단호하고 한결같은 모습을 보이려 노력하지만 아이가 조절력을 잃은 상태라 당신의 지시를 따르지 못한다면 어떻게 해야 하는가? 행동에 대한 결과를 경험하게 하려는 당신의 뜻을 고집스런 아이가 따르지 않고, 상황은 점차 힘겨루기로 번진다면 어떻게 해야 할까?

이 획기적인 책에서 라포인트는 훈육을 둘러싼 혼란을 단숨에 정리하고 부모들에게 필요한 명확한 답을 전해준다. 결국 인간 행동의 원인은 감정인 바, 아이의 문제 행동을 해결하기 위해서는 아이가 자신의 감정을 조절할 수 있도록 돕는 것부터 시작해야 한다. 라포인트가 분명하게 밝히듯, 아이는 안전함을 느끼기 전에는 정서를 조절할 수 없다. 아이에게 안전함을 주려면 성인인 우리부터 자신의 정서를 조절하고 상황을 책임감 있게 주도할 때에야 가능해진다.

아이가 안전함을 느끼는 지가 당신의 우선순위라는 것을 깨닫고 나면, 아이와 연결을 유지하는 것부터 시작해야 한다는 점을 깨우치게 된다. 연결이 안전함을 만들고, 안전함이 형성되어야 아이는 다시 정서적으로 조절된 상태에 진입하며 그제야 아이는 협력을 '선택'할 수 있다.

이 책을 읽기 시작할 때는 훈육하는 방법을 다루는 책이라고 생각할 수 있다. 하지만《부모가 화를 내면 아이의 행동은 변하지 않습니다》는 타임아웃, 행동에 대한 결과를 경험하게 하기, 위협, 처벌, 칭찬 스티커, 보상 등 우리가 훈육이라고 생각하는 전략을 활용해 아이에게서 협조를 끌어내는 법을 말하는 책이 아니다. 라포인트는 뛰어난 재능을 발휘해 전통적인 훈육법이 아이들을 징징대고, 만족할 줄 모르고, 우두머리 행세를 하고, 공격적이고, 비협조적으로 만든다는 점을 독자들에게 여실히 보여준다. 저자는 전통적인 훈육이 아이와 부모 사이를 단절시키고, 그 결과 아이의 애착이 불안해진다는 점을 설득력 있게 설명하고 있다. 안전함을 주고 정서적으로 반응하는 부모의 존재를 갈망하는 아이의 욕구가 다른 모든 정서적 욕구보다 우세한바, 이 욕구만 충족된다면 아이는 부모의 말을 따르고 바르게 행동하기 위해 '노력'할 것이다.

안타깝게도 전통적인 훈육법으로 아이가 배우는 것은 우리의 사랑이 조건적이고, 자신의 행동을 통제하는 능력에 따라 달라진다는 것이다. 하지만 부모의 사랑이 조건적이라는 생각이 아이를 더욱 불안하게 만들고, 향후 더욱 조절력을 잃고 잘못된 행동을 할 가능성을 높인다. 문제 행동의 요인인 감정 문제를 전혀 해결해주지 못하기 때문에 아이의 협조는 잠깐만 지속될 뿐이고, 우리는 결국 라포인트가 '훈육의 소용돌이'라고 말하는 혼란에 다시 갇힐 뿐이다.

　다행인 것은, 라포인트는 부모가 집에서 리더가 될 수 있는 방법을 포함한 여러 조언을 전해준다는 것이다. 리더가 되는 것을 두고 라포인트는 '헐크가 된다'고 표현했다. (당신이 아는 캐릭터 헐크에 비유한 것으로, 이 이야기만 해도 이 책의 값은 톡톡히 한다.) 또한 저자는 '허용적'인 태도가 아니라 헐크가 된 양육자가 연결과 안전함을 갈구하는 아이의 깊은 욕구를 충족시키고 아이가 가장 멋지게 성장할 수 있는 환경을 조성할 수 있다고 설명한다.

　이 책이 모든 부모의 필독서 목록에 들길 바란다. 세상을 바꿀 책이라 생각한다.

- 로라 마컴Laura Markham 박사,
Ahaparenting.com의 창립자이자 ≪부모 멘탈 수업≫의 저자

아이의 눈으로
세상을 바라봐 주세요

찌는 듯이 무더운 어느 토요일 오후, 결혼식에 참석한 나는 세 살 난 여자아이를 둔 젊은 부부 가까이에 앉았다. 45분간의 예식 동안 불편한 드레스를 입은 채로 얌전히 앉아 있어야 하는 상황은 아이와 부모에게 굉장한 부담감을 안겨줄 터였다. 어린아이가 지금 어떤 기분일지, 무엇보다 부모가 어떤 심정일지 자꾸 생각하게 되었다.

이런 비슷한 상황에 놓인 부모라면 사람의 눈이 자신의 아이에게만 쏠려있고 아이가 착한지 고로 부모가 좋은 부모인지 평가하는 것 같은 기분을 느낄 것이다. 아이가 컵케이크를 하나 더 먹겠다고 떼쓰지 않기를 바라고, 예식이 끝날 때까지 얌전히 앉아 있어주기를 바라는 날일 것이다. 사실 누구나 '좋은' 사람처럼 보이고 싶고, 사람들의 눈에 내 아이가 '착한' 아이처럼 보이길 원하니까. 하지만 컵케이크를 하나 더 먹고 싶다고 짜증을 내는 아이가 정말 '나쁜' 아이인 걸까? 장시간을 앉아 있어야 하는 어린아이를 어떻게든 달래고 진정시키려고 노력하는 부모가 설사 실패했다고 해서 정말 '나쁜' 부모가 되는 것일까?

이 어린아이를 지켜보며 무언가 이상한 점을 발견했다. 아이가 유난히 조용하고 얌전했다. 주변에서는 아이와 부모를 칭찬하는 말도 들렸다. 누가 봐도 '착한' 아이였고 '좋은' 부모였지만 이 논리에 허점이 있다는 것을 느꼈다. 어쩌면 이 여자아이는 기질적으로 매우 순하고 주변의 떠들썩한 상황에 그리 반응하지 않는 아이일 수도 있다. 어쩌면 얌전하고 예쁘게 굴지 않으면 벌어질 결과를 두려워했을 지도 모른다.

아이가 조용하다는 것이 반드시 착한 아이라는 뜻일까? 아이의 얌전한 행동이 '좋은' 가정교육의 증거일까? 여기서 좋다는 건 도대체 무엇일까? 도덕규범을 이야기하는 것일까, 아니면 현실적인 기준을 가리키는 것일까? 성인이 정하고 강제한 행동 규칙에 따라 아이를 평가하는 것일까, 아니면 성인을 평가하는 것일까?

어떤 상황이든 양육과 훈육에 대해서라면 이런 일이 '벌어졌어야' 하고, 이렇게 '했어야' 한다는 온갖 의견으로 무장한 구경꾼들이 나타난다. 결혼식에서 그 꼬마가 떼를 썼다면 다들 뭐라고 생각했을까? 분명 구경꾼 대다수는 아이에게 훈육이 필요하다고 옆 사람에게 낮게 읊조리거나 입 밖으로 내지만 않을 뿐 그런 생각을 했을 것이다. 부모는 아이에게 그 행동이 '부적절하다'고 말해야 하는 부담감에 시달렸을 것이다. 결국 좋은 부모란 그렇게 해야 하는 거 아니겠는가? 착한 아이라면 부모의 훈육에 말없이 따르며 진정하는 모습을 보여야 한다.

문제는 이것이다. 이런 상황에서 필요한 것이 정말 '훈육'인 걸까? 아이의 연령과 발달 단계에 따라 당연한 행동이 무엇인지 이해하고 떼를 쓰는 아이에게 좀 더 연민을 갖고 바라봐 줄 수는 없을까? 사람들에게서 조금 떨어져 부모가 안고 얼러주거나, 바깥에 나가 잠시 억눌린 에너지를 분출할 시간이 아이에게 필요하다고 생각할 수는 없을까? 어린아이란 조용하고 침착해야 하는 것일까, 아니면 아이가 갑작스럽게 감정을 표현하고 짜증을 내는 상황을 통해 아이가 세상을 배워가도록 도움을 주고 성장할 수 있는 최선의 기회를 마련해 주어야 하는 것일까? 그저 아이답게 굴도록 둔다면 '나쁜' 부모인가? 다른 아이들보다 더 격렬하게 반응하는 아이를 키운다면 '나쁜' 부모인 걸까? 이런 아이들이 정말 '나쁜' 아이고, 훈육이 필요한 아이인걸까, 그저 돌봄과 지지가 필요한 건 아닐까?

대부분의 부모들이 공개적으로 평가를 당하는 상황에 극도의 피로를 느낀다. 하루하루를 헤쳐나가는 것만으로도 혼란스러운 와중에 육아 기술까지 평가받고 싶지 않은 우리는 이런 평가를 벗어나기 위해 자녀가 예의 바르게 행동하도록 최선을 다해 노력한다. 하지만 최선의 방향으로 성장하기 위해 아이에게 정말 무엇이 필요한지에 대한 기본적인 이해 없이 좋은 행동만을 요구한다는 것은 비효율적일뿐 아니라 잠재적으로 위험한 태도이다. 훈육은 사회적 규범이 수용하는 좋은 행동을 아이에게서 이끌어내기 위한 방법이지만, 훈육에서 무엇보다 가장 중요한 것은 아이에게 필요한 것을 충족시켜주는 것이다.

이 책은 아이들에게 필요한 것은 무엇인지, 훈육이란 무엇인지, 어떻게 상처 없이 훈육을 할 수 있는지에 대해 이야기한다. 물론 우리는 아이들이 좋은 행동을 할 역량을 갖추고 아이들이 살아나가야 할 세상의 규칙을 이해하는 사람으로 자라길 바란다. 하지만 그에 못지않게 사회 및 정서적 발달도 중요하다. 그 어떤 부모도 아이에게서 좋은 행동을 이끌어내기 위해 상처를 주고 건강한 발달을 희생시키는 상황은 원치 않는다.

15년 넘게 심리학자이자 교육자, 강연자로 활동하며 수많은 워크숍 요청을 받았는데, 단연코 훈육이 가장 뜨거운 주제였다. 양육자라면 누구나 훈육하는 방법을 배우고 싶어 한다. 여기서 양육자란 부모, 조부모, 교사, 이웃, 이모, 삼촌, 그 외 아이를 양육하고 키우는 데 중요한 역할을 하는 여러 사람들이다. 어른들은 전략과 기술을 원한다. 본인들이 훈육을 잘 하고 있다는 것을 확인받고 싶어 한다. 치솟는 아동 불안 관련 질환과 우울증 비율이 우리에게 훨씬 중요한 문제가 있음을 시사하고 있는 현실에서 어떻게 훈육이 지배적인 양육 문화의 중심에 서게 되었는지 때때로 의아한 생각이 든다.

현재 5세에서 17세 사이의 아동 중 6~8퍼센트 정도가 범불안 장애, 분리불안, 공포증, 공황 장애, 선택적 함구증 등 불안 관련 질환으로 진단받을 수 있는 상태이다. 이 아이들이 성인이 될 때쯤이면 이 비율은 18~20퍼센트로 급격히 증가해 언젠가 불안 장애를 진단받는 인구가 다섯 명 중 한 명이 될 것이다. 이와 유사하게 요즘 태어나는 아이들은 3세대 전에 태어난 아이들에 비해 언젠가 우울증을 진단받을 확률이 열 배가 넘을 가능성이 크다. 그 이유가 무엇이냐는 것이다. 무엇이 달라졌기에 아이를 행복하고 건강한 성인으로 키우는 것이 이토록 어려워진 것일까? 신중히 고려해봐야 할 문제이다.

아이를 훌륭하게 키우고 싶다는 양육자의 선의와 아이들이 대단히 힘들어하고 있는 현실의 간극이 크게 벌어진 이유 중 하나는 우리가 아이의 욕구에 대해 잊고 있기 때문이다. 양육은 쉽지 않은 일이다. 지난 세대에 비해 우리는 아이들을 비교적 고립된 환경에서 키우고, 아이와 시간을 보내는 것이 점점 더 어려워졌으며, 이 세상에서 아이들이 제 몫을 해내고 더 어린 나이에 더욱 높은 수준의 성공을 성취할 수 있도록 아이들을 압박해야 한다는 부담감도 느낀다. 소위 아이의 착한 행동이 부모의 노력에 대한 이상적인 결과물이라고 생각하게 되어 아이의 착한 행동에만 집중하게 되었다.

지금 이 사회는 자라나는 아이들에게 진정 중요한 게 무엇인지 잊었다. 아이들의 내면에 깊이 자리한 욕구를 파악하고, 따뜻한 태도로 이 욕구가 충족될 수 있는 건강한 세상을 만드는 것 말이다. 자녀교육 문화가 아이의 행동에서 부모의 행동으로, 올바른 행동에서 아이의 건강한 발달에 대한 이해로 초점을 전환할 때 많은 것이 달라질 것이다. 아이의 행동이 아니라 부모의 행동으로 훈육에 대한 부모의 노력이 얼마나 성공적인

지를 판단한다면 어떨까?

　아이는 자신의 욕구를 효과적으로 전달하는 데 필요한 의사소통 기술이 없기에 다른 방식으로 자신에게 무엇이 필요한지 양육자에게 알려야 한다. 아기가 울면 양육자는 기저귀를 갈아야 하거나 배가 고프기 때문이라는 것을 안다. 아픈 아이가 잠자리에서 칭얼대면 어른은 곧장 달려가 돌봐준다. 혼란스럽거나, 불안해하거나, 피곤하거나, 배가 고프거나, 좌절감을 느끼거나, 실망하거나, 슬프거나, 화가 나는 등 온갖 감정이 찾아올 때 아이들은 이 상황을 양육자에게 알릴 나름의 방법을 타고 났다.

　부모가 느끼기에 시끄럽고, 정신없고, 불쾌한 행동을 아이가 일부러 하는 것처럼 보이겠지만, 사실은 그렇지 않다. 엄마의 분노 버튼을 누르려는 의도가 아니라 양육자의 도움으로 자신의 욕구를 충족시키기 위해 해야만 하는 잠재의식적인 행동이다. 아이의 행동은 단순히 의사소통 수단일 뿐이다.

　아이들은 양육자에게 절대적으로 의존하고, 양육자를 향해 자신의 욕구를 표현하고자 이런 행동을 보이는 것이다. 아이들은 양육자에게서 관심과 사랑의 정수를 경험하길 바란다. 아동 발달 과학을 통해 양육자와 아이의 관계가 건강한 발달에 절대적인 부분이 아니라고 할지라도 큰 역할을 하는 것이 분명하다는 사실이 드러났다.

얼마나 중요한지 UN은 행복, 사랑, 이해의 환경에서 성장하는 것을 아동 권리의 핵심 원칙으로 명시할 정도이다. 이런 환경에서 아이를 키운다는 것이 어떤 의미이고, 또 아이들에게 이 원칙이 가장 필요한 부분이 어디인지 생각해보기 위해서는 현재의 훈육법이 과연 양육자와의 접촉과 연결, 친밀함이라는 아이의 주된 욕구에 얼마나 부합하는지부터 판단해야 한다.

부모들이 나를 찾아오는 가장 흔한 이유는 아이의 문제 행동, 불안, 우울, 삶이 변화할 때 아이가 경험하는 정서적 혼란, 그 외 아이의 일상에서 생기는 여러 문제들, 그런 아이를 돌보는 부모의 괴로움 때문이다. 물론 이런 문제를 경험하는 아이들은 '말썽을 피우는' 것으로, 다시 말해 행동으로 자신의 욕구를 표현한다. 나는 부모와 아이가 무엇 때문에 마음이 불편한지 잠재적인 원인에 대해 이야기를 나누다가 슬쩍 훈육으로 대화의 방향을 튼다.

수많은 부모들이 타임아웃, 행동에 대한 결과를 경험하게 하기, 특권 앗아가기, 보상, 칭찬 등 전통적인 훈육법을 활용해 아이의 행동을 통제하려 든다. 이런 방식은 지금껏 아무런 효과도 없었고 앞으로도 그럴 것이다. 오히려 이런 접근법이 아이의 문제 행동을 심화시키는 원인으로 작용한다.

나는 부모들에게 아이의 눈으로 세상을 바라보라고 말한다. 그제야 양육자들은 아이의 행동을 변화시키는 데서 벗어나 그 행동의 원인이 무엇이고 아이의 욕구를 충족하기 위해 무엇을 해야 하는지 보기 시작한다. 이해와 연민으로 아이에게 반응하면 그때야 비로소 진짜 변화를 맞이하게 된다. 아이의 욕구를 이해하고 상상력과 인내력, 연민을 발휘해 이 욕구가 충족되는 환경을 조성할 때 아이들의 건강한 발달을 이끌 수 있다. 또한 아이에게 세상이 허용하는 행동 규범을 알려주는 한편 이 과정에서 아이가 우리에 대한 신뢰와 연결을 잃지 않게 할 수 있다.

아이의 삶에 긍정적이면서도 오래 지속되는 영향력을 발휘하는 것이야 말로 우리에게 주어진 가장 큰 책임감일 것이다. 그럼에도 현재 우세한 자녀교육 문화는 양육자와의 연결이라는 아이의 가장 중요한 욕구에서 멀어져 있으며 오히려 아이에게 상처를 입히는 훈육법으로 우리를 이끌고 있다. 현재 양육 문화에서 훈육의 필요성을 얼마나 강조하고 있는지, 내가 실제로 겪었던 경험을 통해 설명하고자 한다.

음울한 가을, 비가 쏟아지던 어느 날 공휴일을 맞은 두 아이는 학교에 가지 않고 집에 있었다. 우리는 집 안에 갇혀 답답해하는 대신 집 근처 실내 놀이 센터에 가기로 했다. 나는 앞으로 펼쳐질 정신없는 상황과 소음에 대비해 몇 차례 심호흡을 한 뒤 집을 나섰다. 실내 놀이 센터에 도착하자마자 비가 내리는 하루를 견디기 위해 이곳에 온 가족이 우리만이 아니라는 것을 깨달았다. 아이들이 온 사방에 뛰어다녔고, 신이 나다 못해 비명을 질러대는 소리가 곳곳에서 울려 퍼졌다.

나는 지금껏 남모르는 노력으로 티 나지 않게 눈으로 아이들을 쫓으면서도 라테를 마시며 다른 부모들과 대화를 나누는 여유로운 엄마의 모습을 유지해왔다. 하지만 그날, 그 상황에서는 여유란 것을 흉내낼 수조차 없었다. 나는 그곳에 있는 아이들 모두가 안전하게 놀이를 하도록 미끄럼틀이며 좁은 통을 오가고 (이후 물리치료사를 찾아가야 했다) 가끔씩 아이들과 함께 섞여 놀기도 했다.

그 순간 일이 벌어졌다. 세 살이었던 둘째 아들 맥스웰이 전속력으로 나를 향해 달려왔다. 뺨은 벌겋게 달아오르고 땀에 젖은 이마에는 머리카락이 들러붙은 아이의 사랑스러운 얼굴에는 무언가 문제가 생겼다는 표정이 여실히 드러났다. 두 팔을 벌리고 기다리는 나를 향해 다가오는 아이를 보며 '진정 모드'를 발휘할 준비를 하고 있었다. 그 순간 아이의 주먹이 순식간에 내 코를 강타했다. 이렇게 완벽할 수가.

코는 욱신거리고 눈에는 나도 모르게 눈물이 차올랐지만 맥스웰이 상당히 불안정하고 많은 관심이 필요한 상태라는 것을 깨달았다. 나는 최대한 아이를 진정시키려 노력했고, 잠시 후 아이가 내 품에 기대어 안정을 찾는 것이 느껴졌다. 마음의 상처, 혼란스러운 감정, 피로 등 거친 행동을 불러일으킨 감정이 내 따뜻한 손길과 품 안에서 서서히 진정되어 갔다.

맥스웰을 진정시키는 동안 주변 부모들이 갑자기 조용해지며 우리를 바라보는 것이 느껴졌다. 이들이 차마 말로 하지 못한 생각들이 읽혔다. "정말 그냥 넘어갈 거예요?", "아이한테 훈육해야죠!", "저 엄마 정말 말도 안 되게 이상적인 육아법을 하나 보네.", "뭘 잘못했는지 가르쳐야지." 다른 부모들과 시선을 전혀 맞추지 않은 채 맥스웰을 안고만 있던 나는 의자에 앉아 아이를 내 무릎 위에 앉혀 따뜻한 품에 기대게 했다. 그때 처음 보는 '완벽한 엄마'가 육아 조언을 건넸다. 그녀의 말이 아직도 또렷하게 기억난다. "타임아웃이 효과가 꽤 좋아요."

원래 열정적인 성격인 데다 특히나 내 아이들에 대해, 아이의 욕구에 대해 확신이 가득한 나로서는 어린아이의 두뇌 발달에 관한 12분짜리 강의를 하고 싶은 마음을 억누르기 어려웠다. 아이가 안전하고 보호받는 기분을 느끼기 위해, 조절력을 얻기 위해 연결이 왜 필요한지, 이 사회에 멋지게 어울릴 수 있는 아이로 성장하는 데 따뜻한 양육자의 역할은 무엇인지 설명을 늘어놓고 싶었다.

대신 나는 마음속으로 열까지 센 후 이렇게만 말했다. "우리 집은 연결을 바탕으로 양육하고 있어서 타임아웃은 하지 않아요." 물론 이 여성은 내가 일평생 아이의 욕구를 깊이 이해하고 이 욕구를 연민을 바탕으로 한 방식으로 충족시키려고 노력해 온 사람이라는 것은 전혀 몰랐다.

그러자 완벽한 엄마가 멈칫했다. "이런, 내가 모르는 뭔가를 아는 사람인가 보네. 이제 뭐라고 해야 하지…?"라는 표정이 얼굴에 드러났다. 그녀는 이렇게 덧붙였다. "뭐. 우리 집에서도 실제로 타임아웃을 하지는 않아요. 타임아웃이란 말만 꺼내도 효과가 있으니까요." 그러나 무리에 있던 몇몇 부모가 동조하는 말을 보탰다. 나는 내가 할 수 있는 가장 상냥한 미소를 짓고는 짐을 챙기며 아이들에게 집에 갈 시간이라는 신호를 주고는 곧장 소란스러운 실내 놀이 센터에서 빠져나왔다.

이것으로 끝이 아니었다. 진정을 되찾은 맥스웰과 큰 아이를 차에 태우고는 맥스웰의 눈을 바라보며 미소를 지었다. 아이에게 놀이 센터에서 조금 혼란스러운 순간이 있었지만 다음부터는 마음이 괴로워지면 엄마에게 와서 도움을 청하라고 말했다. 앞으로 네가 엄마에게 주먹을 휘두르지 않을 거라고, 친절하게 대할 거라고 믿는다는 말을 덧붙였다. 아이는 고개를 끄덕였다.

비로소 끝이었다. 다시 같은 이야기를 꺼내지 않았다. 저녁 식사 시간에 남편이 있는 앞에서 아이를 혼내지도 않았고, 어떤 식으로든 당시의 상황을 언급하지 않았다. 그럼에도 내가 아이에게 전하고자 하는 진심이 전달되었다. 이틀 후 맥스웰을 재우고 있을 때 아이가 부드러운 손을 내 얼굴에 갖다 대었다. 한 손으로 내 양쪽 뺨을 한 번씩 어루만진 후 스스로 이렇게 말했다. "엄마, 저번에 놀이 센터에서 때려서 미안해요."

주먹으로 코를 때리는 아이에게 내가 부적절하게 반응한다고 생각했던 부모들은 이런 결과를 상상이나 했을까, 궁금해졌다. 마음이 괴로운 아이에게 연민과 공감으로 반응하는 것으로, 아이를 우선 진정시키고 다음부터는 조심해 달라고 부탁하는 것으로 아이의 자발적이고 진심 어린 사과를 이끌어낼 수 있다는 것을 그 부모들은 예상이나 했을까? 아이의 행동을 그냥 넘어가는 것처럼 보였던 행동이 사실은 아이에게 사랑과 돌봄, 이해를 받는 경험을 선사하는 것이었다는 사실을 짐작이나 했을까? 소란스러운 놀이 센터에서 거친 행동을 보인 아이에게 '뭘 잘못했는지 가르치는' 대신 그 날 아이가 배워야 했던 교훈을 스스로 깨우칠 수 있도록 도왔다는 것을 저들이 헤아릴 수 있을까?

맥스웰은 돌봄과 이해를 받은 경험을 한 덕분에 배움도 가능했다. 이런 경험을 통해 아이는 안정적이고 평온한 성인의 모습에 한 걸음 가까워졌다. 행복하고 충만한 인간으로 세상과 상호작용을 하며 사회에 기여할 줄 아는 모습으로 말이다. 돌봄과 이해를 받은 경험이 어떠한 결과로 나타나기까지 며칠이 걸렸지만, 아이가 자신의 마음을 말로 표현하지 못했던 순간, 오직 거친 행동으로만 표현할 수밖에 없었던 순간에 아이에게 필요한 것을 내가 충족시켰다는 점만은 분명했다.

양육자가 훈육할 때 아이의 욕구에 대해 잊는 이유는 크게 두 가지가 있다. 첫째로, 아이의 욕구와 감정이 아니라 아이의 행동에만 초점을 맞춰 그에 따른 반응을 보여야 한다고 말하는 오늘날의 '양육 문화' 때문이다. 다시 말해, 현재 지배적인 양육 문화는 내면에서 벌어지는 일이 아니라 외부로 표출되는 것, 즉 행동을 중시한다. 둘째로 이런 문화에 더불어 어떤 일을 선택하고 완수하는 모든 것들을 빠르게 해치워야 하기 때문이다.

모든 것이 유례없이 빠른 속도로 흘러가는 시대이다.

일과 아이의 특별활동이나 학교생활, 삶의 의무에 쫓기다 보니 부모 및 양육자들은 빠른 해결책을 중시하게 되었다. 우리는 지금 당장, 바로 해결할 수 있는 '해법'을 바란다! 지금 당장 부모의 말에 조용히 해야 하고, 평온해져야 하며, 바로 협력해야 한다. 그 결과 자라나는 아이에게 정말 중요한 것이 무엇인지 잊고 말았다. 현대 사회에서는 마음 깊이 자리한 아이의 욕구에 대해 생각해보고 아이의 적응성과 회복력을 길러줄 여유가 부족하다. 이것이야말로 정서적 안정을 이끌고 차분한 행동으로 이어진다는 것을 우리도 잘 알지만 말이다.

현재의 양육 문화와 스트레스 심한 세상에 반드시 해야 할 말이 있다. 문제 행동은 반드시 못하게 해야 한다는 전통적인 훈육법은 아무런 소용이 없다는 것이다. 더 나은 방법이 있다. 겉으로 보기에는 골치가 아픈 방법처럼 보일 수 있고 결과가 나타나기까지 오랜 시간이 걸릴 수도 있다. 때로는 주변 사람들의 경멸을 온몸으로 받아내며 물살을 거슬러 헤엄쳐야 할지도 모른다. 하지만 아동 발달 과학의 정수를 배우고 이를 따뜻한 돌봄의 태도로 실천하게 이끌어주는 훈육법이다.

양육자인 우리가 아이들에게 긍정적인 변화를 전해줄 수 있다는 점을 깨달을 때 대단한 주도권이 생긴다. 자연스러운 아동 발달의 체계를 이해할 때, 아이의 욕구를 진정으로 충족시킬 수 있고 가능한 최고의 모습으로 아이를 성장하게 할 수 있다는 것을 깨달을 때 대단한 해방감이 찾아온다. 양육자라면 누구나 아이를 멋지게 이끌어 줄 잠재력을 지니고 있다. 아이의 양육을 책임지는 모든 사람들이 아이의 욕구를 이해하고 이 욕구를 충족시키는 것이 자신의 역할임을 이해한다면 모든 세대에 걸쳐 찾아올 긍정적인 변화는 실로 대단할 것이다.

이 책에서는 오늘날 지배적인, 성급하고 반사적인 양육 문화에서 아이가 양육자와 연결을 느끼는 안정되고 건강한 세상으로 바뀌어야 하는 이유와 그 방법을 보여줄 것이다. 아동 발달 과학과 올바른 양육 실천법을 전부 배울 수 있도록 크게 두 파트로 구성되어 있다. 이 책을 관통하는 철학은 바로 보고See It, 느끼고Feel It, 존재하라Be It! 이다.

이 철학의 핵심은 훈육에는 확실한 전략도, 마법과도 같은 방법도, 정해진 해결책도 없다는 것이다. 다만 아이의 욕구를 깊이 이해하고(보고) 아이의 욕구가 행동으로 표출되는 순간에 그 이해를 바탕으로 연민을 느낀다면 (느끼고), 그 순간 아이의 욕구를 충족시켜주는 반응을 직관적으로 행할 수 있게 될 것이다 (존재하다).

1부는 무엇이 훈육이고, 훈육이 아닌지를 설명한다. 아이의 두뇌가 어떻게 성장하는지를 배우고 또 이것이 아이를 바로 잡고, 교육하고, 아이의 마음을 다독이는 데 왜 중요한지를 보게 될 것이다. 아이가 성질을 부리는 상황을 살펴보고 그때 아이의 두뇌와 마음에서는 어떤 일이 실제로 벌어지는지, 양육자— 아이의 관계에는 어떤 일이 벌어지고 있는지를 이야기할 것이다. 몇몇 훈육 전략이 얼마나 부정적인 영향을 끼치는지, 관계를 바탕으로 한 접근법이 어떻게 아이와 부모 모두에게 원하는 것을 달성하도록 만드는지 보여줄 예정이다.

진짜 변화는 하룻밤 새 일어나지 않는다. 아이가 진정으로 원하는 것은 부모와의 연결이고, 이것이 훈육에서 가장 중요한 점이란 것을 몇 번이나 되새기며 참아야 하는 순간도 있을 것이다. 아이보다 더욱 인내심을 발휘해야 하는 것은 물론이고 더 큰 마음으로, 더욱 현명하고 강해져야 할 테지만 좋은 소식은 당신의 두뇌는 충분히 성숙했고 또 이 책의 2부가 당신을 도와줄 것이라는 점이다. 아이가 자제력을 잃는 중요한 순간에, 아이에게 최고의 세계를 구축해줄 수 있는 중요한 순간에 어떻게 반응해야 하는지에 관한 조언을 가득 전해줄 예정이다.

내게 무엇보다 중요한 목표는 당신 안에 자리한 직관을 일깨우는 것이다. 직관적인 마음이야 말로 아이의 욕구를 이해하는 법을 깨우치는 데 핵심적인 역할을 한다. 아이의 욕구를 이해해야 아이가 예민할 때나 침착할 때나 아이가 진정으로 필요로 하는 것을 충족시킬 수 있다는 자신감이 생긴다. 심호흡을 하며 한 발 한 발 나아가는 것이 어려운 날들도 있을 것이다. 아이를 키운다는 것은 대단히 힘든 일이니까. 너무나 괴로운 나머지 도무지 헤쳐 나갈 길이 보이지 않는 순간도 있을 것이다.

2부에서는 보고, 느끼고, 존재한다는 철학을 실천할 실재적인 방법들을 소개한다. 보고, 느끼는 것이 어렵고 당장 아이의 행동에 대처할 방법이 필요하다면 7장, 아이를 위한 존재가 되는 방법부터 따르길 바란다. 아침마다 펼쳐지는 등원 전쟁이나 잠자리에서의 문제, 항복하고 싶은 순간이 찾아올 때마다 7장에 소개된 방법을 '따라 하다' 보면 언젠가 '체화'되어 있을 것이다.

이 책을 통해 당신을 물들인 지배적인 양육 문화가 사라지길 바라는 마음이다. 주변인들의 압력과 사회적 기준에 자신도 모르게 휘말리는 대신 자연스럽고 과학적으로 입증된 방식으로 아이의 행동에 응답할 능력이 당신 내면에 자리하고 있다는 것을 깨달았으면 좋겠다. 문제 행동을 없애는 데만 초점이 맞춰진 훈육은 아이에게 해를 끼칠 수 있다. 하지만 아이의 행동 이면에 자리한 원인을 이해하고 애정 어린 양육자로서 그 원인을 해결하고자 노력할 때 아이를 진정으로 지켜줄 수 있고 그 과정에서 놀라운 결과도 찾아올 것이다. 이 책을 읽으며 이 같은 양육자가 되어야겠다는 영감을 얻길 바란다. 그리고 당신의 아이는 당신을 부모로 두어 대단한 행운아라는 것 또한 잊지 않길 바란다.

차례

—— PART 1 ——

세상을 이해하고
두뇌를 성장시키는 연결의 힘

01 훈육에 사로잡히는 부모

02 연결이 특별한 이유

—— PART 2 ——

연결을 실천하는 법

세상을 이해하고
두뇌를 성장시키는
연결의 힘

01

훈육에
사로잡히는 부모

아이를 키우는
모든 부모의 고민

저마다 훈육에 대한 나름의 견해가 있다. 전문가들은 각기 다른 관점에서 나름의 의견을 더하고, 부모들은 항상 어떤 훈육이 효과가 있고 효과가 없는지, 무엇을 해야 하고 하지 말아야 하는지 가늠이 되지 않는다고 말한다.

보통 아이가 두 돌이 될 때쯤부터 부모들은 훈육이란 주제에 사로잡힌다. 부모는 내가 아이의 인생을 망치는 것은 아닐까 고민하며 불안해한다. 주변 사람들이 내 양육 방식을 평가하고 있는 건 아닐까? 내 아이가 유치원에서 살아남을 수 있을까? 내가 너무 엄하게 대하는 걸까? 너무 오냐오냐 하는 걸까?

이 방식이 효과가 있을까? 내가 아이를 망가뜨리고 있는 걸까? 무언가 잘못된 건 아닐까?

　이런 질문은 양육자라면 누구나 경험한다. 이제부터 답변을 줄 수 있는 질문에는 답을 하고, 그렇지 않은 질문에 대해서는 당신의 마음이 편안해질 수 있도록 아동 발달에 대한 기본적인 개념과 지식을 실제로 활용하는 방법에 대해 알려줄 것이다.

훈육이란
무엇인가?

훈육을 어떻게 접근해야 할지 감이 잡히지 않아 혼란스러울 때면 사람들은 답을 찾기 위해 인터넷이나 책을 집어 든다. 문제는 지나치게 많은 정보로 인해 오히려 의문점이 더 생기고 만다는 것이다. 더구나 대부분은 이유에 대한 담론은 빼놓은 채 훈육 방법에 대해서만 이야기한다. 훈육을 왜 해야 하는지 이유를 알고 싶다면 한 가지 질문만 하면 된다. 도대체 훈육이 무엇인가?

내가 워크숍이나 어린이집, 학교 등 현장에서 이 질문을 하면 아이를 진짜 세계에 준비시키는 과정이라는 답이 가장 많이 나온다. 아이는 자라서 이 세상의 기준, 규정, 기대치, 규칙에 순응해야 하기 때문에 어느 정도 적응할 수 있도록 규칙을 엄격하게 적용하는 편이 낫다고 생각하는 사람들이 많다. 미리 준비시키지 않으면 아이가 친구들과 잘 지낼 수 있겠는가? 학교생활을 어떻게 잘 할 수 있을까? 취업은 할 수 있을까? 직장은 계속 다닐 수 있을까? 이런 생각은 아이들이 정해진 선 안에서 걷고 세상이 기대하는 바대로 행동하는 법을 배워야 한다는 믿음이 작용한 것이다.

물론 불쾌한 생각을 속으로 삭힐 수 없거나 일을 끝까지 해내지 못하거나 주변 사람들에게 사교적으로 행동하지 못하는 아이들이 여러모로 힘든 세상을 경험하게 될 거라는 데는 이견이 없다. 하지만 성인이 경험하는 현실을 아이들의 세상에 적용해 이상적인 결과를 도출하겠다는 생각은 수용하기 어렵다. 아이들은 자라며 패배를 맛볼 것이고, 이를 잘 대처하며 앞으로 나아가야 하기 때문에 미리 힘든 현실에 노출시켜 성인의 삶을 충분히 준비할 수 있게 한다는 것이 많은 어른들의 생각이다. 안타깝게도 발달 과학은 이 이론을 뒷받침해주지 않는다. 도리어 '발달상'이란 단어는 성장이 능력 발달과 성숙기의 여러 단계를 거쳐 조금씩 진행되는 과정이라는 의미를 내포하고 있다.

발달상으로 아이들은 성인과 무척 다르다. 아이의 두뇌는 전두 피질과 전전두 피질이 비교적 성숙하지 못해 자기 통제력이 낮을 수밖에 없다. 달리 말하면, 자기 통제를 실천할 정도로 두뇌가 충분히 성장하기 전에는 당연히 충동적일 수밖에 없다는 뜻이다.

1960년대와 1970년대 스탠포드 대학의 유명한 마시멜로 실험을 통해 자기 통제력과 나이 간의 상관관계가 드러났다. 어린아이들은 빈 방에서 마시멜로가 있는 책상 앞에 앉아 있었다. 아이들에게 원한다면 마시멜로를 먹어도 되지만 15분을 기다린다면 마시멜로를 두 개 먹을 수 있다고 알렸다. 그 결과, 좀 더 나이가 있는 아이들은 인내심을 발휘해 마시멜로 두 개라는 보상을 얻었다. 다시 말해 자기 통제력은 발달을 통해 가능하고 시간이 지나고 경험이 쌓일수록 더욱 잘 발휘할 수 있다. 당연히 성인은 나이가 더 많기 때문에 자기 통제력에서는 아이들보다 나을 수밖에 없다.

전두 피질과 전전두 피질이 자기 통제를 유지하는 능력에 가장 깊이 관여하고, 아이가 성장하는 과정에서 가장 늦게까지 성숙하는 영역인 만큼 아이들이 대단한 자기 통제력을 발휘할 수 없는 것은 자연스러운 일이다. 자기 통제를 가능케 하는 신경학적 인프라스트럭처가 형성되기 전에는 아이에게 기준, 규정, 기대치, 규칙에 순응하라고 요구해서는 안 되는 일이다. 자기 통제력을 키운다는 명목으로 성인이 요구하는 일의 대다수를 아이들은 하지 않는 것이 아니라 할 수가 없다.

아이를 성인의 세계에 준비시킨다는 데만 맹목적으로 집착해 이른 나이부터 '자기 통제력'을 발휘하길 요구한다면, 아이들에게 행동에 따른 결과에 책임지게 만들거나 타임아웃 등의 제재를 가하거나 '적절한' 행동을 이끌어내는 칭찬 스티커 같은 전략을 필사적으로 활용할 수밖에 없다. 본질적으로는 아이들이 자기 통제력을 흉내내도록 하는 것이다.

안타깝게도 이러한 훈육의 전략은 아이의 두뇌를 속여 순응시킬 수는 있지만 자기 통제력을 발휘하게 할 수는 없다. 아이들은 특별한 관계를 나누는 성인과 정서적으로 연결되고 싶어한다. 아이의 사회적, 정서적 욕구를 훈육에 연계시켜 자기 통제를 모방하는 행동을 보이냐 그렇지 않느냐에 따라 보상과 처벌을 내리는 것으로 아이의 뇌를 속이고 행동을 조작할 수는 있다. 바로 우리가 올바른 행동이라는 명목하에 아이들의 욕구를 희생시키는 지점이고, 훈육이 아이들에게 악영향을 미치는 지점이다.

· 훈육은 자기 통제력이 아니다 ·

사회적 동물인 아이들은 태어난 순간부터 양육자를 찾는다. 아동 발달 전문가인 제리 폴Jeree Pawl 박사는 이렇게 설명한다. "우리가 [아이들에 관해] 연구한 모든 것은 결국 아이들이 본인의 생존만이 아니라 인간과의 유대감을 바란다는 결론에 이른다. 아이들은 태어나자마자 우리를 찾는다. 태어나 처음 몇 시간 동안 무엇을 바라볼지 결정할 수 있다면 아이들은 항상 자신이 선택한 사람의 얼굴을 볼 것이다." 아이가 태어난 직후를 관찰해본 사람이라면 누구나 알겠지만 아이는 우리가 필요한 존재라는 것을 본능적으로 직감한다.

실제로 아동 발달 분야의 최신 연구는 부모와의 정서적, 신체적 연결성이 아이들의 생존과 발달에 지극히 중요하다는 것을 보여준다. 부모와의 유대감을 향한 아이들의 전적인 의존과 필요를 두고 현재 양육 문화는 훈육이란 명목으로 자기 통제력을 끌어들였다. 훈육에 과도하게 초점을 맞춘 나머지 자기 통제라는 개념과 부모와의 연결에 대한 아이의 욕구가 뒤섞였고, 그 결과 훈육은 아이의 연결 욕구를 이용해 '자기 통제'(올바른 행동)를 발휘하도록 하는 것이라는 관점이 생겨났다. 이러한 접근법이 이상적인 행동을 유도할 수는 있겠지만, 다방면에서 해로운 결과를 도출한다.

아이가 부모와의 신체적, 정서적 연결성이라는 가장 본질적인 욕구를 참아야 할 때 아이의 두뇌는 그 연결성이 가능해질 때까지 모든 것을 보류하는 상태로 전환된다. 네 살짜리 아이가 친구와 같이 장난감을 갖고 놀다 갈등이 생긴 상황을 생각해보자. 다른 아이의 장난감을 뺏으려는 아이의 행동을 막기 위해 어른들은 이렇게 말한다. "장난감은 친구와 같이 갖고 놀아야지." 그런 뒤 각각 장난감을 만지는 시간을 정해준다. 하지만 자기 통제를 심어주려는 이러한 노력은 반드시 실패할 수밖에 없다. 자신의 순서를 기다리는 아이는 그 장난감을 빼앗아 내동댕이치고 친구를 밀치고 싶다는 충동에 저항하지 못한다. 결과적으로 아이의 두뇌는 이런 상황에서 자기 통제를 발휘할 만큼 성숙하지 못하기 때문이다.

현재의 양육 문화 분위기에 젖은 교양 있는 성인은 아이의 이런 행동이 사회적 규범에 위배된다고 판단하고 아이에게 교훈을 가르쳐 주어야 한다는 생각에 빠져든다. 그래야 다음번에 아이가 더욱 올바르게 행동할 것이고 궁극적으로는 현실 세계에 좀 더 준비된 아이로 성장할 수 있기 때문이다. 때문에 아이가 마음을 가라앉힐 때까지 '생각 의자'에 앉히고, 아이가 예쁘게 행동할 준비가 되었을 때 다시 제자리로 와서 놀게 한다.

생각 의자 소리가 나오면 아이들은 처음에는 울다가 저항하기 시작하고 어쩌면 화를 낼 수도 있다. 억지로 생각 의자에 앉아야 하는 아이는 결과적으로는 '진정한' 것처럼 보인다. 그럼 어른은 아이를 놀이 공간으로 다시 불러들이고, 아이는 친구와 장난감을 나누는 것에 순응하는 듯 보인다. 적절한 훈육 전략을 사용했더니 아이는 교훈을 얻었고 부모의 임무도 완료되었다. 그렇지 않은가? 하지만 틀렸다.

아이는 장난감을 공유하는 법을 반드시 '배워야' 한다는 데 초점을 두고 상황을 본다면 중요한 배움을 얻은 아이가 행동을 변화시켰다고 생각할지도 모른다. 하지만 아동 발달 과학에 따르면 그 연령의 아이는 자기 통제를 발휘할 능력이 부족해 장난감을 친구와 나눌 수 없다. 뿐만 아니라 부모와의 연결이 아이에게 가장 중요한 욕구라는 것을 알고 있다. 이 두 가지 사실을 염두에 두고 발달이란 관점으로 좀 전의 상황을 다시 되짚어 보도록 하자. 생각 의자에 억지로 앉게 된 아이는 무서운 목소리로 혼을 내는 부모와 정서적 단절을 경험할 뿐 아니라 부모는 의자에 앉혀두고 떠나기에 신체적 단절도 경험한다.

연결을 향한 아이의 욕구가 해결되기 전에는 그 외 다른 욕구들 또한 충족될 수 없다. 아이의 두뇌 속 신경 회로는 아이에게 문제를 바로 잡고 부모와의 연결을 회복하기 위해선 무엇이든 해야 한다고 말한다. 때문에 생각 의자에 앉아 있던 아이가 뚝뚝 흘리던 눈물을 거두고 장난감을 빼앗으려는 행동을 포기하는 모습만 보면 성공적으로 아이의 일탈이 멈춘 듯 보인다. 하지만 여기서 우리가 치르고 있는 대가는 무엇일까?

먼저 연결을 향한 아이의 욕구가 협상 카드로 쓰였다. 아이는 무언가를 '배운' 것이 아니라 중요한 무언가를 '경험'했다. 아이에게는 자아를 형성하는 과정에 대단한 영향을 미칠 어떠한 메시지가 전달되었다. 그 메시지는 연결에 대한 기본적 욕구는 무조건적으로 충족될 수 없고, '바른 행동' 여하에 달려 있다는 것이다.

아이는 자신이 놓인 상황을 조금도 이해하지 못한 채 이 메시지를 내면화한다. 아이는 무언가를 배우는 게 아니라, 두뇌가 기계적으로(의식적인 생각 없이) 발달상의 욕구에 반응하려 할 때 처벌의 경험으로 얻은 반응이 자동적으로 나타나는 것이고, 이렇게 아이의 향후 행동이 달라지는 것이다. 아이의 성장에 위해가 가해진 것이다.

· 훈육은 연결을 바탕으로 한다 ·

'올바른 행동'이라는 미명 아래 아이의 욕구를 저버리는 선택을 하지 않기 위해서는, 더 나아가 '올바른 행동'과 '자기 통제'가 뒤섞인 해로운 훈육에서 벗어나기 위해서는 가장 본질적인 질문을 명심해야 한다. 바로 이 질문이다. 훈육이란 무엇인가? 양육자로서 자녀에게 바라는 것이 무엇인가 생각해보면 보통은 아이가 행복하고 사회에 기여하며 타인을 존중하는 마음과 인내심, 윤리 의식, 관대함으로 행동하는 어른으로 자라는 것일 터이다. 이러한 어른으로 아이를 성장시키는 데 필요한 것은 무엇일까? 본질적으로 행복하고 안정된 생각과 행동, 사회에 기여하는 생각과 행동은 아주 특정한 방식으로 발화하는 뉴런의 결과물이다. 따라서 괜찮은 성인으로 아이를 성장시키려면 애정을 바탕으로 이러한 결과물을 도출할 수 있는 두뇌를 만들어야 한다.

다음 장에서 아이들의 두뇌를 어떻게 만들어나가는 것이 어떻게 가능한지 과학적으로 설명할 예정이지만, 본질은 결국 아이를 향한 부모의 연결과 연민, 돌봄이다. 양육자로서 우리의 목표는 아이들에게 가능한 많은 기회를 선사해주는 것, 특히나 문제 행동을 하는 순간에 부모와의 무조건적인 연결을 통해 아이들에게 안전과 안정을 전해주는 것이다.

그렇다면 훈육이란 무엇인가? 훈육을 이럴 때 이렇게 해야 한다는 식의 일련의 행동방침이 아니라, 발달상 욕구에 맞춰 아이들과 연결되는 기회를 제공한다는 관점으로 접근해야 한다. 그래야 훈육이 아이의 세계에 중요한 요소인 신체적, 정서적 안전을 지속적으로 강화하는 아주 멋진 시작점이 된다. 아이와의 연결이라는 관점에서 훈육을 할 때 아이의 자기 조절을, 결과적으로는 자기 통제를 가능케 하는 신경 회로가 형성된다.

아이에게 긍정적인 자아 개념과 자존감을 심어줄 수 있다. 훈육이란 아이들의 성장에서 가장 중요한 시기를 현명하게 이끌어 향후 건강하고 온전한 존재로 자랄 수 있도록, 그래서 의미 있는 방식으로 세상과 소통할 줄 아는 성인으로 성장시키는 것이다. 훈육은 우리가 하는 게 아니라 되는 것이다. 역설적으로 훈육은 아이의 행동이 아니라 사실 양육자의 행동에 초점이 맞춰져야 한다.

아이에게 안전감, 조절력, 자신감을 키워주는 훈육에서 우리는 두 가지를 반드시 지켜야 한다. 첫째로, 부모에게 연결되고 싶다는 아이의 가장 중요한 욕구에 초점을 맞추어 안전한 정서적, 신체적 환경을 만들어야 한다. 둘째는 부모와의 연결이 아이의 두뇌 발달에 미치는 영향을 깊이 이해하고 아이와의 연결을 실천해야 한다.

안타깝게도 이렇게 훈육을 접근하는 양육자는 거의 없다. 인생에서 성공하려면 올바른 행동을 해야 한다는 잘못된 믿음에 따라 안전과 연결이 보장되는 훈육을 하지 않고, 아이들을 그저 순응시키기만 한다. 예의가 바른 아이로 키우겠다는 최종 목표에 따라 우리는 어떠한 대가를 치르더라도 아이들을 '올바른' 행동에 순응시킨다. 어쩌다 이런 방식을 택하게 되었을까? 아이의 본질을 바라보는 시각이 역사적으로 어떻게 달라졌는지를 살펴보면 이 질문에 대한 답을 찾을 수 있을 것이다.

아이를 바라보는
역사적 관점과 현대적 편견

시대가 변하면서 아이들을 보는 관점이 달라졌고 양육 및 '훈육'의 접근법 또한 달라졌다. 이 중 가장 큰 영향력을 발휘한 세 가지 철학적 관점을 소개하고자 한다.

중세시대부터 1600년 초기까지는 아이가 원죄를 타고나 악하게 태어났다고 믿었다. 이러한 시각에서 아이들의 가장 절대적인 욕구는 구원이었고, 주위 어른들은 아이의 악한 성향을 몰아내고 죄를 없애며, 아이에게 순수함과 신성함을 채워줘야 한다는 의무가 있었다. 이렇게 냉정한 이론적 관점에서는 발달과 성장이라는 개념이 자리할 공간이 없었다. 아이를 작은 성인처럼 여겼고, 심지어 작은 성인처럼 옷을 입었으며, 작은 성인처럼 냉혹하게 벌을 내렸다.

1600년대 후기가 되자 아이들을 바라보는 주된 인식이 달라졌다. 아이들의 뇌는 텅 빈 종이 또는 타불라 라사tabula rasa(백지-옮긴이)라고 믿었고, 부모는 아이들이 향후 어떤 사람으로 성장하기를 바라는지에 따라 자신의 에너지와 자원을 발휘해 아이의 뇌에 성향과 가치, 생각을 심어줘야 할 책임이 있다고 여겼다. 타불라 라사의 관점을 지지했던 행동주의 심리학자인 존 왓슨John B. Watson은 유명한 말을 남겼다.

"건강한 어린 아기 열두 명을 내 고유한 세계에서 양육할 수 있다면 그중 아기 한 명을 무작위로 택해 내가 원하는 유형의 전문가로 성장시킬 수 있다. 의사, 변호사, 예술가, 사장 그리고 거지, 도둑 무엇이든 말이다. 아이의 재능, 취향, 성향, 능력, 소명, 인종과 무관하게 가능하다."

원죄와 타불라 라사 관점을 관통하는 일관된 편향이 있다. 먼저, 아이가 유일무이한 하나의 인간으로 자랄 여지가 없다. 아이 개인의 기질, 타고난 관심사와 재능 또는 고유한 특성을 전혀 고려하지 않고 있다. 둘째로, 발달을 연속적인 성질로 보고 있지 않다. 아이는 그저 지금 그 모습 그대로이고 그래야 한다고 보는 것이다. 신체적, 정서적 발달에 따라 아이가 변화하고, 달라지고, 드러나고, 성장한다고 생각지 않는다. 셋째로는, 성인이 아이에게 무언가를 주입하거나 아이에게서 어떠한 결과물을 도출하는 데 초점이 맞춰져 있을 뿐, 아이가 스스로 성장하고 존재하고 무언가를 만들어 내고 느끼는 타고난 능력을 독려하고자 하지 않는다.

물론 이제는 원죄나 타불라 라사를 대놓고 지지하는 사람들이 거의 없지만, 식료품점이나 백화점 계산대에서 부모와 정신 없는 아이들을 바라보는 사람들의 눈빛에서 과거의 양육 철학의 흔적이 엿보인다. 잠시도 가만있지 못하고, 싸우고, 이리저리 뛰고, 다른 사람들이나 쇼핑 카트에 부딪히는 아이를 향해 내 아들 맥스웰이 내 코에 주먹을 날릴 때와 비슷한 말을 하는 혹은 그런 생각을 하는 표정을 짓는 사람들을 만날 수 있다.

"정말 가만히 둘 건가요?", "훈육해야죠!", "그 버릇없는 놈에게 뭘 잘못했는지 가르쳐야지!" 같은 말이다. 좀 더 노골적으로 말해보자면 "아이에게 순응을 좀 더 강요하세요!", "그 사나운 본능 좀 억눌러요!", "그 못된 성미를 고쳐요!" 같은 뜻이었을 거다. 이러한 생각은 수천 년간, 세대를 거쳐 계속 이어져 온 양육 철학에서 빚어진 편견이 우리의 집단의식에 자리한 것이라고 볼 수 있다.

1700년대 부상한 또 하나의 양육 철학은 타고난 선함innate goodness이다. 앞서 소개한 두 개의 철학과는 다르게 아이들은 본래 선하게 태어난다고 믿었다. 부모가 할 일은 아이를 꽃이 만발한 들판에 풀어놓고 가능한 개입하지 않은 채 자라는 모습을 지켜보는 것이다. 원죄를 타고 났다는 관점만큼 아이를 끔찍하게 생각하진 않지만 요즘 아이를 키우는 사람들 대다수가 아이들이 선하게 태어났다는 의견에는 고개를 저으며 동의하지 않을 것이다.

아이들이 이 정신 없는 세상에서 안전함과 안정감을 느끼기 위해서는 일정한 바운더리와 기대치가 필요하다는 것을 알고 있다. 하지만 우리가 부모로서 잘 하고 있는지 초조함을 느끼는 만큼, 아이들이 선하게 타고났다고 믿고 싶기도 하다. 어쩌면 아이를 그냥 내버려 두는 편이 나은 게 아닐까? 우리가 부모로서 너무 엄격하게 대하고, 너무 많은 것을 요구하고, 너무 참견하고, 너무 과민하게 반응하는 것은 아닐까? 극단적인 경우 이런 생각은 무엇이든 허용하는 양육으로 이어진다. 아이의 영혼을 탄압하는 것을 너무도 두려워한 나머지 아이를 잘 이끌어야 한다는 부모의 역할을 잊고 만다.

요즘 사람들은 어린 시절이 인생에서 매우 중요하고도 특별한 시기라는 것을 그나마 이해하고 있는 것 같다. '어린 시절이 평생을 좌우한다'는 주문을 외우며, 사회 전반적으로 아이들을 보호하고 교육시키고 보장하는 시스템을 만들기 위해 노력한다. 이런 시스템을 만드는 의도는 아이들의 성장과 발달에 어린 시절의 경험이 지닌 영향력을 소중히 여기기 때문이다.

하지만 낡고 오래된 양육철학이 여전히 이어져 내려오고 있고, 훈육에도 영향을 미치고 있다. '엄격한 사랑', '귀한 자식 매 한 대 더 때려라', '아이가 혼자 할 수 있고 해야 하는 일은 대신 해주면 안 된다'는 식의 말들은 오늘날까지 자녀 양육에 영향을 미치고 있다. 이러한 편견들은 과학적으로 입증된 아이의 욕구, 즉 연결을 충족시켜주지 못하고 어린 시절은 성인의 미성숙한 시기가 아니라 삶에서 특별하고 예외적인 시기라는 아동 발달상의 관점과 상충된다.

부모가
잊지 말아야 할 것

연결을 바탕으로 한 훈육으로 아이에게 유익한 기회를 무한하게 제공할 수 있지만, 여기서도 조심해야 할 사항들이 있다. 가장 중요한 것은 어린 시설이라는 즐거운 혼돈을 경험해야 할 아이들에게 명령하거나 통제하는 수단으로 훈육을 사용해서는 안 된다는 점이다. 다시 말해, 잘못된 행동을 제한하겠다는 데에 사로잡혀 아이가 발달을 이룰 기회를 놓쳐서는 안 된다는 뜻이다.

몇 년 전, 유아교육 종사자들을 대상으로 프레젠테이션을 준비하던 나는 아이에게 행동에 따른 결과를 보여주는 훈육법의 장점을 극찬하는 한 웹사이트에 들어가게 되었다. 정확히 기억나는 건 아니지만 이런 내용이 적혀 있었다. "잘 알다시피 자녀교육의 높은 목표는 아이가 올바른 행동을 하도록 이끌고 이 행동을 강화하는 것이기 때문이다." 당신의 높은 목표도 이것인지 생각해보길 바란다. 아이가 올바른 행동을 하고 이를 강화하는 것이 아이를 타고난 성향에 맞게 성장시키는 방법일까? 바르게 행동하지 않는 아이는 '나쁜' 아이일까? 아이는 채워지지 않은 욕구를 행동으로 표현한다는 맥락에서 아이의 거칠고도 아름다운 행동을 건강하고 당연한 발달 단계로 받아들여야 할까?

'올바른' 행동을 중요시하고 이를 '성공적인' 성인이 되는 지표로 삼는다면 아동기의 특징과 아이의 욕구가 지닌 본질, 성장을 향한 최선의 방식은 고려하지 못하게 된다. 아이들은 단순히 아직 성숙하지 못한 어른이 아니다. 아이는 아이다. 아이들은 변하고 성장한다. 완전히 멈춘 것 같다가도 불쑥 자라곤 한다.

한 가지 분명히 말하자면, 양육의 최종 결과물은 그 과정에서 보인 여러 모습과는 상당히 달라질 것이고 그래야 한다. 예민하고, 한 번씩 사납게 폭발하는 아이가 지속적으로 안전하면서도 확고한 바운더리를 경험할 때 이 아이는 연민 넘치고 자기 성찰적이며 자기 주도적인 어른으로 자랄 수 있다. 아동기가 말끔하고 단정하며 아름답고 고요할 거라고 말하는 사람은 아무도 없다. 이런 말을 하는 사람의 의견은 어차피 들을 필요도 없다. 사실 행복한 아동기를 보내는 아이들은 울고, 자제력을 잃고 날뛰며, 상대를 때리고 비난할지 모른다. 하지만 이 모든 일들이 여정의 일부이다.

물리학을 전공한 내 친구는 사람들이 졸졸 흐르는 시냇물 소리를 좋아하는데, 이 소리를 들으며 마음의 안정과 평온한 기분을 느끼는 이유가 물이 이리저리 돌과 부딪히며 음파의 불협화음을 만들어 내기 때문이라고 말했다. 돌과 부딪치는 물의 마찰이 시냇물을 평온하게 보이게 만든다는 것이다. 아이들이 보이는 문제 행농을 포함해 아동기의 여정도 졸졸 흐르는 시냇물과 비슷하다고 생각한다.

아이를 성장시키려는 우리의 노력이 전부 소용없는 짓처럼 느껴지는 순간도 있지만 이 노력이 아름답게 조화를 이루는 순간도 있다. 물론 어떤 날은 아이의 행동에서 그 어떤 장점도 찾을 수 없을 때도 있다. 전인적으로 접근하며 아이의 발달을 존중하고, 발달 이면에 자리한 과학을 이해할 때 즐거운 혼돈의 시기는 평화로운 시냇물 같은 아동기가 될 수 있다. 온갖 경험이 합쳐지며 불협화음을 내야 가장 아름답고 행복하며 적응력 뛰어난 성인으로 자랄 수 있다.

어른으로서 우리의 역할은 이 혼돈을 소중히 여기는 것이다. 질서와 고요함에 집중하기보다는 아이가 아이다운 아동기를 보낼 수 있도록 돕는 데 집중해야 한다. 주변에서 말하는 기준은 무시하고 아이에게 무엇이 필요한지에 초점을 맞추길 바란다. 아이에게 필요한 것은 바로 당신이다. 당신의 연민이 필요하다. 당신이 함께해주는 것이 필요하다. 당신의 이해심이 필요하다. 아이는 당신이 자신의 존재를 마음으로 느껴주기를 바라고 있다. 당신의 보호를 바라고 있다. 매일같이 완벽한 부모의 모습을 보여야 한다는 소리가 아니다. 아이의 두뇌가 자연스럽게 자라고 발달할 수 있을 정도로만 '그럭저럭 괜찮은' 부모면 충분하다.

아동 발달 과학을 이해하고 연결을 향한 아이의 기본적 욕구에 응답할 때 우리는 훈육에서 뿐만이 아니라 아이의 세상 모든 면면에서 우리의 책임을 다할 수 있다. 아이에게 부모와 연결되어 있다는 사실을 지속적으로 확인시켜 주는 것으로 우리는 아이가 원하는 대로 성장할 수 있는 기회를 마련해주는 것이다. 이 책에 등장하는 행동방침인 '보고, 느끼고, 존재하다See It, Feel It, Be It' 중에서 '보다See'를 실천할 때이다. 아이의 마음에 들어가 아이의 눈으로 세상을 봐야 한다. 아이가 세상을 보는 방식대로 우리도 세상을 봐야 아동기를 있는 그대로 이해할 수 있고, 그 과정에서 우리의 역할도 깨달을 수 있다.

아이의 눈으로 세상을 바라볼 수 있을 때 그리고 당신의 직관적인 마음으로 아이가 무엇을 필요로 하고, 바라고 원하는지 느낄 때 비로소 과학적 사실과 자연의 이치가 말하는 아이를 위한 존재가 될 수 있다. 그저 보고, 느끼고, 존재하기만 하면 되는 일이다.

02

연결이
특별한 이유

아이는 부모와의 연결을
간절히 원한다

♥

아이들은 필요한 것이 생기면 우리에게 알린다. 양육자와 연결되고 싶다는 동기를 바탕으로 한 애착 시스템이 발휘되어 매일같이 아이들은 연결 욕구를 경험하고, 성인에게 관심을 받으려는 연결 추구 행동을 보인다. 아이들이 이런 행동을 보이는 순간이 양육자에게는 아이들의 두뇌를 최상으로 성장시킬 기회인 셈이다. 아이는 아프거나 신체적으로 다쳤을 때 또는 정서적으로 동요할 때면 애착 시스템이 발동되어 갑작스럽게 치미는 양육자와의 연결 욕구를 충족하고 싶어 한다. 발달상 자연스러운 현상이다.

양육자는 아이가 아프면 그 불편함을 이해하고 안쓰러운 마음으로 아이를 돌봐준다. 아이의 토사물이 묻은 침대를 치운 적이 얼마나 많았던가? 새벽 두 시, 지치고 잠이 고파도 벌떡 몸을 일으켜 아이를 돌본다. 더러워진 침대 시트를 벗기고 둘둘 말아 세탁 바구니에 넣는다. 침대를 정리하고, 아이를 씻기고, 편안하고 포근한 새 침구에서 아이가 안정을 찾는 것을 보고 나서야 자신의 수면과 휴식을 챙긴다.

양육자는 신체적으로 다친 아이의 욕구에 반응하는 데도 무척이나 능숙하다. 아이가 놀이터에서 놀다 넘어진 적이 있지 않은가? 깜짝 놀란 양육자는 아이에게 다가가 괜찮은지 살핀다. 아파서 울고 있는 아이를 놀이터에 그냥 두고 나올 생각은 아무도 하지 않을 것이다. 생각할 새도 없이 몸이 곧장 반응해 아이를 돌본다.

아프거나 다친 아이의 경우에는 바로 반응하지만, 정서적으로 동요하는 아이를 향한 우리의 반응은 다를 때가 많다. 아이들이 정서적으로 괴롭다는 것을 어떻게 알 수 있을까? 아기에게 애착 시스템이 발현되면 발생하는 추구 행동은(즉 아이의 연결 욕구로 발현되는 행동은) 대체로 울음으로 표출된다. 대부분의 양육자는 우는 아기에게 연민을 느끼고 적절한 보살핌과 신체적 터치로 반응한다.

한편 아이들이 자랄수록 추구 행동이 조금씩 달라진다. 아기의 울음은 징징거림이 되고, 세 살 즈음이면 손으로 때리거나 발로 차는 등의 행위로 변한다. 심한 떼 역시 이 시기에 나타난다. 이에 더해 5세에서 6세가 되면 나쁜 말을 하는 언어적 공격성도 나온다. 여덟 살에는 문을 쾅 닫고, 열한 살에는 비협조적인 태도를 보이고, 열네 살에는 부모를 밀어낸다. 아기의 울음이든, 어린아이의 징징거림이든, 아픈 아이의 칭얼거림이든, 속이 상한 아이의 훌쩍임이든, 십대 초반의 묵비권이든 아이의 반응은 제각각이지만 이 반응이 시작되는 두뇌의 부위는 같다.

또한 아파서 토를 하든, 놀이터에서 넘어지든, 갖고 싶은 장난감을 가질 수 없든 원인은 달라도 발현되는 애착 활성화 시스템은 같다. 하지만 대다수의 양육자들이 이 사실을 모르고 있다. 현대 양육 문화에서는 정서적인 동요, 분노, 좌절을 느끼거나 그저 소리를 지르고 떼를 쓰는 아이에게 달려가 '문제 행동'이 발현되도록 하는 시스템을 잠재워야 한다는 전문가나 방법론을 찾아보기 어려운 실정이다. 왜일까?

1장에서 등장한 여러 이유 때문이다. 수천 년 전부터 이어져 내려온 편향이 아이를 바라보는 잠재적인 시각에 내재되어 있다. 또한 현대 부모들은 바빠서 정신이 없는 와중에 자신과 자녀들이 느끼는 부담감과 스트레스에도 시달린다. 대가족 안에서, 커뮤니티 안에서 도움을 받는 환경이 아니라 고립된 환경에서 자녀를 양육하는 세대는 처음이다. 이런 조건들 때문에 아이의 욕구를 충족하지 못하는 훈육법, 발달 과정에 있는 아이들의 두뇌와 자아감에 악영향을 미치는 훈육법이 탄생하게 된 것이다.

스트레스와 부담감이 심한 부모로서는 아이의 '나쁜' 행동을 지금 당장 멈추게 만들어야 한다. 이런 현실을 심도 있게 살펴볼 시간적 여유가 부족하다. 시간이 있다 해도 아이의 행동이라는 '문제'를 최대한 빨리 잠재우지 않으면 주변 사람들에게 비난의 대상으로 전락하고 만다.

아이의 독립심을 키워주려면
어떻게 해야 할까?

아이를 훈육할 때면 재빨리 아이의 행동을 중단시켜 타인의 비난에서 벗어나야 한다는 유혹에 사로잡힐 때가 많다. 아이를 우리 뜻에 따르게 하기 위해 타임아웃, 칭찬 스티커, 행동에 따른 결과를 경험하게 하기, 특권 앗아가기 등의 전략을 활용한다. 각각의 전략들은 본질적으로 '단절'을 근간에 두고 있다. 다시 말해, 부모와의 연결이라는 아이들에게 가장 중요한 욕구를 이용해 '올바른 행동'을 유도하는 것이다. 행동을 바로 할 때는 부모와 연결될 수 있지만 그렇지 못할 때는 단절된다.

부모와 다시 연결되고 싶은 간절한 바람 끝에 아이들은 얌전히 행동하기 시작한다. 부모가 아이에게 중요한 무언가를 인질로 삼아 올바른 행동을 강요하는 것이다. 우리는 왜 아이의 행복에 가장 중요한 한 가지를 이용하는 걸까? 올바른 행동이 건강한 두뇌보다, 안정적이며 행복하고 사회에 기여할 줄 아는 구성원으로 성장할 기회를 제공하는 두뇌보다 더욱 가치 있다고 여기는 것이 어떻게 가능한 일인가?

연결이라는 아이의 가장 기본적인 욕구가 활성화될 때마다 이를 충족시켜주기 위해서는 아이의 행동에 대응하는 방식을 연결의 시각으로 보고 이해해야만 한다. 아이가 소리를 지르며 떼를 쓸 때 그 순간에 집중하는 방법을 알아야 한다. 주변에 아이를 다치게 하는 무언가가 있을 때 아이를 번쩍 들어 올려 안전한 곳으로 옮기듯 아이가 정서적인 위험에 처해 있을 때 아이를 위험으로부터 보호할 방법을 찾아야 한다. 아이의 두뇌와 마음을 연결시킬 방법을 찾아야 스트레스를 이겨내고 스스로를 조절할 수 있는 두뇌로 성장시킬 수 있다.

조절력은 마음을 진정시키고, 현실에 대한 건강한 시각과 유연한 정서를 갖고 유지하는 능력이다. 아이가 스스로를 조절하는 법을 배우는 데 양육자의 도움이 필요하고, 어린 시절 이 과정에서 충분한 지지를 받은 아이들은 굉장한 자기 조절력을 발휘하는 성인으로 성장할 수 있다.

아이들을 억지로 조절의 상태에 밀어 넣을 수는 없다. 곤란한 상황에 침착하고도 연민 어린 태도로 반응하는 양육자를 아주 오랜 시간 경험해야만 자기 조절에 필요한 신경 구조가 만들어진다. 자기 조절이 가능한 사람은 진정한 의미로 성숙하고 자립적인 인간이고, 이 진정한 자립성은 오랜 경험을 통해서만 탄생한다. 여기서 가장 중요한 것은 다시 말하지만, 부모와의 연결이다.

처음으로
연결되는 순간

아이는 태어난 순간부터 부모를 찾는다. 갓 태어난 아기는 눈을 떠 흐릿하게 비치는 낯선 세상을 두리번거리며 본능적으로 부모의 눈을 찾는다. 부모의 눈을 마주한 아기는 다른 데는 쳐다보지도 않고 부모의 눈에만 시선을 고정시킨다. 부모는 그 시선에서 굉장한 힘을 느낀다.

갓 태어난 아기가 예쁜 두 눈으로 꼼짝도 않고 자신을 바라보는 모습을 보면 마치 아이가 자신의 심장을 꼭 쥐고 평생 지워지지 않을 손도장을 남기는 것만 같은 기분을 느낀다. 아기에게 완벽히 사랑에 빠진다. 아기의 시선 하나로 우리는 그 아이를 위해서는 무엇이든 하리라 결심한다. 아기의 눈빛은 그토록 강력한 힘을 지니고 있다.

이 순간 어떤 일이 벌어지는지 신경과학적으로 설명이 가능하다. 구체적으로 설명하면 출산 과정과 이후 강력한 연결성을 느끼는 순간들을 경험할 때 성인의 두뇌는 옥시토신이라는 신경 전달 물질로 가득해진다. 연결과 관계의 대상을 향해 강력한 유대감을 형성하게 하는 '사랑'의 화학 물질이다.

과학자들은 옥시토신으로 점철된 순간에 유대감을 경험하는 것뿐 아니라, 아기의 태아 세포가 실제로 태반을 지나 엄마의 신체 곳곳으로 이동하는데 이 세포는 엄마의 두뇌까지 이른다는 사실을 밝혀냈다. 엄마는 아이에게 신경 전달 물질과 세포를 통해 물리적으로 연결되는 것이다. 다시 말해, 연결은 우리의 존재와 자녀와의 관계의 근간인 셈이다.

아이가
올바르게 성장하려면

1930년대, 심리학자인 존 볼비John Bowlby는 자녀와 부모 관계의 중요성에 대한 일생의 연구를 시작했다. '애착'이라는 개념을 소개하고 아이의 건강한 발달에 부모와의 신체적, 정서적 연결이 얼마나 중요한지 밝혀낸 업적으로 오늘날 볼비를 '애착의 아버지'라고 부르기도 한다.

아이에게 양육자와의 이별과 재회를 경험하게 하는 낯선 상황Strange Situation이라는 연구 패러다임을 통해 볼비는 아이들의 행동 유형을 관찰했다. 그는 관찰 결과를 분석해 어린아이와 양육자 간의 관계를 몇 가지로 구분했다. 볼비와 동료들은 각각의 관계가 지닌 특징이 아이의 신체적 및 정서적 건강과 행복에 단기적 그리고 장기적으로 어떠한 영향을 미치는지도 살폈다. 이들의 결과는 학계에 굉장한 영향력을 미쳤다.

볼비의 실험 패러다임은 아이의 발달에서 관계의 중요성을 강조하기 위해 물리적 이별에 초점을 맞췄다. 반면, 미국의 발달심리학자인 에드워드 트로닉Edward Tronick 박사는 아이와 양육자 간의 정서적 연결성의 중점을 둔 패러다임을 만들었다. 무표정Still Face라는 이름의 패러다임에서 트로닉 박사는 부모들에게 평상시와 다름없이 즐거운 표정으로 아이와 대면 상호작용을 하다가 아이와 교감을 중단하고 아무런 감정도 내비치지 않는 '무표정'한 얼굴을 하라고 요청했다.

부모와 아이가 대면 상호작용을 하는 환경은 변하지 않았지만 두 사람 간의 정서적 연결은 무표정으로 단절되었다. 박사는 이 상황이 아이에게 극심한 스트레스를 불러온다는 것을 밝혀냈다. 아주 어린아이들은 겨우 2분의 단절을 경험했을 뿐임에도 두뇌에서 시작된 조절 장애로(지나치게 침을 흘리거나 혀를 내밀거나 구토를 하는 등) 신체 기능과 자세를 통제하지 못하는 모습을 자주 보였다. 조금 큰 아이들 또한 단절을 경험하는 순간 패닉에 빠져 울거나 부모를 향해 공격적인 모습을 보이는 등 다시 부모와의 교감하기 위해 무엇이든 했다. 이를 바탕으로 트로닉 박사는 양육자를 향한 연결이라는 아이의 필수적인 욕구에서는 비단 신체적인 친밀함보다 아이가 감지하고 느끼는 정서적 친밀함이 더욱 중요하다고 강조했다.

볼비와 트로닉 그리고 이후 여러 아동 발달 연구자들의 연구는 하나같이 아이들이 최적으로 성장하고 타고난 본모습대로 자라기 위해서는 양육자와 강렬하고도 안전하며 오래 지속되는 정서적, 신체적 연결을 경험해야 한다는 반박할 수 없는 사실을 보여주었다.

가장
큰 공포

아이의 발달에 양육자와의 연결이 지극히 중요하다면 아이의 가장 큰 두려움은 양육자 또는 소중한 사람과의 연결을 잃는 것일 터이다. 시간과 장소, 문화와 인종을 불문하고 아이들의 가장 깊고도 어두우며 끔찍한 공포는 우리를 잃는다는 것이다. 특별한 연결을 잃는다는 공포는 정서적으로뿐 아니라 신체적으로도 표출된다. 성장하는 아이에게 중요한 두뇌처리 과정은 아이가 어떻게 돌봄을 받았느냐에 따라 달라진다.

두뇌의 스트레스 반응 센터인 시상하부Hypothalamic − 뇌하수체Pituitary − 부신Adrenal을 HPA축이라고 부른다. 이 축은 돌봄과 신경 배선의 상호작용이 일어나는 곳이다. 본질적으로 아이의 애착 시스템이 활성화될 때마다, 다시 말해 아이가 정서적으로 동요하거나, 신체적으로 다쳤거나, 몸이 아플 때 스트레스 반응 센터가 작동된다. HPA 축이 작동하면 본능적으로 연결 추구 행동이 시작되어 아이는 양육자와의 연결을 바란다. 울거나 매달릴 뿐 아니라 양육자의 관심을 얻어내기 위해 행동으로 표출되기도 한다. 우리가 연민 어리고 따뜻한 돌봄으로 반응하면 아이의 스트레스 반응 센터는 진정하기 시작한다.

이 진정시키는 행위가 건강한 아동 발달의 핵심 요소이다. 신경과학의 기본 원칙 중 하나가 바로 '함께 점화하는 뉴런들은 함께 연결되어 있다'는 것이다. 따라서 스트레스를 받은 뒤 양육자의 돌봄으로 차분해지는 경험을 반복할 때 아이의 두뇌 속 스트레스 반응 센터는 '자기 조절', 즉 진정이 가능해진다.

양육자가 연결을 바탕으로 외부에서 아이를 조절하고 활성화된 스트레스 센터를 중재하기 위해 나설 때 아이들의 두뇌에서는 자기 조절력을 가능케 하는 신경 배선이 형성된다. 아이가 진정하는 법이나 스스로를 조절하는 법을 '학습'할 수 없는 것도 이 때문이다. 아이들은 양육자에 의해 진정되는 경험을 꾸준히 하며 자기 조절과 진정을 발휘할 수 있게 된다. 양육자를 통한 진정 경험이 두뇌의 스트레스 반응 센터를 물리적으로 변화시키고 신경학적으로 자기 조절력의 가능성을 연다.

　지속적인 돌봄을 받지 못한 아이들의 경우 결과는 아주 달라진다. 스트레스 반응 시스템이 가동된 후 양육자에게서 돌봄을 경험하지 못한 아이의 경우, 스트레스 반응 시스템이 쉽게 활성화되지만 진정은 어려워진다. 신경 발화를 진정시켜줄 양육자가 부재할 때 아이의 두뇌 속에서 진정 반응의 신경 배선이 형성되지 않고 따라서 진정할 능력 또한 기르지 못한다. 이 경우 아이의 두뇌는 스트레스를 매우 잘 받지만 그것을 가라앉히는 능력은 낮아진다.

　진화적 관점에서 보자면 스트레스를 잘 받는 성향이 생존에 유리하다. 안전장치가 많지 않은 환경에서 스트레스 반응 센터가 활성화되면 경계심이 높이 유지되고 조심성이 높아지며 방심하지 않는다. 따라서 양육자에게서 지속적으로 따뜻한 보살핌과 응답을 받지 못한 두뇌는 생존에 필요하다고 판단되면 아이를 과다각성 상태로 밀어 넣는다.

　시스템이 각성 상태를 유지하면 아이는 주변인들에게 충족되지 못한 욕구를 알리고자 과한 행동을 한다. 아이가 지속적으로 연결 추구 행동을 보이면 이로 인해 양육자는 화나 짜증을 낸다. 성인의 부정적인 반응은 아이의 스트레스 상태를 영속화 및 강화시킨다. 사실상 아이의 경계 상태가 높은 이유는 이런 부정적인 반응을 좀 더 빨리 알아보고 피하기 위해서이 기도 하다.

보살핌의
강력한 힘

실로 이러한 스트레스 및 행동 패턴이 취약 계층의 아동에게서 반복적으로 관찰되었다. 어린 나이에 보호 시설에서 지냈거나 충분한 돌봄이 어려운 환경에서 자란 아이들은 실제적인 위협이 전혀 없는 상황에서도 쉽게 발화하는 민감한 스트레스 반응을 보인다. 이 아이들이 사랑이 넘치는 가족에게 입양된 후에는 스케줄 변동과 같은 굉장히 사소하고 상대적으로 약한 스트레스 요인에도 상당히 강렬한 반응을 보인다.

두뇌에서는 높은 수치의 코르티솔(스트레스 호르몬)을 체내에 분비해 스트레스에 반응하거나 방어적인 행동을 취하게 만든다.

한편 양육자에게서 지속적인 돌봄을 받으면, 즉 욕구를 표현할 때마다 성인이 이를 처리하고 충족시켜 준다면 놀랍게도 아이의 코르티솔 반응 패턴이 달라진다. 시간이 흐르면 스트레스에 과다 반응을 보였던 아이는 학대를 받지 않은 아이와 유사한 수준의 안정적인 스트레스 반응 시스템을 형성한다.

이 놀라운 변화야말로 우리가 아이의 뇌를 이해하고 최적의 상태로 뇌를 성장시킬 방법을 찾아야 하는 이유이다. 그 방법은 바로 보살핌이다. 아이의 두뇌 내부에 직접 접근할 방법은 없지만, 그럼에도 다가갈 방법을 찾아야 한다. 아이와 연결되고, 보살피고, 상호작용을 하며 곁에서 정서적으로 또 신체적으로 함께 있다는 사실을 알려주는 것이 아이의 두뇌 성장에 영향을 미칠 수 있는 유일한 방법이다.

보살핌의 강력한 효과는 아이와 신뢰 관계를 형성한 양육자만이 발휘할 수 있다. 만일 아이가 높은 수준의 지속적인 보살핌을 받되 매일 다른 사람에게서 받는다면, 자기 조절력이라는 궁극적인 목표의 시작인 진정 효과를 경험할 수 없다. 시간이 흐름에 따라 아이는 보살핌이 무엇인지에 대한 각본을 만들기 때문이다.

이 각본에 따라 아이는 양육자가 자신의 욕구에 어떻게 응답할 것인지에 대한 나름의 기대치를 세운다. 이상적인 각본이란 이렇게 흘러간다. "내 부모님은 어떤 상황에서도 나를 사랑해. 내 마음이 괴로울 때면 부모님이 나를 돌봐줄 거야. 부모님은 절대로 내 곁을 떠나지 않아." 이보다 좀 덜 이상적인 각본은 이런 식이다. "부모님은 내 욕구에 응답할 수도 있지만 그렇지 않을 수도 있어. 일단 상황을 봐야 해. 부모님은 내 곁에 있을 때도 있지만 그렇지 않을 때도 있어. 어쩌면 날 떠날지도 몰라." 아이가 태어난 지 4개월 정도가 되면 이런 식의 각본이 만들어지고(물론 언제든 이런 스토리를 다시 쓸 수도 있다) 의지해도 되는 대상과 그렇지 않은 대상을 매우 잘 구분할 수 있게 된다. 이러한 각본이 두뇌 속 스트레스 반응 센터 배선의 일부로 자리 잡는다.

자신의 욕구가 보살핌 속에서 해결되는 경험을 많이 할수록 양육자에 대한 각본은 점차 다른 성인들에게로 확장된다. 교사, 돌봄을 제공하는 사람, 이모와 삼촌, 할머니, 할아버지, 이웃, 심리치료사 등 다양한 성인이 아이에게 중요한 역할을 맡고 아이를 키운다는 굉장한 책임감을 나눈다. 아이를 키우는 데 한 마을이 필요하다는 속담이 바로 이런 의미이다.

아이가 양육자와 어떠한 관계를 맺느냐가 두뇌의 기반을 형성하는 데 영향을 미치는데, 여기에는 스트레스 반응 시스템을 통제하는 HPA 축도 포함된다. 두뇌는 아래에서 위로 올라가며 발달하고 단단히 다져진 기틀 위로 두뇌의 층이 겹겹이 쌓여 올라가는 바, 중심부가 되는 HPA 축은 발달 과정에서 가장 먼저 활성화된다.

중앙의 핵심 부위가 처음 몇 년간 서서히 성장한 후, 두뇌 바깥쪽의 사고 층이 본격적으로 성숙하기 시작한다. 정서적 중심부는 애착 시스템과 연결 욕구, 생존 반응, 그 외 여러 기본적인 기능을 관장하고 외층은 문제 해결 능력, 자기 통제력 등 고차원적 인지 능력을 담당한다. 흔들리는 기반 위에 세운 건물이 불안정하듯, 지나치게 반응적인 중심부에서 발달해 나간 두뇌는 불안정해질 수밖에 없다. 한편 생후 몇 년간 지속적이고 따뜻한 보살핌을 받으면 반응성이 덜하고 통제력이 높아지며 성숙한 두뇌로 발달한다.

아래에서 위로 진행되는 두뇌 발달 패턴과 정서적인 핵심부가 외부 층의 발달에 미치는 영향으로 아이가 어떤 돌봄을 받았는지에 대한 경험이 다양한 발달 결과에 깊은 영향을 미친다. 예컨대, 양육자가 자신의 욕구에 항상 응답하리라고 보기 어렵다는 각본을 내재한 아이는 양육자를 항상 믿을 수 있다는 각본을 지닌 아이들에 비해 추후 우울증이나 불안 장애에 빠질 확률이 높다.

안정감을 느낀 아이는 감정 조절 능력은 물론 더 높은 수준의 긍정적인 정서를 경험하고 훌륭한 대처 전략을 체득한다. 일반적으로 보살핌의 경험이 긍정적이고 그 안에서 안전함과 유대감을 느낀 아이는 스트레스를 더욱 유연하게 관리하고, 정신 건강을 위협하는 요소에 영향을 덜 받으며, 자기 조절력이 우수하고 그 결과 대체로 훨씬 바르게 '행동' 한다.

꾸준하게 연결을 바탕으로 한 따뜻한 돌봄을 경험한 아이들이 더 나은 결과를 보이는 이유는 이런 양육 방식이 아이들이 정서를 편하게 표현할 수 있는 안전한 환경을 만들어주기 때문이다. 격렬하고 힘든 감정 또한 마음껏 표출한다.

자신의 감정을 표현해도 된다고 느끼는 아이들은 양육자가 이를 잘 처리해 줄 것이라는 신뢰를 갖고 있다. 우리가 굉장히 견디기 힘든 행동으로 표출되는 아이의 감정마저도 침착하고 유연하게 통제와 보살핌을 바탕으로 처리할 때 아이들은 양육자에게 자신의 마음을 표현하고 이해시키려고 애쓰지 않아도 된다. 부모에게 이해받은 아이들은 정서적으로 훨씬 안전함을 느끼고 그 결과 좀 더 자기 조절력이 높고 안정된 아이로 자란다.

당신이 양육자에게서 마음을 충분히 이해받는, 안전하고 안정된 아이라고 생각해보자. 그렇다면 당신은 멈추지 않고 계속 떼를 쓰는 것으로 실망이나 좌절감에 대응할 것 같은가? 마음이 안정된 아이는 실망과 좌절감이 찾아오면 속상함에 훌쩍이는 정도로 그칠 것이다. 양육자에게서 정서적 안정을 얻을 수 있다는 완벽한 신뢰가 있고 양육자가 당신의 감정을 수용하고 이해할 거라는 믿음이 있기 때문이다.

아이는 좌절감을 마음껏 표현하되 이내 그 감정이 속상함 정도로 순식간에 잦아드는 경험을 하게 될 것이다. 자신의 감정과 느낌을 소통하며 나약한 모습을 보일 수 있는 공간에 머무는 것이다. 아이가 자라기 얼마나 훌륭한 공간인가! 속상함은 수용의 신호이고, 수용은 결국 전환하고 변화하고 앞으로 나아갈 수 있다는 의미이다. 이것이 바로 성장이다. 따라서 이렇게 성장한 아이들은 당연히 어려운 환경에서도 높은 적응력을 발휘하고 발달적 결과 또한 더 우수하다.

자기 조절력이 높은 아이들이 어떤 성인의 모습으로 자랄지 상상해보길 바란다. 부모로서, 아이의 성장을 지켜보는 양육자로서 아이에게 당신이 가장 바라는 것이 바로 이런 어른으로 성장하는 것이 아닌가? 당신의 책임과 의무 아래 있는 아이가 행복하고 세상에 기여하는 어른으로 자라길 바라지 않는가? 따뜻하고도 지속적인 보살핌으로 아이의 두뇌를 안정적으로 성장하도록 도울 수 있다니, 이렇게 간단한 방법이 아이의 미래에 큰 영향력을 미치는 것이다.

아이가 당신을 양육자로서 어떻게 느끼는지, 좀 더 넓게는 세상을 어떻게 느끼는지 상상하는 과정에서 어느새 당신의 어린 시절이 떠오르고 충족되지 못했던 욕구로 다시금 상처를 받는 기분을 느낄 수도 있다. 사실 양육자로서 지극히 일반적이고 당연한 현상이다.

아이에게 좋은 양육자가 되기 위해 노력하는 과정에서 자신의 어린 시절 상처를 깨닫고 회복하며 아이에게 본인과 다른 경험을 선사하는 능력을 발휘하는 사람들이 많다. 물론 어린 시절의 상처가 무척이나 깊은 경우도 있다. 만약 당신이 혼자 극복하기 어려운 상처가 있다면 상담을 받는 등 도움을 통해 과거의 상처를 극복해야 아이와 긍정적이고 따뜻한 관계를 형성할 수 있다.

아이가 원하는
부모의 모습

아이에게 도움을 주고 싶다고 해서 반드시 아동 발달 심리학을 전공하거나 뇌 과학 전문가가 되어야 하는 것은 아니다. 하지만 신경가소성, 건강한 두뇌 발달과 양육 환경의 연관성에 대해 밝혀진 사실이 많은 만큼 양육자가 이에 대해 어느 정도는 숙지하는 것이 마땅한 일이라고 본다. 많이 알수록 잘 할 수 있게 될 테니까.

두뇌 발달과 양육의 상호작용에 대해 대략적인 것만 안다고 해도 사실을 기반으로 훈육 방법을 현명하게 선택할 수 있게 된다. 아이가 울고 소리를 지르고 주먹을 휘두르며 떼를 쓸 때

과학적 지식을 통해 신속하고 자신 있게 대처하며 아이의 두뇌와 자존감에 좋은 영향을 끼칠 수 있다.

우리가 아이의 욕구에 반응하고 긍정적인 진정 효과를 선사할수록 이런 경험이 아이의 신경 회로에 축적되어 양육자가 자신의 마음을 이해해주는 사람이라는 관계의 각본이 아이에게 새겨진다. 양육자가 자신의 욕구를 충족시켜 줄 능력이 있고, 자신을 이해하고 보호하며 속속들이 알고 있다는 각본이 완성된다. 아이가 이런 각본을 내재화하기 위해서 우리는 한계를 시험하는 듯한 아이의 행동에도 연결을 바탕으로 반응하고, 자라나는 아이가 긍정적으로 느낄 수 있는 세상을 만들어야 한다. 이것이 바로 아이를 위한 존재가 되는 방법이다.

그러한 존재가 되기 위해서는 가장 먼저 아이의 입장을 이해해야 한다. 이 이해를 바탕으로 아이에게 반응할 때 우리는 자기 조절력이 높고 긍정적인 관계 각본을 가지고 삶의 스트레스에도 길을 잃지 않는 아이로 성장시킬 수 있다. 즉, 사회적 존재로서 타고난 우리의 능력을 발휘해 아이에게 의미 있는 방식으로 유대감을 전해주고 가장 최적의 방향으로 아이를 키울 수 있다.

03

훈육의 소용돌이
안에서

아이는 마음을
행동으로 표현한다

스트레스를 받은 아이에게 양육자가 연결을 바탕으로 침착하게 반응할 때 아이의 두뇌에 어떤 일이 벌어지는지 이제는 알고 있다. 두뇌에서 조절력을 발휘하는 영역이 안정화되고, 아이는 자신의 욕구가 충족되리라는 믿음으로 안전함을 느끼며, 과격한 행동은 점차 그 빈도와 강도가 줄어든다.

타임아웃이나 특권 앗아가기, 엄한 목소리로 혼내기 등의 훈육 방법으로 아이에게서 올바른 행동을 유도하는 것도 가능하지만, 이런 전략은 연결이 아니라 공포를 기반으로 하고 그 효과는 일시적일 뿐이라는 것도 이제는 안다. 그저 겉으로 보이는 행동이라는 허울을 위한 방법이다. 마지막으로 아이가 양육자에게서 지속적인 단절을 경험할 때 스트레스가 높아지고 연결 추구 행동 반응이(행동화) 커진다.

이런 행동은 양육자가 단절을 바탕으로 한 훈육 전략을 사용할 때 더욱 악화된다. 이런 악순환을 훈육의 소용돌이라고 부른다.

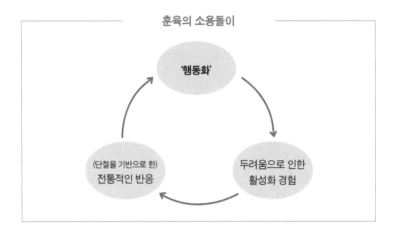

훈육의 소용돌이

'행동화'

두려움으로 인한
활성화 경험

(단절을 기반으로 한)
전통적인 반응

중요한 점은 이 소용돌이의 동력은 단절을 기반으로 한 훈육 전략으로 아이의 행동을 자극하는 성인이라는 것이다. 아이는 발달 단계에 따라 해야 하는 행동을 할 뿐이다. 다시 말해, 변해야 할 것은 아이의 행동이 아니다. 문제의 핵심인 충족되지 못한 욕구를 알리려는 아이의 노력에 반응 방식을 바꿔야 한다. 연결을 충족하지 못해 정서적으로 불편해진 아이에게 보살 핌으로 반응할 때 부정적인 사이클이 멈춘다.

연결을 통해 아이에게 상처를 주지 않는 훈육이 가능해지는 데, 이 연결은 성인의 몫이다. 훈육의 소용돌이가 어떻게 작동 하고 또 언제 그 소용돌이 안에 진입했는지 파악하며, 거기서 벗어날 방법을 명확하게 이해하는 데 도움을 주기 위해 소피아 와 골치 아픈 트램펄린 사례를 들어보고자 한다.

Case study
○○○○○○○○○○○○○
소피아와 트램펄린

지겨운 학교를 마치고 집으로 향하는 일곱 살 소피아는 얼른 트램펄 린에 올라가 신나게 뛰고 싶었다. 엄마가 차고에 주차를 하는 중이지 만, 소피아의 머릿속에는 차에서 내리자마자 뭘 할지 이미 계획이 끝난 상태였다. 얼른 집으로 뛰어들어간 후 식탁에 도시락 가방을 내려놓고 곧장 뒷문으로 향하는 것이다. 빨리 움직이면 1분 안에 트램펄린에 도 착할 수 있을 것 같았다.

한편 차에는 소피아의 오빠이자 5학년인 샘과 샘의 친구도 함께 타 고 있었다. 이미 학교에서 쉬는 시간에 트램펄린에서 놀기로 이야기 를 마친 두 아이는 지난번에 하다만 달걀 깨기 게임을 마저 하기로 했

다. 샘은 자신이 '달걀'이 되어 몸을 동그랗게 말고 있을 때 친구가 옆에서 힘차게 뛰면 팔다리가 풀어져 '달걀이 깨지는' 게임을 무척이나 좋아했다.

차가 멈추자 아이들이 일제히 뛰어 나갔고 문제가 시작되었다. 샘과 친구가 먼저 집 안으로 들어갔다. 소피아가 고양이에게 인사를 하고 주방으로 들어가자 오빠와 친구가 뒷문으로, 누가 봐도 트램펄린을 향해 뛰어가는 모습이 보였다. 소피아는 심장이 내려앉는 것만 같았다. 규칙을 잘 알고 있었으니까. 오빠 친구가 방문했을 때는 소피아가 놀이 공간을 양보해야 했다. 또한 트램펄린에는 한 번에 두 명까지만 오를 수 있다는 것도 소피아는 잘 알고 있다. 방과 후 트램펄린에서 뛰어 놀려던 소피아의 꿈은 물거품이 되고 말았다. '어쩌면 샘 오빠에게 먼저 놀게 해달라고 설득해볼 수 있지 않을까?' 하는 희망을 품었다.

소피아는 뒷문으로 달려가 샘을 불렀다. "나도 트램펄린 하고 싶어. 불공평해! 내가 먼저 생각했다고!" 친구도 있어 괜히 어깨에 힘이 들어간 샘이 큰 소리로 말했다. "늦으면 땡이지 소피아! 우리가 먼저 왔잖아. 차례를 지켜야지!" 소피아는 화가 났다. "불공평해. 맨날 오빠가 먼저 타잖아. 오늘은 내가 먼저 탈 거라고!!!" 샘은 소피아에게 이제 그만 조용히 하고 집에 들어가라고 말했다. 샘이 시키는 대로 할 생각이 없었던 소피아는 뒷문 옆에 놓인 샘의 운동화를 한 짝씩 트램펄린으로 던졌다. 운동화 한 짝은 샘의 어깨에, 다른 한 짝은 다리에 맞고 떨어졌다. 그 순간 엄마가 주방으로 들어와 샘이 소피아에게 소리를 지르는 것을 들었다.

엄마는 상황을 파악하고 정리해야 한다. 당신이라면 어떻게 할 것인가? 훈육에 대해 설명하기 전 소피아의 엄마가 할 수 있는 몇 가지 선택지를 살펴보겠다. 먼저 현대의 양육 문화에서 흔히 쓰는 전략을 살펴본 후 마지막에는 연결을 바탕으로 한 접근법이 왜 정답인지 설명하겠다.

· 선택지 1: 타임아웃 ·

엄마는 소피아의 이런 행동에 진절머리가 났다. 스미스 부인은 세게 뒷문을 열고 엄하게 말한다. "소피아! 이리 와. 지금 당장." 소피아는 느릿느릿 집 안으로 들어와 엄마와 거리를 두고 선다. 스미스 부인은 이렇게 말한다. "도대체 무슨 생각인 거야? 오빠가 다치는 것도 다치는 건데, 오빠 친구도 있는데, 그 친구가 다쳤으면 어쩌려고 그래? 제발 성질 좀 죽이라고 몇 번이나 말해야 알아듣겠어? 좀 있으면 여덟 살이 되는데, 이런 행동은 용납할 수가 없구나. 샘이 친구랑 놀 동안 방에 들어가 있으렴. 화장실 갈 때만 나올 수 있어. 알겠어?"

소피아가 울음을 터뜨리자 엄마는 이렇게 말한다. "그만해, 소피아. 운다고 달라지는 건 없으니까. 방으로 올라가. 지금 당장." 소피아는 울며 방으로 올라가 문을 닫았다. 상황이 조금 잠잠해지자 그제야 만족한 스미스 부인은 아이들의 도시락통을 꺼내 설거지하고 저녁 준비를 하고 동물 병원에 전화해 고양이 진료 예약을 잡았다.

· 선택지 2: 칭찬 스티커 ·

소피아 엄마는 딸이 또래 아이들보다 성격이 지나치게 불같았고, 화가 나면 이런 반응적인 행동을 보이는 것이 어쩌면 다른 애들보다 정서적 성장과 발달 면에서 뒤처진다는 의미가 아닐지 걱정했다. 엄마는 소피아를 돕기 위해 할 수 있는 것을 모두 다 했다는 확신이 없었고, 타임아웃과 같은 방법은 벌에 초점이 맞춰져 있어 옳은 방식인지 걱정되었다.

스미스 부인은 뒷문을 살짝 열어 고개만 내민 채 조용히 소피아를 불러 주방으로 오라고 했다. 소피아와 함께 자리에 앉은 엄마는 신발을 던지는 행동은 이제 멈춰야 한다고 설명했다. 엄마는 종이 한 장과 스티커를 꺼내며 이렇게 말했다. "그렇게 행동하면 안 된다는 것을 잊지 않으려면 도움이 좀 필요할 것 같아. 스티커 판을 만들어서 냉장고에 붙일 거야. 네가 원하는 대로 꾸며도 돼. 소리를 지르지 않거나 물건을 던지지 않거나 오빠에게 험한 행동을 하지 않는 날에는 자기 전에 별 스티커를 붙여줄 거야. 그 주에 스티커를 다섯 개 이상 받으면 네가 맘대로 쓸 수 있는 용돈으로 5달러를 줄게."

엄마는 종이에 네모 칸을 그려 요일을 적고 '소피아의 예쁜 행동'이라고 적었다. 그다음 소피아가 스티커판을 꾸미도록 맡긴 뒤 장바구니를 정리했다.

· 선택지 3: 행동에 따른 결과 경험하게 하기 ·

엄마는 소피아가 지나치게 고집스럽고 무조건 요구를 들어달라고 떼를 쓰며 문제 해결에서 유연한 모습을 보이지 않는다고 생각했다. 엄마로서 이런 행동은 절대로 용납할 수 없고 더는 두고 보지 않겠다는 메시지를 마지막으로 한 번 더 아이에게 전달해야겠다는 생각이었다. 스미스 부인은 소피아가 고무 밴드로 무언가를 만드는 것을 얼마나 좋아하는지 잘 알고 있었다.

아이는 고무 밴드로 예쁜 장식품과 팔찌를 만들어 가족 모두에게 선물했고 심지어 이웃들에게도 나눠주었다. 스미스 부인은 마음을 단단히 먹은 듯 뒷문을 열고 소피아에게 말했다. "그만 좀 해. 그런 행동은 이제 용납할 수가 없구나. 좀 있으면 여덟 살이잖니. 다섯 살이라면 모를까 여덟 살은 절대 해서는 안 되는 행동이야. 이번 기회에 엄마가 제대로 알려줘야겠어. 앞으로 일주일 동안 레인보우 룸Rainbow Loom® 압수야."

소피아는 울상이 되어 눈물을 터뜨렸다. "엄마, 이건 불공평해요! 오빠가 먼저 시작했단 말이에요. 오빠도 벌을 받아야죠!" 아이의 말에 엄마는 조용히 대꾸했다. "샘은 네게 신발을 던지지 않았잖아. 그리고 엄마는 나야. 네가 아니고. 방에 가서 만들기 세트 전부 챙겨와. 다른 소리는 듣기 싫어. 얼른 갔다 와." 소피아는 방으로 가 소중한 만들기 재료를 전부 챙겨 엄마에게 가져다주었다.

· 선택지 4: 외출금지 ·

소피아 엄마는 여덟 살 아이가 피우는 소란을 이웃 사람들이 듣는 것이 부끄러웠다. 큰 심호흡과 함께 눈을 치켜 뜬 스미스 부인은 뒷문으로 뛰쳐나가 소피아에게 당장 집 안으로 들어오라고 명령했다.

소피아는 잔뜩 화가 나 보이는 엄마를 지나쳐 재빨리 집으로 들어왔다. 엄마도 몸을 홱 돌려 집 안으로 들어오더니 소피아에게 소리쳤다. "소피아, 그만해! 어제도 비슷한 짓 했잖아. 그저께는 오빠한테 가방을 집어 던졌고. 매일 같이 말썽이구나. 더는 못 참겠어. 외출금지야. 앞으로 5일간 친구를 만나도 안되고, 공원도, 댄스 수업도 아무 데도 못갈 줄 알아. 좀 있으면 여덟 살이니 8일로 해야겠지만, 5일인 걸 감사하게 생각해! 엄마 결정에 대해 토 달지 마. 알아듣겠어?"

소피아는 자신의 운명을 받아들이는 듯 고개를 끄덕였다. 엄마는 약간의 승리감을 느꼈지만, 앞으로 5일간 소피아를 어떻게 대해야 할지 고민스럽기도 했다. 그녀는 이런 고민은 올바른 자녀교육을 위해 치러야 하는 대가라고 생각했다.

· 선택지 5: 특권 앗아가기 ·

스미스 부인은 아이가 도대체 왜 심호흡을 하고, 침착하게 자신의 상황을 설명한 후 필요한 경우 부모에게 도움을 요청하는 법을 배우지 못하는지 이해가 가지 않았다. 엄마는 소피아가 나이에 맞게 행동하고 자신의 행동에 따른 책임을 배워야 한다고 생각했다.

스미스 부인은 소피아에게 당장 주방으로 오라고 했다. "소피아 이런 말도 안 되는 행동은 그만해야지. 스물일곱 살이 돼서 동료가 복사기를 먼저 쓰겠다고 하면 어떻게 할 건데? 그때도 물건을 던질 거야? 마지막으로 다시 한번 말할게. 물건을 던져선 안 돼. 위험하다고. 사람들이 다칠 수도 있어. 무엇보다 이런 행동은 세 살이나 하는 거지 좀 있으면 여덟 살이 되는 애가 할 짓이 아니야. 앞으로 네가 세 살처럼 굴 때마다 나도 너를 세 살 아기처럼 대할 거야. 세 살 아이는 저녁 식사 메뉴를 결정할 수가 없지. 너무 어리니까. 그러니 이번 주 화요일 저녁은 평소와는 달리 네가 메뉴를 고를 수 없어. 계속 물건을 던지면 목요일 메뉴 정하는 것도 못 하게 할 거야."

소피아는 완전히 풀이 죽었다. 소피아가 가장 좋아하는 것 중 하나가 바로 가족 식사 메뉴를 정하는 것이었다. 이번 주에는 맥앤치즈를 먹을 수 없다니. "좋아요. 상관없어요." 아이가 부루퉁하게 대답하고는 제 방으로 향했다.

· 선택지 6: 연결 ·

엄마는 아이가 원하던 것을 하지 못해 실망했다는 것을 잘 알고 있다. 재빨리 아이 뒤를 쫓은 스미스 부인은 아이가 신발을 던지는 장면을 목격하고는 소피아의 팔을 조심스럽게 잡고 샘과 친구에게 괜찮은지 물었다.

두 아이가 괜찮다는 것을 확인한 후 스미스 부인은 소피아에게 이렇게 말한다. "딸, 마음이 괴로운가 보구나. 엄마랑 안에 들어가서 물 한 잔 마시며 같이 이야기해보자. 네 기분이 나아질 방법을 함께 찾을 수 있을 거야." 소피아의 어깨에 위로하듯 팔을 두른 엄마는 조심스럽게 아이를 집 안으로 이끌며 말한다. "여동생으로 사는 거 힘들 때가 있지. 트램펄린 탈 생각만 내내 하고 있었는데, 그치? 약간의 도움이면 네가 이 상황을 잘 해결할 방법을 찾을 수 있으리라 믿어."

두 사람은 서로 몸을 기대었고, 엄마는 소피아의 등을 쓸어주며 말한다. "엄마가 있잖아. 괜찮아. 괜찮아." 분한 마음에 쏟아지던 소피아의 눈물이 잦아들더니 이내 진정되었다. 소피아가 물을 마시는 동안 엄마는 오빠와 친구가 트램펄린에서 내려온 뒤 타면 된다고 아이를 위로했다. 엄마는 주방에 있는 타이머를 15분으로 맞춰 소피아의 차례가 남방 올 거라고 안심시켜주었다.

마음이 훨씬 진정된 소피아는 좀 있으면 트램펄린을 탄다는 기대감에 가득 차 그때까지 시간을 보내기 위해 아끼는 레인보우 룸® 만들기를 시작했다. 만들기에 빠져든 아이를 보며 스미스 부인은 정말 어울리는 색을 잘 골랐다며 소피아의 안목을 칭찬했다.

자신의 말에 소피아가 미소 짓자 스미스 부인은 이렇게 덧붙였다. "오빠와 있었던 일 잠깐 이야기해야 할 것 같아. 네가 많이 속상했던 것도 알고, 마음이 힘들었던 것도 알아. 하지만 오빠의 몸이나 마음을 다치게 하지 않고도 문제를 해결할 방법을 찾아야 할 것 같구나. 앞으로는 네가 노력해 줄 거라고 엄마가 믿어도 될까?" 소피아는 진심으로 고개를 끄덕였고 엄마는 대화를 이었다. "네가 준비가 되면, 오빠 친구가 집에 가고 난 뒤에 말이야, 오빠에게 신발 던진 일 미안했다고 사과하면 좋을 것 같아." 엄마는 소피아의 이마에 입을 맞춘 뒤 차에 있던 짐을 꺼내러 갔다.

화내고 떼쓰는 아이에게
반응하는 방법

　힘든 학교생활을 마치고 집으로 돌아왔는데 트램펄린에서 놀지 못한다면 여덟 살짜리 아이는 보통 소피아처럼 반응할 것이다. 소피아는 피곤했을 것이고 상황에 대처하는 여유를 발휘하기가 어려웠을 것이다. 오빠에게 화를 내는 행동이 딱히 놀랍다거나 문제가 될 만한 일은 아니다.

　소피아는 그저 자신의 욕구를 표현했을 뿐이다. 실망했고, 너무도 짜증이 나서 마땅한 해결책을 찾을 수 있는 상태가 아니었다. 간단히 말해, 조절 능력이 무척이나 떨어져 있었다. 아동 발달 과학에 근거하면 그리고 소피아의 입장에서 상황을 본다면 아이의 행동은 타당하다. 사실 그 전까지만 해도 소피아의 행동은 발달상으로 아무 문제가 없었지만, 다양한 시나리오에서 엄마가 보인 반응으로 아이의 문제 행동이 시작되었다. 앞서 등장한 엄마의 반응에 각각 어떤 문제가 있었는지 차근차근 살펴보겠다.

· 선택지 1: 타임아웃의 문제점 ·

엄마가 소피아에게 무척 화가 난 이유는 소피아의 행동 이면에는 충족되지 못한 욕구가 있다는 것을 이해하지 못했기 때문이다. 가장 먼저, 엄마는 크고 엄한 목소리로 소피아와 대화를 시작했는데, 이는 실망감과 좌절감에 이미 조절력을 잃은 아이를 더욱 동요시킬 수 있다. 둘째로 '도대체 무슨 생각인 거야?', '좀 있으면 여덟 살이 되는데!' 같은 말로 엄마는 소피아에게 수치심을 안겼다. 또한 '몇 번이나 말해야 알아듣겠어?'라는 말은 소피아에게 자신이 믿는 양육자가 자신의 행동을 변화시킬 능력이 없고 그에 따라 엄마는 온전한 책임자가 아니라는 인상을 심어준다.

다시 말해, 소피아의 눈에 엄마는 자신의 욕구를 해결해 주지 못하는 사람이라는 뜻이다. 소피아는 자신의 욕구가 충족되고 안정적이고 안전한 환경에서 엄마에게 연결되어 있다는 확신을 얻지 못했다. 소피아에게 방으로 올라가라는 지시는 엄마와의 연결이 더욱 간절해진 소피아에게 심각한 단절만을 선사했다. 소피아는 눈물이라는 수단으로 자신의 감정을 드러냈지만 엄마는 '운다고 달라지는 것은 없어'라는 매정한 말로 연약한 모습을 드러내는 소피아를 거부했다. 이 말을 듣고 소피아는 엄마가 자신의 힘든 감정을 이해하거나 처리할 수 없는 사람이고, 따라서 자신은 이런 감정을 표현하면 안 된다는 인식이 생겼다.

트램펄린에서 놀지 못한 실망감, 즉 충족되지 못한 욕구라는 하나의 문제가 단절된 훈육 방법 탓에 아이에게 유해한 사회적 및 정서적 메시지를 전달하는 큰 문제로 번졌다. 이는 향후 아이에게 여러 안 좋은 결과로 이어질 수도 있다. 이것이 바로 훈육의 소용돌이이다.

· 선택지 2: 칭찬 스티커의 문제점 ·

소피아 엄마의 의도는 분명 좋았다. 마음이 괴로울 때면 성질을 부리는 소피아가 걱정스러웠고, 소피아를 두고 성격이 '불같다'고 표현한 것을 보면 스미스 부인도 소피아가 연령에 비해 '예민한' 성격이라는 점을 알고 있는 듯하다. 한편, 소피아가 신발을 오빠에게 던진 이유가 트램펄린에서 놀고 싶은 욕구를 충족하지 못했기 때문이라는 점을 엄마도 알고 있었다. 하지만 엄마는 자신이 아이를 이해하고 있다는 것을 드러내지 않았다. 딸을 안아주지도 않았고, 불편한 감정을 느끼는 것이 당연하다며 아이를 안심시켜 주지도 않았다.

단순히 아이의 행동을 바로 잡는 데만 초점을 맞췄다. 소피아의 입장에서는 엄마가 자신과 연결되어 있지 않다고 느낄 수밖에 없다. 엄마는 소피아에게 수치심을 안겨주거나 질책하거나 타임아웃을 쓰지는 않았지만, 아이에게 신체적, 정서적 친밀함을 제공하지 않았고 무조건적인 애정보다 올바른 행동을 조건으로 삼아 칭찬 스티커와 보상을 제시했다.

스미스 부인은 소피아를 위해 '할 수 있는 것을 다 했다'는 확신이 없다고 했는데, 이는 소피아에게도 전달되어 아이는 엄마와의 단절뿐 아니라 양육자로서 자신의 능력을 스스로 확신하지 못하는 엄마의 불안도 감지했다. 즉, 소피아는 엄마가 자신의 욕구를 충족해줄 수 있고 또 충족시켜 줄 거라는 믿음을 얻지 못했고, 더 나아가 칭찬을 받기 위해서는 스티커를 채워야 한다는 부담도 생겨났다.

칭찬 스티커의 피상적인 효과에 사로잡힌 스미스 부인은 칭찬 스티커와 좋은 행동을 연계시키면 좋은 행동이 아이에게 내면화될 거라는 착각에 빠졌다. 하지만 먼저 보상을 유보하는 행위는 아이에게는 단절과 마찬가지이다. 칭찬 스티커의 멋진 효과 이면의 단점이다. 또 보상과 같이 외부적 요인으로는 자기 조절력과 진정한 자립에 필요한 신경학적 회로가 결코 형성되지 않는다. 마지막으로 아이가 무언가를 얻겠다는 목적으로 바른 행동을 보이는 것은 누구도 원치 않을 것이다.

우리는 아이의 내면 깊은 곳에서 세상과 상호작용하고 싶다는 열망이 피어나길 바란다. 스미스 부인이 연결을 바탕으로 아이를 양육하고 아이가 자기 통제력을 기를 수 있도록 신경학적인 경로를 성장시켜 주지 않는다면 앞으로도 계속 훈육의 소용돌이에 빠지게 될 것이다.

· 선택지 3:
행동에 따른 결과 경험하게 하기의 문제점 ·

이 시나리오에서 스미스 부인은 달리 어찌할 바를 모르는 사람처럼 보인다. 엄마는 소피아가 '지나치게 고집스럽고' 문제 해결에서 유연한 모습을 보이지 않는다고 설명하는데, 마치 이런 특징이 자연스러운 발달 단계를 밟고 있는 게 아니라 아이의 잘못인 것처럼 말한다.

소피아의 뇌는 자신의 반응을 조절할 만큼 성숙하지 못했고, 연령과 기질상 아이의 행동은 지극히 정상이다. 선택지 1과 2의 때와 마찬가지로 소피아 엄마는 아이가 왜 그런 행동을 하는지 원인을 이해하지 못한 듯 보인다. 이로써 먼저 단절이 생겨난다. 그런 뒤 스미스 부인은 5세 아이와 비교하며 딸에게 모욕감을 안겨준다. 마지막으로 소피아가 가장 좋아하고 소중히 여기는 취미 활동을 이용해 본의 아니게 단절을 악화시킨다.

스미스 부인이 아이에게 행동이 달라져야 한다는 사실을 주지시키는 데만 집중한 이유는 아이의 행동을 잘못 이해한 탓이다. 행동화는 아이가 자신의 욕구가 충족되지 못했음을 표현하는 방식이다. 행동을 변화시키기 위해서는 우선 해소되지 않은 욕구부터 해결이 되어야 한다.

　그저 아이에게 행동에 따른 결과를 경험하게 만드는 것으로 해결될 일이 아니다. 이와 대조적으로 아이의 욕구를 지속적으로 충족시킨다면 자기 조절력이 형성되고 반항적인 행동도 점차 줄어든다. 트램펄린 이용 시간을 정하거나 엄마 또는 아빠와 따로 시간을 보내는 등 일상 속에서 아이의 욕구를 충족시키는 시간을 마련한다면 아이는 좀 더 조절력을 발휘할 수 있게 될 것이다. 앞의 선택지 1과 2 때와 마찬가지로 이번 선택지에서도 아이는 부모에게서 안정을 얻고 이해받고자 하는 욕구가 충족되지 않았다. 때문에 훈육의 소용돌이가 지속된다.

· 선택지 4: 외출 금지의 문제점 ·

　아이에게 외출금지라는 벌을 내리는 스미스 부인은 스스로 조절력을 잃은 모습을 보인다. 엄마는 이웃 사람들이 아이의 행동을 못마땅하게 생각할까 봐, 자신도 그렇게 생각할까 봐 불안해했다. '큰 심호흡'과 '눈을 치켜뜨는' 행동, 소피아에게 당장 집에 들어오라고 명령하는 모습은 스미스 부인 스스로 상황을 책임질 수 없다는 인상을 준다.

소피아 역시 이 점을 감지했고, 엄마와 연결되었다는 기분을 느끼지 못했고, 안정을 얻지도 못했다. 소피아는 엄마와의 신체 접촉을 피하려는 듯 엄마를 지나쳐 '재빨리' 집으로 들어왔다. 이런 행동을 보면 소피아는 두려움을 느꼈던 것처럼 보인다. 답답한 듯 '매일 같이 말썽이구나'라는 엄마의 말은 소피아가 마치 가망이 없는 아이 같다는 뉘앙스를 풍겼고, 아이를 향한 단절과 비하의 메시지는 평소 소피아에게 은연중에 또는 공공연하게 전달되었을 것이다. 엄마에게서 높은 수준의 정서적, 신체적 단절을 경험했고, 엄마가 자신의 욕구를 충족시킬 수 없고 충족시켜주지 않을 거라는 지속적인 느낌이 아이에게 전해졌다. 이때 선택한 외출 금지라는 훈육 전략은 이런 부정적인 인상을 더욱 깊이 각인시킬 뿐이다.

스미스 부인은 소피아가 좋아하는 대상으로 벌을 내려 딸과의 연결을 위태롭게 만들었다. 그 결과 소피아는 자신의 운명을 받아들이는 가슴 아픈 모습을 보였다. 두뇌는 감정의 동요로 일어나는 불협화음을 처리하느라 조절력을 상실했고 그 과정에서 아이는 마음을 다쳤고 감정에 상처를 입었다.

· 선택지 5: 특권 앗아가기의 문제점·

스미스 부인은 감정 조절에 실패한 나머지 아이의 충족되지 못한 욕구와 아이가 마주한 사회적 및 정서적 현실을 파악하지 못했다. 먼저 엄마는 소피아의 두뇌 능력을 지나치게 과대평가하고 있다. 트램펄린에서 놀지 못하게 된 소피아의 반응은 아이가 유독 예민한 편이라는 것을 감안하면 연령과 기질상 정상적이라고 볼 수 있다. 하지만 스미스 부인은 아이의 감정을 안심시켜 주는 대신 그건 세 살짜리의 행동이라며 수치심을 주고 소피아가 마땅히 누려야 할 특권을 앗아갔다.

소피아의 입장에서는 이런 처사가 엄마와의 사회적, 정서적 단절을 더욱 심화시키는 계기가 될 뿐이다. 실제로 아이는 '좋아요. 상관없어요'라고 말하며 엄마에게 상처를 받지 않으려고 방어적인 반응을 보인다. 자신의 방으로 가는 소피아만 봐도 스미스 부인의 반응이 소피아를 잘못된 방향으로 밀어내었다는 것을 확인할 수 있다.

엄마가 필요한 순간에 엄마와 연결이 불가능할 거라는 메시지만 받은 소피아는 자리를 벗어났다. 정말로 필요했던 연결을 느끼는 대신 아이는 아마도 방에 가서 인형을 껴안거나 아끼는 장난감을 갖고 놀았을 것이다. 또 한 번 훈육의 소용돌이라는 악순환이 시작되었다.

· 선택지 6: 연결의 성공 비결·

엄마는 소피아에게 어떠한 욕구가 있는지를 파악하고 아이가 현재 불편한 감정을 느낀다는 것을 이해하고 있다. 스미스 부인이 보인 반응은 아이의 발달을 본능적으로 이해하는 양육자의 모습이다. 스미스 부인은 신속하게 상황을 통제하고 아이들 전원이 안전한지 확인하는 동시에 바디랭귀지와 어조, 화법을 모두 동원해 소피아와 연결되려 하고 있다.

아이를 이해했고 아이의 감정을 인정했으며 신체적 접촉으로 아이에게 위로를 전해주며 진정시켰다. 아이를 다독이면서도 물을 마시도록 해 신체적 감각을 환기시켰다. 이렇게 할 때 아이들은 감정을 조절할 여유를 얻고 단 한 가지 생각에 매몰되지 않을 수 있다. 소피아의 경우는 오빠에게 화가 난 감정이다.

소피아는 엄마의 행동에서 무엇을 느꼈을까? 엄마와 연결되어 있었다는 것을 느꼈고, 좀 전에 있었던 일로 약간 슬프기는 하지만 굉장한 정서적 동요를 겪지는 않는다. 슬픔을 느껴야 분노와 실망을 흘려보낼 수 있고, 이 과정에서 아이는 더욱 효과적으로 감정을 조절하고 다른 대안을 수용할 여유가 생긴다. 트램펄린에 매몰되지 않고 아이는 팔찌 만들기에 관심을 두기 시작한다. 엄마가 소피아의 만들기에 동참해 칭찬의 말을 건네자 아이는 따뜻한 연결의 순간을 경험했고, 두 사람은 관계를 더욱 단단히 다질 수 있었다.

엄마와 아이의 마음이 하나가 된 순간, 스미스 부인은 앞으로 비슷한 상황이 닥쳤을 때 소피아가 어떻게 대처해야 할지 짧게 알려주었다. 그리고 아이가 잘 할 수 있을 것을 엄마가 믿는다는 긍정적인 메시지 또한 전달했다. 아이는 엄마에게 모욕을 당했다고 느끼는 대신 안정을 찾았다. 이제부터 뭘 할 수 있을지 생각할 여유를 얻었다. 또한 아이는 엄마가 자신의 욕구를 이해했고 자신을 책임질 능력이 있다고 완벽히 신뢰하게 되었다. 엄마가 소피아의 이마에 입을 맞출 때 정서적 연결성이 더욱 강화되고 '피드백 시간은 끝났고 우리 사이에 가장 중요한 것은 연결'이라는 메시지가 전달되었다.

아이가 문제 행동을 보이는 것은 언제나 정상이라는 점을 유념해야 한다. 소피아의 이야기에서 선택지 6이 효과적인 이유를 알아보았다. 양육자가 아이의 발달상 충동적이고 조절이 안 되며 격렬한 행동을 하는 것이 당연하다는 것을 이해하고, 아이에게 단절을 강요하지 않는다. 스미스 부인은 도전적인 행동과 그 이면에 자리한 불쾌한 감정과 욕구를 인지하고 수용했으며, 이것들이 자연스럽게 사라질 수 있도록 기다려주었다. 연결이 중요한 이유는 바로 훈육의 소용돌이를 끊어내기 때문이다.

아이의 행동에 영향을 주는
발달 단계 이해하기

아이의 행동을 보고 그 원인을 살피지 않은 채 무조건 '좋은' 또는 '나쁜' 이렇게 두 가지로만 분류할 때가 많다. 어떠한 자극으로 이런 행동이 나타나는지 알아야 그 행동을 이해할 수 있다. 근처 공원이나 교실 등 다양한 연령의 아이들을 관찰할 수 있는 장소에서 아이들의 '잘못된 행동'을 분석하고 그 원인을 살펴보면 이런 행동의 기저에는 두 가지 원인이 있다는 것을 발견하게 될 것이다.

두 가지가 정상적인 아동의 발달 단계와 단절로 이 원인에서 비롯된 행동을 이해하기 위해서는 먼저 연령에 따른 정상적인 발달 단계는 무엇이고 단절이 아이의 행동에 어떠한 영향을 끼치는지 알아야 한다.

· 정상적인 아동 발달 단계 ·

행동은 두뇌의 발달과 개별화individuation 과정에 따른 결과이다. 따라서 무엇이 '정상적인 행동'이고 또 무엇이 그렇지 않은지를 이해하려면 두 가지 요소가 행동에 미치는 영향을 살펴볼 필요가 있다.

· 영아(2세까지): 갓 태어난 아기는 사회·정서적 소통과 조절, 충동 통제를 관장하는 신경 회로가 대단히 미성숙하다. 그래서 영아가 의도적으로 잘못된 행동을 저지른다고 생각하는 사람은 없다. 이 시기를 지나는 아이의 두뇌는 실제로 양육자의 외부적 통제가 상당히 필요하다. 공감 어린 돌봄과 보살핌을 받으며 아기의 두뇌는 독립적으로 조절하는 능력을 키워나가기 시작한다.

연구를 통해 '일련의 특정한 감각 자극이 사회적·정서적 소통과 유대를 담당하는 두뇌 영역에서 특정 신경의 활성화로 이어진다'는 것이 밝혀졌다. 다시 말해, 따뜻한 돌봄이 영아의 두뇌 속 뉴런에

암호화되어 스스로를 조절할 줄 알고 다른 사람들과 행복하게 공존하는 어린이로, 이후 성인으로까지 성장할 수 있게 돕는다는 것이다. 이렇게 중요한 신경학적 기반이 형성되는 동안 아기의 개별화 과정이 시작된다. 두 돌 전후 아이는 자기 자신을 양육자와 동일하게 인식하는 나머지 아이는 자아감을 양육자에게 완벽히 내맡긴다. 이렇게 어린아이는 자신의 독립성을 주장할 필요가 없다.

영아는 공동 조절co-regulation이 필요하고 자아감에 있어 양육자에게 크게 의지하는 것이 사실이지만, 사람들은 영아가 다양한 상황에서 통제력을 발휘하기 위해 자신이 처한 환경을 의도적으로 이용하기도 한다고 믿는다. 한 예로 퍼버Ferver 수면 교육에서는 아기가 울 때 양육자는 반응하고 싶은 본능을 '참아내야' 아기가 혼자 잠드는 법을, '스스로 진정하고' 잠드는 법을 '배울 수 있다'고 강조한다. 유명한 육아 웹사이트 한 곳에는 이렇게 설명했다. "약 일주일 동안 조금씩 혼자 두는 시간을 늘려 가면 대부분의 아기는 울음으로 얻을 수 있는 것은 양육자가 잠깐 자신을 들여다보는 것밖에 없다는 점을 깨닫고 혼자 잠드는 법을 배운다."

'얻는다'는 표현 때문에 마치 아기가 양육자와의 연결을 경험하기 위해, 더 나아가 양육자의 관심을 받기 위해 울음을 사용하고 있다는 잘못된 믿음을 이미 내재화한 것처럼 느껴진다. 현대 양육 문화 곳곳에 자리한 이런 표현은 마치 아기가 양육자의 품 안에 더욱 오래 머물기 위해 의도적으로 수를 쓰는 것처럼 보이게 만든다.

크든 작든, 어떠한 욕구가 생길 때마다 울고 난리를 치는 것은 영아 시기의 아이에게 지극히 정상적인 행동이다. 울음은 양육자에게 자신의 욕구를 표현하는 유일한 소통 수단이다. 아이가 욕구를 표현할 때 즉각적으로 조치를 취하고 지속적으로 따뜻한 손길로 어루만지며 곁에 있어 줘야 아이의 두뇌에 건강하고 안정적인 기반이 형성된다.

· **2세에서 3세:** 2세에서 3세 아이의 경우 전전두 피질과 전두 피질이 상대적으로 미성숙하고 완전히 성장하기까지 몇 년의 시간이 더 필요하다. 이 시기에는 충동을 억제하는 능력과 우리가 자제력이라 부르는 능력을 아직 발휘할 수 없다는 의미이다. 개별화 과정이 진행되며 아이는 양육자에 의해 만들어진 자아상에 크게 의존한다.

일반적으로 2세에서 3세의 아이는 새롭게 생겨나는 자립심을 표출하기 시작한다. 아이는 '싫어'라는 단어를 배우고 양육자의 요청에 '싫어'라고 응답할 때가 많다. 물론 아이의 기질에 따라 행동의 강도와 빈도가 크게 달라지지만 이 단계에 있는 아이들이 떼를 쓰거나 소리를 지르고 울거나 짜증을 부리는 현상은 지극히 정상적이다. 이는 자기조절력의 발달 단계가 초기에 있는 탓이다.

이 시기에는 아이가 양육자의 요청에 최선을 다하고자 하지만, 여러 가지 일에 집중하지 못하고 중요한 아이디어 하나에만 집중력을 발휘한다. 발달 심리학자이자 《아이의 손을 놓지 마라》의 공저자인 고든 뉴펠드Gordon Neufeld 박사가 '혼합mix'이라고 부르는 능력이 부재한 탓이다. 이 능력은 보통 5세에서 7세 사이에 발현되기 시작하고 예민한 아이들의 경우에는 이보다 늦게 발휘되기도 한다. 통제력이 부족한 탓에 신체적으로 공격적인 모습을 보이고 충동적으로 행동한다. 양육자는 이 시기의 아동에게 끝없는 보살핌을 주어 신경 회로와 자기 조절력을 형성할 수 있도록 도와주어야 한다.

· **3세에서 4세:** 이 시기에는 좌절이나 정성적 동요를 느끼더라도 2세에서 3세의 아이보다는 감정을 조절할 수 있지만 여전히 양육자의 외부적 조절이 많이 필요한 시기이다. 전보다 자아감이 형성되어 한계와 탐험에 호기심을 갖고, 시험해보고, 개인의 기호와 취향을 발휘하고자 한다. 타인과 자신의 무언가를 나누어야 하는 등의 힘든 상황에서는 여전히 충동적이고 통제력을 발휘하지 못하는 모습을 보인다.

공격적일 때도 있지만 조절력이 커지고 의사소통 능력이 향상된 덕분에 이런 공격적인 행동의 강도와 빈도가 줄어든다. 긴장감이 높고 예민한 아이의 경우 뇌에서 성향을 조절하는 능력을 키우는 데 시간이 좀 더 걸리는 것이 일반적이다. 자기조절력을 가능케 하는 신경 회로를 형성하고 연결을 향한 욕구를 충족하는 데 양육자의 도움이 아직 많이 필요하다.

· **5세에서 7세:** 학교에 입학하는 시기의 아이들은 계속해서 정체성과 자립심을 키워나간다. 부모가 만들어준 것 외에도 자기가 직접 만든 상에 비춰 스스로를 인식한다. 자신의 취향을 목청 높여 표현하고 자신이 관심을 갖는 대상을 탐색하기 시작한다. 감정의 동요가 심하거나 피곤하거나 감당하기 어려운 상황이 아니고서야 자신의 행동을 전보다 잘 조절한다. 한 번씩 아이가 자제력을 잃고 폭발하는 모습을 보이는데, 이때는 양육자가 따뜻한 보살핌을 발휘하며 아이가 안정을 찾고 상황을 진정시킬 수 있도록 도와야 한다.

전두 피질과 전전두 피질의 발달로 '자기 통제력'을 발휘하려는 시도가 가능하다. 다시 말해, 5세에서 7세 아이들은 머릿속에 두 가지 아이디어를 함께 생각하고 그중 올바른 쪽을 택하기 시작한다. 예컨대, 디즈니랜드에서 즐거웠지만 피곤했던 일주일간의 휴가를 보낸 뒤 집으로 가는 비행기에 앉아 있을 때 여섯 살 난 아들이 내게 이렇게 말했다. "엄마, 집에 가서 좋기도 한데 디즈니랜드를 떠나는 것은 너무 슬퍼." 심리학자라면 누구나 그렇듯 나 또한 아이가 혼합된 감정을 처음으로 보여주는 모습을 보고 기뻐서 속으로 춤을 췄다.

아이는 집이란 편안한 공간에 가고 싶기도 했지만 동시에 디즈니랜드의 멋진 놀이기구와 움직이는 캐릭터를 뒤로 하고 떠나는 데 아쉬움을 느꼈다. 전두 피질에서 서로 상반되는 감정 두 가지를 인지하는 것, 즉 혼합하는 것이 가능해진 것이다.

아이가 두 가지 상반되는 선택지나 아이디어를 동시에 인지하기 시작한다는 것은 자기 통제력의 근거가 마련되었다는 뜻이다. 둘 중 좀 더 적절한 쪽을 판단하고 선택할 수 있게 된다. 이때부터 학교 운동장과 같은 공간에서 타인과 공유하는 것이 가능해진다. 어떤 장난감을 갖고 놀고 싶지만 그것을 얻기 위해서는 다른 아이를 밀거나 울려야 한다는 것을 이해하기에 결국에는 그러한 행동을 하지 않는 통제력을 발휘한다. 가끔은 강렬한 감정에 지배되어 다른 아이를 밀어내고 항복을 얻어내고 싶다는 한 가지 생각에만 치우친 나머지 통제력은 저 멀리 밀어두고 충동적인 행동을 보이기도 한다.

· 8세에서 10세: 여덟 살이 되면 아이들은 새롭고 흥미로운 대상을 더욱 적극적으로 탐험하고 싶어 하고 자신의 본모습과 개성을 마음껏 표현하고자 한다. 자신만의 스타일이 확고해져 스스로 옷을 고르고 싶어 하고 어떤 가수나 밴드에 빠져들기도 한다. 때로는 특정 스포츠나 예술, 과학 분야를 향한 열정을 쏟는 모습을 보인다. 식

사나 간식 메뉴를 직접 결정하고 싶어 한다. 한 번씩 그 욕구가 지나치게 발휘되어 바운더리를 넘기도 하므로 적절한 감독이나 지도가 필요하다.

이 연령대의 아이들은 조절력을 어린 시절에 비해 훨씬 잘 발휘하지만, 심한 부담을 느끼거나 감당하기 어려운 상황에 빠지면 폭발하거나 통제력을 잃거나 눈물을 터뜨린다. 이런 무거운 감정을 처리하는 데 양육자의 도움과 돌봄이 필요하다. 아이는 자유를 바라고 원할 테지만 일상적인 루틴에서 양육자의 간접적인 지도가 필요하다.

공격적인 행동화는 대체로 사라지지만 강렬한 감정을 느낄 때, 특히나 형제자매처럼 자신과 친밀한 사람들과 함께 있을 때는 이런 행동이 나타난다. 또한 '내'가 중요해지는 시기라 자신만의 관심사와 생각에 빠져 타인에 대한 공감이나 연민이 부족해 보일 수 있다.

· 11세에서 12세: 사춘기를 지나는 아이들은 8세에서 10세의 아이들보다 훨씬 자립적이고, 자신의 의견을 말하고 입장을 고수하고, 바운더리에 도전하는 데 좀 더 고집스러운 태도를 취한다. 세상과 삶을 이상적으로 바라보는 탓에 위험하거나 안전하지 않은 상황이 벌어지기도 한다. 이 때문에 양육자는 아이를 상대로 규칙을 정하고, 유지하고, 협상해야 할 때가 많다.

이 연령대 아이들은 토론하는 것을 즐기고 논리 정연한 근거를 들어 자신의 의견을 주장하는 데 몰입한다. 옷이나 머리 색 등 자신을 표현하는 수단에 있어 상당히 반항적인 모습을 보여 양육자의 분노를 사기도 하지만 이는 사실 개별화의 한 과정일 뿐이다.

두뇌의 화학 작용과 구조 상 호르몬 변동과 변화가 일어나 극단의 감정이나 행동을 표출하기도 한다. 또래 친구들이 가장 큰 영향력을 미치는 사람으로 자리 잡는다. 하지만 지속적인 변화와 혼란의 시기인 만큼 부모가 무척이나 필요하고 부모와의 시간과 신체적 및 정서적인 공감이 중요하다.

· 13세에서 17세: 이 시기에 보통 전두 피질과 전전두 피질의 형성이 완료된다. 두뇌와 호르몬이 동시에 변하는 시기인 만큼 충동을 통제하는 능력에 있어서는 여전히 좀 더 세밀한 노력이 필요하다. 변덕을 자주 부리지만 그렇다고 해서 예전처럼 통제를 잃고 짜증을 부리는 모습은 거의 볼 수 없다.

다만 공격적으로 폭발하는 모습이나 거칠게 논쟁하려 드는 모습을 한 번씩 보인다. 아이가 이 나이에 이르면 굉장히 자립적이고 이상주의적이며 이분법적 사고를 할 경향이 높다. 위험을 감수하고 자신의 의견을 강력하게 주장하며 한계에 도전하기도 한다.

이런 행동은 모두 정상이다. 성인과 비슷한 외모와 행동을 보이지

만 아직은 아이이고, 필요한 순간에 길을 안내해주고 감정을 진정
시켜주는 안전하고 따뜻한 양육자가 있어야 한다.

아이의 행동은 정상적인 두뇌 발달 과정을 거치며 나타나는
자연스러운 현상이다. 일부러 부모를 화나게 하거나 자극하거
나 상황을 악용하려는 것이 아니다. 그저 두뇌와 자아감 발달
에 따라 행동하는 것이다. 아이는 어떠한 행동을 해서 부모에
게 모욕을 주고 마음을 아프게 하려는 의도가 아니다. 자연스
러운 단계에 따라 마땅히 해야 할 일을 하며 성장하는 과정일
뿐이다.

· 단절 ·

동네 공원이나 교실에서 오랜 기간 아이들을 지켜볼 기회가
있다면 아이의 행동을 유발하는 원인이 '단절'이라는 것을 알아
챌 수 있을 것이다. 단절이란 양육자의 행동이나 상황으로 인
해 양육자와 아이 사이에 정서적 또는 신체적 분리가 생긴 것
이다. 우리 가족에게도 자주 발생하는 상황이다.

내 아들 네이선이 다섯 살 때 출장 준비로 바쁜 나를 보고 이

상한 행동을 했다. 내가 슈트케이스와 가방을 현관 앞에 가져다 놓자 아이의 액션 피규어 장난감이 뒤통수로 날아들었다. 무슨 일인지 뒤를 돌아보니 두 번째 피규어가 또 날아오고 있었다. 장난감 바구니에 들어있는 피규어를 전부 던질 기세로 내 쪽으로 하나씩 던지고 있었다. '도대체 왜 이럴까?' 싶어 의아한데 딱히 이유가 떠오르지 않았다. 물론 아이에게는 아주 중요한 이유가 있었다.

엄마와 물리적인 단절을 경험하게 될 아이는 화가 나 있었다. 아이의 스트레스 반응 센터가 가동되었고 '투쟁 또는 도피' 호르몬이 분비되고 있었다. 네이선도 자신의 행동을 조절하려 노력했겠지만 아이의 신체 시스템이 흥분 상태에 빠져 연결 추구 반응을 보였다. 강렬한 감정에 빠진 아이는 양육자인 내가 자신의 욕구를 충족시켜주길 바랐다.

든든하고도 포근한 울타리가 아이를 감싸고 있다는 안정감을 전해주기 위해 나는 또 다른 피규어가 내 쪽으로 날아오는 모습을 보며 조용하지만 단호하게 말했다. "그런 행동은 하면 안 돼." 그런 뒤 아이에게 다가가 아이의 마음이 괴롭다는 것을 잘 알고 있다고 진심으로 공감을 발휘해 말했다. 나지막한 목소리로 엄마와 함께 가지 못하는 것이 얼마나 힘든 일일지 아이의 마음을 헤아려 주었다. 또한 가족이 다 함께 휴가를 보냈던 장소로 엄마 혼자 가는 것이니 다른 출장 때보다 마음이 더욱 힘들 것 같다고도 말했다.

아이 곁에 도착한 후에는 바닥에 앉아 공감 어린 목소리로 전했다. "엄마가 없으면 많이 보고 싶지? 엄마와 같이 가고 싶은데 그러지 못하니 속상하고?" 그러자 아이의 분노가 조금씩 잦아들며 눈물로 바뀌었고, 내 품에 파고들어 울음을 터뜨렸다. 아이를 안고 진정시킨 후에는 엄마가 멀리 있어도 함께 있는 것 같은 기분을 느낄 수 있도록 한 가지 아이디어를 냈다. 결국 아이는 슬프긴 하지만 건강하고 담담한 태도로 내 부재를 받아들였다.

아들과 나의 사례는 단절 앞에서 아이가 동요할 수밖에 없다는 점을 여실히 보여준다. 이러한 반응은 아이의 두뇌와 몸에 새겨진 것이다. 아이들의 가장 큰 두려움은 양육자를 잃을지도 모른다는 공포이다. 단절 앞에서 아이의 활성화된 반응은 이성에 의한 것이 아니라 순전히 기계적인 것이다. 굉장히 직관적인 반응이라 아이가 스스로 인지하기도 전에 그냥 나온다. 또한 네이선이 나와 떨어지기 싫어했던 것처럼 신체적인 것이든 정서적인 것이든 단절에 대한 반응은 동일하다.

식료품점 계산대를 유심히 살펴보길 바란다. 아이들과 계산대에 줄을 선 부모가 핸드폰을 들여다보며 문자를 하는 모습을 볼 수 있을 것이다. 얼마 지나지 않아 정서적 단절을 경험한 아이들끼리 옥신각신하거나 계산대 근처에 진열된 상품을 만지작거리고 다른 고객들의 장바구니를 들여다볼 것이다. 또는 아이의 수학 숙제를 도와주던 부모가 지겨운 초등학교 5학년 수학 문제에 짜증이 나 괴로워하는 모습을 보일 때도 있다. 부모의 한숨을 듣거나 경직된 얼굴을 조금이라도 보면 아이는 부모와의 단절에 곧장 직접적이고 무의식적이며 기계적인 반응을 보인다.

부모가
연결에 집중할 때

현재 양육 문화를 점령한 훈육법에서는 아이가 어떤 식이든 나쁜 행동을 보이면 양육자가 바로 잡아야 한다고 말한다. 결과적으로 아이들은 성공한 성인으로 자라는 데 필요한 가르침을 받아야 한다는 것이다. 이런 사고방식이 우리를 훈육의 소용돌이에 가둔다. 간단히 말해, 아이가 어떤 행동을 하면 양육자는 그 행동에 전통적인 또는 대중적인 반응을 보여야 하는 것이다. 앞에서 봤던 소피아와 엄마의 사례처럼 말이다.

문제는 그러한 반응들이 아이에게 단절의 경험을 선사한다는 것이다. 이 단절로 아이의 행동화가 발현되고 이로 인해 부모는 아이를 바로 잡기 위해 전통적인 훈육으로 대응한다. 결국 훈육의 소용돌이 속으로 걸어 들어가는 것이다. 단절에 단절로 대응하는 방식은 아이를 자극한다. 훈육의 소용돌이에 빠지지 않기 위해서는 우선 부모가 어떻게 그 소용돌이에 휘말리는지를 알아야 한다.

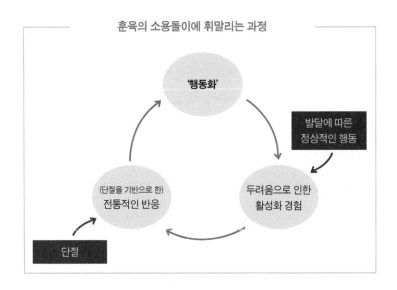

훈육의 소용돌이에 휘말리는 과정

· 훈육의 소용돌이에 진입하기 ·

훈육에 단절을 활용하는 방식은 무슨 수를 써서라도 아이에게서 악을 몰아내고 선을 가르쳐야 한다는 과거의 사고방식에서 비롯된 것 같다. 아이를 성인의 미니어처 버전으로 생각한다면 자연스럽게 성인에게 사용하는 전략을 아이에게 적용하게 된다. 개인 또는 집단을 순응시키거나 분열을 막고자 정서적, 신체적 단절을 경험하게 하는 배척이나 외면 등의 전략 말이다. 이런 방법은 아이에게 그리고 성인에게도 지속적인 행동 변화를 이끌지 못할 뿐 아니라 발달 중인 아이의 두뇌나 자아감에도 위험한 영향을 미친다.

훈육의 소용돌이에 점점 더 깊이 휘말릴수록 양육자는 기존의 자녀교육 문화에서 말하는 훈육법을 활용하고 이로 인해 아이의 문제 행동은 더욱 지속된다. 그 어떤 부작용 없이 아이를 훈육하고 싶다면 양육자는 이 소용돌이에서 반드시 빠져나와야 한다. 단절을 바탕으로 한 훈육법을 버려야만 양육자가 상황을 궁극적으로 통제할 수 있다. 아이와의 연결을 다시 쌓아가고 악순환을 멈출 수 있다.

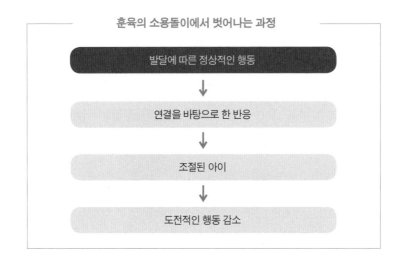

훈육의 소용돌이에서 벗어나는 과정

발달에 따른 정상적인 행동

↓

연결을 바탕으로 한 반응

↓

조절된 아이

↓

도전적인 행동 감소

· 훈육의 소용돌이에서 벗어나기 ·

소용돌이에서 빠져나와 연결이라는 아이의 내재된 욕구에 집중할 때 '나쁜 행동'의 이면에 아이가 우리에게 정말 원하는 것이 무엇인지 파악할 수 있다. 아이는 발달이라는 여정에서 한결같이 부모를 필요로 한다는 것을 앞서 확인했다. 아이가 영아 내부터 성인이 되기 직전까지 소리치고, 밀고, 때리고, 떼를 쓰고, 도전적으로 행동하는 것이 지극히 정상이라는 점도 확인했다. 따라서 생각을 바꿔야 하는 것은 바로 우리이다. 아이의 문제 행동을 혼내고 어떤 수를 써서라도 멈추게 할 것이 아니라 발달상 필수적인 요소로 받아들여야 한다.

양육자는 아이가 다양한 행동을 표현하도록 자유와 여유를 허락해야 하는데, 이때 아이에게는 자신이 어떤 행동을 하든 양육자의 지지를 받고 싶다는 욕구가 있다는 점을 이해하는 것이 중요하다. 양육자로서 해야 할 일은 아이의 욕구를 충족시키는 것이다. 아이의 자아감을 키워주고, 부모의 전폭적인 지지가 있으니 마음껏 자신을 표현해도 된다는 뜻을 아이의 내면에 심어주어야 한다.

훈육의 소용돌이에서 빠져나와 연결이라는 따뜻한 돌봄을 발휘하는 것이 양육자의 역할이다. 아이에게 연결의 가치를 보여주고, 그 가치를 확실하고도 강렬하게 느끼도록 만들고, 자녀들이 영아, 유아, 미취학 아동기, 초등학교 시기, 사춘기, 십대를 거치는 동안 그 곁에 함께 머무는 것이 양육자만이 할 수 있고 또 해야만 하는 의무이다.

04

부모에게 주어진
의무와 역할

부모의
마땅한 역할

♥

무언가 우리 뜻대로 되지 않을 때면 이 혼란스럽고도 힘든 상황에서 책임자의 역할을 해줄, 앞장서서 자신 있게 헤쳐 나갈 누군가가 나타나주길 바라기 마련이다. 아이들에게는 이것이 비단 바람 정도가 아니라 본질적인 욕구이다. 아이들은 본디 양육자에게 의존하는 존재로, 마땅히 자신을 이끌어줄 역할을 해야 할 사람이 실제로 그러지 못하는 걸 느끼면 걱정하기 시작한다. 아이들의 걱정이 커질수록 책임자 역할을 해줄 누군가를 통해 안전함을 느끼고 싶다는 욕구도 커진다.

자신을 도와줄 누군가가 절실하게 필요할 때 아무도 나타나

지 않으면 아이는 스스로 그 역할을 맡으려 한다. 리더의 자리
에 있는 아이들을 양육하는 일은 상상할 수 없을 만큼 어렵다.
이 역학을 제대로 이해하기 위해서는 우리가 리더 역할을 해야
하는 사람에게서 믿음을 잃었을 때 어떤 일이 벌어지는지를 생
각해보면 된다.

능력과
자신감

누군가에게 전문적인 돌봄이나 서비스 또는 조언을 기대했지만 실망했던 적이 있는가? 이를테면, 몸이 너무 아프고 괴로운 당신이 길고 긴 밤을 견뎌 다음 날 아침 예약 없이 병원에 찾아간 상황이다. 가능한 빨리 의사를 만나 진료를 보고 얼른 편안한 집에 가서 쉬고 싶은 마음이 들 것이다. 접수 데스크에 당신의 이름을 밝히고 접수를 마친 후에 대기실 의자에 앉아 차례를 기다린다. 주변을 둘러보며 얼마나 기다려야 할지 가늠해본다. 처음 와보는 낯선 병원에 앉아 당신보다 먼저 온 사람들을 살펴본다. 대기실에 앉아 있는 와중에도 계속해서 사람들이 병원으로 들어와 접수를 하고 자리에 앉는다. 한 번씩 누가 당신보다 먼저 왔고 또 나중에 왔는지 확인하며 이름이 불리기를 기다린다.

45분이 지나 당신 바로 앞 순서인 환자의 이름이 불렸다. 다음 차례가 바로 당신이다. 속이 미식거리고 열이 나고 온몸이 쑤셔 기운이 하나도 없어 얼른 진료를 보고 처방전을 받아 집에 가서 쉬고 싶다. 간호사가 대기 환자 명단이 적힌 종이를 들고 자리에서 일어서는 것을 보고 당신은 가방을 챙겨 진료실로 들어갈 준비를 한다. 하지만 그가 부른 이름은 당신이 아니다. 순식간에 화가 치민다. '도대체 어떻게 된 일이지? 저 남자가 나보다 늦게 왔다는 것을 모르는 걸까? 순서를 어떻게 헷갈릴 수가 있지?' 생각하며 곧장 데스크로 걸어가 이번이 당신 차례라는 것을 밝힌다.

서류를 넘기며 확인하던 간호사는 어머나 하고 작게 탄식한다. 당신에게 사과를 하지만 그 어떤 진심이나 감정이 느껴지지 않는다. 그러면서 서류 순서를 잘못 정리했고, 불편을 끼쳐 죄송하다고 설명하며 조금만 기다리면 바로 다음 순서로 이름을 부르겠다고 별일 아닌 듯 말한다. 존중받는 기분을 조금도 느끼지 못한 당신은 자리에 앉으라는 그의 말을 무시하고는 자신의 존재를 상기시키려는 듯 데스크 근처를 맴돈다. 이내 진료실 입장 순서가 되었고, 그렇게 상황은 종료되었다. 하지만 과연 이걸로 끝인 걸까?

· 인식 전환 ·

진료 순서를 잘못 부른 실수로 인해 데스크에 있는 간호사가 제 역할을 잘 해낼 능력이 있는지 의심스러워졌다. 그가 전문가는 아니라는 생각이 스치지만, 그렇다고 의사와 진료를 보는 동안에도 그 생각이 머릿속을 잠식하고 있는 것은 아니다. 병원에 나와 집에 갈 때도, 이후 며칠 동안에도 굳이 그 생각을 열심히 떠올리며 보내지는 않았다. 게다가 누군가에게 말할 이야깃거리도 아니었다.

이 인식 전환은 의식적인 노력이나 자각이 아닌 기계적으로 발생한 것이지만, 다음번 그 병원에 방문해 대기실에 앉아 있는 상황이 오면 대기 환자 순서에 대해 굉장히 민감하게 반응하게 된다. 병원에 들어서자마자 데스크와 가까운 쪽에 자리를 잡는다. 대기하는 사람이 점차 줄어들어 당신 차례가 되면 자리에서 일어나 데스크에 다가가 자연스럽지만 단호한 어조로 그냥 확인 차 묻는 것이라며 당신이 바로 다음 차례가 맞는지

문의한다.

왜 이렇게 되는 걸까? 그냥 편안히 자리에 앉아 직원이 알아서 처리하도록 내버려 두지 못하는 걸까? 바로 인식의 전환 때문이다. 당신의 머리에 기계적으로 해당 직원이 자신의 일을 잘 해낼 능력이 있는 전문가가 아니라고 인식된 것이다. 그의 능력에 대한 신뢰를 잃어버린 탓에 당신이 한발 앞서 상황을 처리하려고 한다.

이와 같은 역학이 아이들에게도 나타난다. 사실 이러한 현상은 어른, 아이 가리지 않고 어떤 관계에서나 나타날 수 있다. 하지만 양육자와 아이라는 특수한 관계에서는 누가 책임을 지고 누가 의존하는지 그 역할이 명확하게 구분되어 있다. 건강한 성인들 간의 관계에서는 이 역할을 번갈아 맡는다. 당신이 리드할 때도 있고 친구나 배우자가 리더 역할을 맡을 때도 있다. 하지만 양육자와 아이의 관계에서는 그 어떤 전환이 있어서도 안 되고 있을 수도 없다. 성인이 주는 사람provider이고 아이가 구하는 사람seeker이다.

아이들은 이 세상에 태어난 순간부터 우리를 찾는다. 실로, 능력을 갖추고 응답할 줄 아는 양육자와의 신체적 그리고 정서적 연결 없이는 아이들은 생존할 수가 없다. 양육자를 향한 신체적 연결에 대한 욕구는 아주 당연하다. 아이가 성장하기 위해서는 음식과 물을 공급받아야 하고 보호받아야 하니까. 하지만 신체적 연결이 중요한 만큼, 아이의 두뇌 발달에 필요한 정서적 연결 또한 중요하다. 정서적으로 단단하게 관계가 형성된 아이들은 만족할 정도의 정서적 욕구가 충분히 충족될 수 있다는 자신감을 갖는다. 양육자를 신뢰할 수 있다는, 양육자가 전문가라는 믿음 덕분에 아이들은 경계심을 내려놓고 마음껏 발달에 몰입할 수 있다.

양육자로서 우리의 역할은 전문가가 되어 아이에게 우리가 문제를 해결하고, 돌봄을 행하고, 책임을 지고, 이해하고, 리드할 수 있는 존재라는 확신을 심어주는 것이다. 그래서 아이에게 양육자가 그들의 욕구가 무엇이고 또 무엇을 걱정하는지에 대해 깊은 지식과 이해를 갖추었다는 신뢰를 심어주고 이를 바탕으로 우리가 제시하는 방향을 본능적으로 따르게 만드는 것이다. 세상 누구도 부모만큼 아이를 잘 이해하는 사람은 없고, 아이를 보호하고, 욕구를 충족시키고, 시기에 맞게 발달할 수 있도록 이끄는 역할을 잘 할 수 있는 사람도 없다.

의존성과
자립심의 관계

양육자와의 관계에서 아이들이 지닌 의존에 대한 욕구를 설명할 때면 불편해하는 사람들이 있다. 부모를 자극하는 것은 아마도 '의존성'이란 단어일 것이다. 현대 사회를 점령한 자녀교육, 유아 교육, 아동 교육 심지어 청소년기 자녀교육에서도 강조되는 가치는 자립심이다. 다시 말해, 자녀들은 자립심을 배워야 하고, 양육자는 아이기 혼자 할 수 있고 또 해야 할 일들을 대신 해주어서는 안 된다고 강조한다. 그러면서 아이가 자립심을 배우지 못한다면 이 세상에서 살아갈 수 없다고 믿는다.

자립적으로 생활하는 법을 배워야 한다면 지금 당장 배우는 것이 좋다고 생각하는 것이다. 고3이 된 자녀의 가방을 부모가 대신 들어주어선 안 된다면 가장 좋은 것은 지금부터 혼자 가방 드는 법을 가르치는 것이라고. 열여섯 살이 되어서까지 부모와 한 침대에서 잠을 자면 안 되니 지금 당장 혼자 자는 법을 가르쳐야 한다고 말이다. 언젠가 혼자 도시락을 챙겨야 하는 날이 올 테니 지금부터 도시락 싸는 법을 익혀야 한다고 말한다.

자립심을 배워야 한다는 지나친 강박관념이 점점 더 어린아이에게 적용되기 시작하는 분위기가 퍼지고 있다. 그러나 나는 오히려 이런 풍조가 어린아이의 의존성을 키우고 있다는 생각이 든다. 아이가 자립심을 배우는 과정에 대한 이해가 부족하기 때문이다.

물론 아이가 날개를 펴고 비행 연습을 해봐야 하는 것도 맞는 말이다. 그런 경험을 통해 아이들은 스스로 해낼 수 있다는 자신감을 배운다. 하지만 진정한 자립심은 아이 스스로 원해서 날개를 펴고 비행을 시도할 때 자라난다. 부모가 억지로 자립심을 학습하게 한다고 키울 수 있는 것이 아니다. 사실 의존성은 진정한 자립심을 키우는 데 필요한 과정이다. 아이의 발달이 자연스럽게 진행되는 데 중요한 안전과 쉼을 의존으로 얻기 때문이다.

한 가지 예를 들어보겠다. 막내아들 맥스웰이 유치원에 다니던 시절에는, 즉 아이가 예민한 5세 아동의 기질을 마음껏 발휘하던 시절에는 매일 아침 전쟁이 벌어졌다. 아이는 아침에 일찍 일어나는 것도 힘들어했고 유치원에 가기 싫다고 떼를 썼다. 당시 아이는 조절력이 부족했기에 안정을 찾기 위해서는 양육자의 전폭적인 연결과 안심, 지지가 필요했다.

그래서 아침마다 아이가 내게 마음껏 의존하게 했다. 집을 나서기 전에 둘만의 시간을 따로 갖기도 했다. 거의 매일 같이 아이의 가방을 들어주고 신발도 신겨 주었다. 겉옷을 입히고 벗겨 주었다. 가방은 내가 매일 싸주었다. 하원 후에는 가방 정리도 대부분 내가 했다.

유치원 생활이 아이 내면에 불편한 감정을 거세게 일으켰기 때문에 아이는 엄마인 내게 의존하려고 했다. 이를 직감적으로 알고 있던 나는 아이의 상태에 맞춰 의존성을 마음껏 발휘하도록 했다. 스트레스를 많이 받은 아이가 엄마에게 기대며 휴식을 얻을 것이고, 이런 과정에서 아이는 안정을 찾아갈 거라고 믿었다. 유치원에 다니는 아이들이 도달해야 하는 발달상 지표로 '자립심을 발휘하는 모닝 루틴'을 많이들 꼽는다. 따라서 맥스웰의 의존성을 장려하는 내 방식을 좋지 않게 생각하는 사람들이 있을 것이다.

하지만 당시 맥스웰에게는 필요한 것이었다. 내가 아동을 전문으로 하는 심리학자라서가 아니라 내가 맥스웰의 엄마이고 누구보다 아이를 잘 알기 때문이다. 물론 사전에 예측했던 바는 아니었고, 아이에게 필요한 것이 무엇인지 직감적으로 이해하고 따랐던 것뿐이었다.

그로부터 몇 년 후, 이 책을 집필하는 지금 맥스웰은 2학년이 되었다. 이제는 학교에 도착한 후 아이의 가방을 내가 들고 건물 안까지 들어가 정리해주면 아이는 지금 내가 무슨 짓을 하는지 의아해할 것이라고 자신 있게 말할 수 있다. 엄마가 이상하게 군다고 생각할 것이다. 자기가 직접 가방을 들겠다고 할 것이고, 어쩌면 내게 그만하라고 말할 수도 있다. 특별한 상황일 때만 엄마가 가방을 들어주는 것으로 인식하고 있을 것이다.

아프거나, 전날 밤 잠을 거의 자지 못했거나, 휴가를 마치고 평소의 루틴이 깨지는 등 평소와는 다른 어떤 이벤트가 있는 날 말이다. 그런 날 아침이면 나는 또 한 번 아이의 의존성을 마음껏 받아줄 것이다.

맥스웰이 유치원 때보다 자립심이 늘었을까? 물론이다. 그렇다면 이런 변화는 아이가 자립심을 발휘하는 법을 배웠기 때문일까, 아니면 아이가 자립심을 발휘하기를 원했기 때문일까? 이제 혼자 가방을 메고 가겠다는 것은 분명 아이의 의지이다. 어린 시절 아이가 엄마에게 마음껏 의존하도록 내버려 두는 시간을 통해 나는 아이가 혼자 가방을 메는 등 다양한 '자립적인' 행동이 자라나도록 기반을 만들었고, 덕분에 이제 맥스웰은 아침마다 즐거운 마음으로 자립심을 발휘한다.

아이에게 내가 간절히 필요했던 유치원 시절에 내가 억지로 맥스웰에게 자립심을 학습하도록 만들었다면 어떤 일이 벌어졌을까? 아이에게 "맥스웰, 이제 다 컸잖아. 다섯 살은 엄마한테 가방을 들어달라고 해서는 안 돼. 혼자 가방 챙겨야지." 하고 말했다면 말이다. 또는 "맥스웰, 이제 다섯 살 형아니까 신발 끈은 혼자 묶을 수 있어!"라고 말했다면? 그렇다면 맥스웰이 즐거운 마음으로 혼자서 모닝 루틴을 척척 해내는 아이로 성장할 수 있었을까? 물론 아이가 자립심을 배우는 데 필요한 규칙들을 따르긴 했겠지만 아이가 원해서 했거나 기쁜 마음으로 하지는 않았을 거라고 확신한다. 아이는 정말 마지못해 했을 것이다.

당시 아이의 유치원 친구들 중에는 맥스웰보다 훨씬 자립적으로 아침 루틴을 행하는 아이들이 있었다. 하지만 그것이 부모에게서 반감을 살까 봐 두려워하는 마음에서 비롯된 것인지, 진정으로 자신이 바라서 한 것인지는 알 길이 없다.

의존성 발현은 의존성 발달과 다르다. 아이들은 모방하는 법을 배우고, 실제로 표면적인 행동은 제법 쉽게 따라 한다. 특히나 부모의 인정, 즉 연결을 바탕으로 할 때는 더욱 그렇다. 하지만 진정한 자립심은 아이들이 쉽게 모방할 수 있는 것이 아니다.

양육자가 아이에게 필요한 것이 무엇인지 파악해 노련하게 제공하고 부모에게 의존하고 싶은 아이의 마음을 헤아려주는 환경에서 아이들은 진정한 자립심이 무엇인지 느리지만 확실하게 배운다. 아이가 마음껏 우리에게 의존할 기회를 선사하는 것은 아이들 내면 깊은 곳에서부터 우러나온 자립심을 발휘할 기회를 마련해 주는 것과 같다.

· 아이에게 자유를 허락하라 ·

의존성과 자립심의 역학에 대해 강연을 하다 보면 '헬리콥터 부모'에 대한 질문을 받을 때가 많다. 부모가 주변을 맴돌며 아이에게 필요한 것은 무엇인지 파악하고 혹시 모를 상처나 실망감에서 아이를 보호하는 양육 방식이다. 아이가 부모에게 모든 것을 의존하게 둔다면 오히려 아이에게 해가 되고 자립심을 발휘할 기회를 앗아가는 것이 아닐까? 물론 아이에게 해가 된다.

헬리콥터 부모의 개입은 아이를 대단히 불안하게 만든다. 헬리콥터 육아는 부모 자신의 두려움이나 불안에서 비롯되는 것으로, 이후 이는 아이의 두려움과 불안 요소로 자리 잡는다.

양육자의 불안정한 개입(맴도는 사람)과 아이에게 자립심을 발휘할 기회를 마련하는 것(제공하는 사람)을 착각해서는 안 된다. 맴도는 사람은 걱정하고 긴장하며 불안해한다. 제공하는 사람은 자신감 넘치고 상황을 빠짐없이 파악하고 있으며 책임을 진다. 맴도는 사람의 행동은 두려움에서 비롯된다. 반면 제공하는 사람의 행동은 아이의 욕구를 잘 이해하고 있다는 자신감에서 비롯된 것이기에 아이에게 자립심을 발휘할 기회를 제공할 수 있다.

아이의 욕구가 마침내 터져 나오는 운명적인 날, '오늘은 가방 내가 메고 갈래요'라고 말하는 아이에게 두 사람의 반응은 다를 것이다. 주위를 맴도는 양육자는 이렇게 말한다. "아냐, 아냐. 엄마가 할게. 자, 자, 가방은 신경 쓰지 말고…" 이와 대조적으로 제공하는 양육자는 본능적으로 자립심을 발휘하길 원하는 아이의 욕구를 이해하고 이렇게 답한다. "가방 직접 메고 싶구나. 자, 여기 있어!"

아이를 안심시키는
부모의 존재감

나는 책임자라는 양육자의 입장을 '헐크'에 대입해 설명하고 싶다. 인크레더블 헐크Incredible Hulk의 놀라운 능력치와 권위에 대해서만큼은 누구도 반박할 수 없기 때문이다. 양육자가 헐크로 변신할 때 마블 코믹스Marvel Comics의 슈퍼 히어로인 헐크처럼 놀라울 정도로 강력하고 견고하며 의심의 여지가 없는 '존재감'을 뿜어낼 수 있다.

하지만 영화 속 헐크보다 양육자가 헐크로 변신하는 과정은 덜 요란하다. 아이의 욕구를 연민과 돌봄, 배려, 이해를 바탕으로 확실하고 일관성 있는 행동을 보여주며 문제를 자신감 넘치게 해결한다. 아이들의 눈에 헐크로 변신한 우리는 굉장히 유능할 뿐 아니라 자신의 욕구를 가장 우선순위로 생각하는 멋진 존재로 비춰진다.

훌륭한 부모 지원 프로그램인 '안전의 고리Circle of Security'에서는 이렇게 설명한다. "자녀는 당신이 더욱 크고 강하고 현명하고 친절하길 바란다." 여기서 말하는 헐크로 변신한다는 것이 바로 이런 자질을 발휘한다는 의미이다.

양육자들은 헐크로 변신한다는 것을 잘못 이해할 때가 많다. 이를 설명하기 위해 리처드의 사례를 들어보겠다. 몇 년 전, 나는 복싱과 킥복싱을 함께하는 새로운 피트니스 프로그램을 시작했다. 땀을 뻘뻘 흘리며 운동을 하는 내게 멋진 트레이너가 용기를 북돋아 주고, 조언을 전해주고, 더는 못 할 것 같은 순간에 딱 1분만 더 버티라며 응원과 자극의 말을 전했다.

하지만 리처드처럼 헐크 역할을 하는 사람은 없었다. 리처드는 아내와 헬스장을 공동으로 운영하는 트레이너였다. 리처드가 등장하면 사람들 사이에 더욱 집중하고, 더 열심히 운동하고, 조금이라도 더 힘을 쥐어 짜내는 분위기가 형성되었다. 그가 있을 때는 운동의 강도 자체가 달라졌다. 그렇다고 해서 그가 큰소리로 윽박을 지르고, 겁을 주고, 화를 내는 건 아니었다.

오히려 그는 굉장히 친절하고 배려심이 깊었지만 단호했다. 그는 우리에게 필요한 게 무엇인지, 운동을 어떻게 해야 하는지에 대해서는 타협의 여지가 없었다. 또 사람들이 더 멋지고, 강하고, 튼튼한 몸이라는 결과를 얻도록 이끄는 자신의 능력에 자신감이 있었다.

핵심은 리처드가 이러한 확신을 어떻게 전달했는가이다. 그는 자신의 지식과 전문성을 사람들에게 강요하지 않았다. 모욕적인 말로 자신의 확신을 드러내거나 강압적으로 권위를 행사한 것도 아니었다. 그가 지닌 확신은 반듯하게 선 자세에서, 운동 방법을 차분하게 전하는 목소리에서, 단호하게 지시를 내리는 자신감에서 드러났다.

그는 자신이 자리를 비워도 사람들이 변함없이 열심히 할 것이라는 점을 알고 있었다. 그의 전문성과 능력이 우리의 실력을 향상시킬 거라는 확고한 신뢰가 회원들 사이에 형성되어 있었다. 그의 침착하고도 효율적인 모습에서 우러나오는 설득의 힘이었다.

운동 세션을 시작하기 전과 마친 후에 그는 회원들에게 자녀, 부모님, 직업, 삶에 대해 물으며 소통했다. 운동과 관련한 영화나 책을 추천해주기도 했다. 땀에 잔뜩 절어 지친 몸을 이끌고 헬스장을 나설 때면 그는 좋은 하루를 보내라는 기분 좋은 인사와 함께 다음 시간에도 꼭 다시 보자고 인사를 건넸다. 그에게는 우리가 다음 시간에도 빠지지 않고 올 거라는 확신이 있었다. 리처드는 아주 자연스러우면서도 직관적으로 내면에서 비롯된 자신감을 가지고 관계를 형성해 나갔다. 그 결과 그가 주변에 있을 때는 회원들 모두 잠재의식적으로 그리고 기계적으로 자신의 모든 힘을 다해 운동에 매진했다. 그를 완벽히 신뢰했던 우리는 그에게 전적으로 의존했다.

자녀들도 우리에게서 이와 비슷한, 헐크 같은 존재감을 느끼길 원하고 있다. 아이들의 타고난 의존성은 다시 말해 양육자가 자신을 이끌어주길 기대한다는 의미이다. 우리에게서 정서적, 신체적 지지를 바라고 있는 아이들이 그런 지지를 받지 못하거나 양육자에게서 자신감 없는 모습을 볼 때 어떤 기분일지 생각해보길 바란다. 부모가 좌절감에 한숨을 쉬는 모습을 볼 때 아이의 기분이 어떨지 말이다. "널 도대체 어떻게 해야 할지 모르겠디!"고 말히는 부모를 볼 때 말이다.

아이가 너무도 지치고 힘든 날, 눈물을 쏟는 부모를 마주하면 그 심정이 어떨까. 어떤 상황이든 의지가 되지 않는 양육자의 모습에서 아이들은 두려움을 느낀다. 놀랄만한 일은 아니다. 헬스장에서 트레이너가 침울한 얼굴을 하고 있거나, 내게 희망이 없다고 소리치거나, 잘못된 자세를 취하는 나를 보고 한심하다는 듯 눈을 굴린다면 나는 순식간에 기가 죽을 것이다. 심지어 그 헬스장에 더 다녀야 할 이유를 찾지 못할 것이다. 너무 힘든 아침이면 운동을 하러 집을 나서는 대신 따뜻하고 편안한 침대에 누워 일어날 생각을 하지 않을 것이다. 아이들도 마찬가지이다. 우리가 자신감을 잃은 모습을 보인다면, 또 그것이 너무 길어진다면 아이들은 풀이 죽고 동기를 잃을 것이다.

· 유대 vs 구속 ·

자녀에게 애정이 담긴 통제력을 발휘하는 데 능한 양육자들이 공통적으로 보이는 중요한 특징이 있다. 바로 따뜻한 관계 속에서 자신의 포스를 최대한 발휘해 메시지를 전달한다는 점이다. 내 트레이너의 방식이 효과적인 이유 중 하나는 그가 사람들과의 관계에서 자신의 영향력을 전파하기 때문이다.

그는 수업을 시작하기 전과 마친 후 책이나 영화 이야기를 하며 회원들과 소통하고 신뢰를 쌓아 유대감을 형성했다. 유대감

덕분에 사람들은 리처드의 자신감 넘치는 태도에 기계적으로 반응을 보이는 것이다. 그가 단순히 트레이너라서가 아니다. 사람들과 진심으로 관계를 쌓았고, 사람들 안에 자리한 최고의 기량을 끌어내는 능력이 있었기 때문이다.

만약 이 트레이너가 고함을 지르며 모욕적인 말을 내뱉고, 사람들과 관계를 맺으려는 어떠한 노력도 하지 않았다면 어땠을까. 물론 이런 방식으로도 권력을 발휘할 수는 있을 것이다. 하지만 따뜻한 관계 속에서 자라나는 유대와 역할로 생겨난 구속과는 차이가 있다. 구속은 환경에 의해 만들어진다. 가령, "내가 너를 낳았으니 내가 엄마고, 우리는 하나로 묶여 있어. 이 관계에서 내가 보호자이니까 너는 내가 하라는 대로 해야 해."라는 식이다. 유대는 오랜 경험을 쌓으며 형성된 관계에서 탄생한다. "나는 네 엄마고, 널 무척이나 사랑한단다. 널 언제나 지켜주고 최우선으로 여길 거야."라는 태도이다.

내 트레이너에 비유해 보자면 "여기는 내 헬스장이고 내 헬스장에서는 내가 시키는 대로 해야 합니다!"는 구속에 가깝다. 헬스장의 오너라는 지위와 그곳에서 운동을 배우는 회원이라는 내 역할로 만들어진 상황이다. 리처드의 헬스장은 유대를 바탕으로 하고 있고, 그는 관계의 힘을 유연하고도 이롭게 활용한다. 리처드는 그저 운동하는 회원의 뒤로 다가가 조용하지만 단호하게 '코어에 힘을 주세요!'라고만 말하면 그 사람은 마법처럼 코어에 집중한다.

리처드의 권력은 사람들과의 연결성과 헐크로 변신하는 태도에서 나온다. 양육자가 이 두 가지 요소를 갖추어야 아이가 양육자에게 마땅히 그리고 온전히 의지할 수 있다.

· **연결**: 2장에서 언급했듯, 연결은 건강한 아동 발달의 기반이다. 아이들은 양육자-아이 관계에서 연결감을 느껴야 하고, 성인은 이 관계에서 생겨난 자연스러운 권력으로 아이를 안전하게 이끌어야 한다.

· **헐크의 태도**: 헐크의 태도가 결여된 관계는 불충분할 수밖에 없다. 아이들은 양육자가 자신을 성장시켜 줄 충분한 능력이 있다는 믿음이 있어야 마음 놓고 의존하는 역할을 누릴 수 있다. 양육자의 불안과 좌절, 불안함으로 연결과 보살핌, 신뢰가 흔들릴 때 아이들은 양육자를 믿지 못하게 된다.

이 아이들은 지도와 리더십이라는 본능적인 욕구가 충족되기 전에는 결코 마음을 놓을 수가 없다. 때문에 자신이 직접 운전석에 앉아 책임자의 역할을 하는 것으로 욕구를 충족하려 든다. 아이들이 이러한 행동을 하는 이유는 양육자의 반응을 끌어내기 위해서다. 양육자가 자신의 욕구를 충족시켜주고, 이끌어주길 바라는 마음이 담긴 행동이다.

양육자가 아니라 아이가 헐크가 될 때는 완전히 새로운 야수가 등장한다. 이 아이들은 자연스러운 성장이나 발달을 따르지 못하고, 문제를 일으키고 거친 행동을 내보이며 양육자의 에너지를 앗아간다.

부모가 스스로
부족하다고 느끼면

♥

아이는 자궁에서 나와 자연스럽게 양육자의 눈을 쫓는다. 이 작은 아이의 노력에 응답해 양육자가 아이와 시선을 마주하는 그 순간 깊은 사랑과 애정이 샘솟는다는 이야기를 앞서 한 바 있다. 이 연결을 통해 아이는 태어난 순간부터 지극히 본능적인 의존의 욕구가 생겨난다.

아이는 성장하고, 배우고, 발달하기 위해 우리가 필요하다. 우리에게 의존하려는 욕구가 무척이나 깊어서 우리가 돌봄을 행하고, 반응하고, 양육할 때 자신감을 발휘하지 못하는 것 같으면 아이들은 아주 도전적으로 행동하며 그 능력을 발휘하길 요구한다.

직접 책임자의 위치에 오르려는 아이는 몇 가지 심각한 문제를 경험하게 되는데, 그중 가장 위험한 문제는 아이가 늘 허탈감을 맛본다는 것이다. 양육자에게 나서서 제 역할을 하라고 요구하는 아이는 양육자가 아무리 열심히 그 요구에 호응한다 해도 결코 만족감을 얻을 수 없고, 양육자에게서 완전한 신뢰를 느낄 수 없다. 그 이유가 무엇인지 내 동료가 들려준 한 사례를 들어 설명해 보겠다.

생일을 맞은 한 여성은 남편이 자신의 생일을 어떻게 축하해 줄지 기대하며 상상의 나래를 펼쳤다. 특별한 날을 보내길 기대한 여성은 저녁 식사 예약이나 친구들과의 파티 같은 일정을 언급하지 않는 남편이 깜짝 파티를 계획했을 거라고 생각했다. 어쩌면 해변에 새로 생긴 멋진 레스토랑에 갈 수도 있고 퇴근한 남편이 꽃과 오래전 첫 데이트를 했던 음식점에서 포장한 음식을 들고 찾아올 지도 모른다. 아니면 또 뭐가 있을까? 다양한 상상을 하며 가슴이 두근거렸다.

퇴근한 남편이 집에 오자 그녀는 환한 얼굴로 남편을 반겼다. 남편은 "나 왔어."라고 말하며 아내의 뺨에 짧게 입을 맞춘 뒤 그녀를 지나쳐 손을 씻으러 화장실로 들어갔다. 여자는 가슴이 쿵 하고 내려앉는 것 같았고 "어, 왔구나." 이렇게만 대꾸했다. 잠시 침묵을 지킨 여자는 이렇게 물었다. "다른 할 말은 없고?" 여자의 말에 남편은 헤드라이트를 밝히며 달려오는 차를 향해 놀란 표정을 짓는 사슴처럼 당황스러운 얼굴을 하고는 바삐 머릿속을 뒤졌다. 갑자기 그의 얼굴이 밝아지더니 이렇게 말했다. "생일 축하해, 여보!" 하지만 남편이 정말 잊고 있다는 것을 확인한 여자의 마음은 차갑게 식어 버렸다. "그게 다야? 꽃 한 송이 없고? 그냥 생일 축하한다고?" 자신의 잘못을 뒤늦게나마 만회하고 싶었던 남편은 잠깐만 기다려달라며 급히 나갔다. 차에 시동이 걸리는 소리가 들리더니 이내 사라졌다. 10분 후 집에 돌아온 남편은 꽃다발을 당당히 내밀었다.

이 꽃을 어떻게 받아야 할까? 여자는 이렇게 말할 것이다. "와, 고마워. 이렇게까지 내 생각을 해주다니." 아내는 남편이 특별한 날을 잊었고, 눈치를 주자 그제야 떠올렸다는 사실에 화가 나 비꼬듯 말한다. 남편은 남은 하루를(어쩌면 그보다 훨씬 길게!) 고달프게 보낼 게 분명했다. 이제는 남편이 어떤 행동을 하든 아내의 신뢰를 얻을 수 없다. 왜일까? 그녀가 먼저 알려줬기 때문이다. 남편이 주도권을 잡고, 아내의 마음을 헤아리고, 섬세하게 신경 쓰는 데 실패한 탓에 남편 스스로 자신이 무능하고,

책임감이 없으며 믿을 만하지 못한 사람이라고 입증했기 때문이다.

아이들과의 관계에서도 마찬가지이다. 다만 이 관계에서는 항상 아이가 꽃을 받는 사람이다. 양육자가 자신의 마음을 헤아리지 못하고, 자신의 행동에 적절히 대응하지 못하며, 이해하지 못한다는 생각이 들면 아이들은 양육자를 신뢰하지 않는다. 무언가를 요구하다 못해 헐크로 변해버린 아이의 요청을 들어주기 위해 양육자는 뒤늦게 꽃을 사러 간 남편처럼 허둥지둥 움직인다. 아이는 남편의 손에 들린 꽃을 보면서도 그 어떤 위안도 얻지 못한 아내처럼 자신이 직접 요청해야만 반응을 보이는 양육자에게서 아무런 위안도 얻지 못한다.

양육자가 자신의 욕구를 충족시킬 수 있고 또 충족시키리라는 신뢰가 더는 없기 때문이다. 양육자의 즉각적인 대응을 필요로 하고, 의존하기를 바라는 아이들은 그저 풀이 죽은 채 가만히 있지 않는다. 생일을 맞은 아내처럼 아이들은 꽃을 요구한다. 그리고 이 요구의 행동은 다양하게 발현된다.

· 갈구: 헐크 상태에서 굉장히 갈구하는 모습을 보이는 아이가 있다. 가장 중요하고 뿌리 깊이 자리한 정서적 욕구를 포함해 자신의 욕구가 효율적으로 충족될 거라는 믿음이 없는 상태가 오래 지속되

면 아이는 끊임없이 확인받고 안심하고 싶어 한다.

"그런 일이 없을 거라고 어떻게 확신해요?", "어떻게 알아요?"와 같이 끝도 없이 질문을 하기도 한다. 때로는 분리 불안 증세로 발현되어 아이는 양육자와 떨어지는 것을 잠시도 견디지 못하고 계속 곁에 있으려고 한다. 양육자가 반드시 돌아오리라는 믿음이 없는 탓이다. 양육자가 옆에 꼭 붙어 있지 않으면 밤에 잠들지 못하기도 한다.

· **보스 노릇**: 헐크로 변한 상태에서 보스처럼 굴고 요구가 많아지는 아이들도 있다. 양육자에게 이것저것 시키기도 한다. "엄마가 하는 말 무슨 소리인지 하나도 모르겠거든!", "내가 말했으니까 아빠가 하라고!", "엄마가 아무리 그래도 절대 안 할 거야." 또는 어른이 리더로 나서야 하는 상황에 자신이 책임자로 나서기도 한다. 같은 반 친구들을 훈육하는 식이다.

· **극단적인 자립심**: 어떤 일에서는 조금도 의존하지 못하는 증상을 보이는 아이들도 있다. 어린 자녀가 속상한 마음에 눈물을 뚝뚝 흘리면서도 당신의 도움을 밀어내는 것처럼 말이다. 의존을 발휘하지 못하면 걱정스러운 상황이 벌어지기도 한다. 식사 시간이 특히나 그렇다. 아이는 양육자가 먹여주는 음식을 거부하거나 부모가

준비한 음식은 무엇이든 거절하거나 어떤 경우 음식을 게워내기도 한다.

좀 더 큰 아이들은 시험 성적이 떨어지거나 친구 또는 형제자매와 싸우는 등 얼마 안 있어 들키고 말 실수나 잘못을 숨기거나 거짓말을 한다. 이러한 문제를 언급할 때 아이 내면에 의존하고 싶다는 불편한 감정이 생겨나기 때문이다.

· **조숙함**: 어린아이가 어른처럼 구는 모습이 귀엽거나 자신감이 넘치는 것처럼 보일 수도 있지만 이런 행동은 사실 아이가 헐크 상태에 놓여 있다는 의미이다. 유튜브 영상 중 〈린다 씨 제 말 좀 들어봐요 Linda, honey, just listen〉라는 제목의 비디오가 최근 크게 유행했다. 영상에서는 세 살짜리 남자아이가 자신이 컵케이크를 먹는 게 왜 당연한지 엄마를 향해 일장 연설을 한다. '린다 씨, 제 말 좀 들어봐요'와 같은 멘트를 쓰며 아이는 능수능란하게 대화를 이끌고 자신과 동생을 엄마가 어떻게 대해야 하는지 조언까지 더한다.

당연하게도 영상 아래 달린 댓글은 하나같이 호의적이었다. 아이가 정말 똑똑하고 영리하며 말도 잘하고 자신감이 넘친다는 내용이 많았다. 헐크로 변한 아이들 대다수가 처음에는 이런 평가를 받는다. 하지만 나는 이 영상을 보며 아이의 화법과 자세가 마음에 걸렸고, 아이가 스스로 책임자의 위치에 있어야 한다고 생각하게 된

원인이 무엇인지 고민이 되었다.

· **양육자를 돌본다**: 헐크로 변한 아이 중에는 양육자를 돌보는 모습을 보이는 아이들도 있다. 이 아이들은 양육자의 마음이 괴로워질 만한 일을 피하려 하거나 양육자가 신체적 또는 정서적 상처를 입지 않도록 노력한다.

부모가 다치면 아이가 상처를 치료해주는 상황도 그렇다. 아니면 부모가 보드게임에 질 것 같을 때는 상심할 부모를 걱정하는 마음에 아이가 일부러 져주기도 한다. 성적이 안 좋게 나오면 부모에게 이 사실을 숨기고, 어른들 간의 싸움을 어떻게든 중재하려 노력하며, 항상 행복한 표정을 짓기도 한다. 이 모든 행동이 스스로 상황을 해결할 수 없어 보이는 양육자를 보호하려는 것이다.

· **지나친 지속성**: 어떤 아이들은 어떠한 상태를 지나치게 지속하려는 모습을 보인다. 넘어져 무릎을 살짝 다쳤음에도 울고 소리치고 히스테리를 부리는 식이다. 아이에게 적절한 보살핌과 관심을 주어도 계속 소리를 지르고 울며 조금도 진정하지 못한다. 이는 다른 형태의 '지나치게 요구적인 모습'으로, 감정 기복을 크게 경험하거나 조절 불가의 상태에 놓였을 때 발현된다.

부모에게 의존하지 못하는 행동과도 비슷한데 이는 양육자가 자신의 욕구를 충족시켜 줄지, 또 그것이 얼마나 지속될지 확신이 없기 때문에 벌어지는 일이다.

위에 나열된 행동을 하나 이상 보이는 아이는 양육자를 무척이나 지치게 만든다. 뿐만 아니라 양육자가 리더의 자리에서 아이들을 이끌고 좀 더 넓게는 아이들을 제대로 키우는 것이 거의 불가능할 정도이다. 아이는 헐크로 변해 책임자의 자리를 점령했기 때문이다.

앞서 생일을 맞은 여성 이야기에서 여자가 자신이 요청했던 꽃을 받으면서도 불편한 감정을 느꼈듯, 헐크로 변한 아이들 또한 양육자에게 의존하고 보살핌과 지도를 받는 것을 불편하게 느낀다. 헐크로 변한 아이들은 여전히 양육자에게 의존하기를 원하고, 마땅히 그래야 하지만 자신감을 잃은 양육자에게 의존해야 한다는 사실을 받아들이지 못한다.

어떤 아이들은 이런 행동이 가끔씩 튀어나올 뿐 지속되지 않지만 뿌리 깊이 자리 잡은 아이들도 있다. 치이는 아이가 자신의 양육자를 책임을 질 능력이 있는 사람으로 보느냐, 능력이 없는 사람으로 보느냐에 달려 있다. 리더가 되는 것을 좋아하는 성격과 성향을 지닌 아이들도 많다. 이것 자체는 그리 문제가 되지 않는다. 문제는 아이가 의존적 위치에 절대로 머물지 못할 때 생긴다.

나를 찾아온 부모에게 최근에 아이가 심각한 욕구 때문에 부모를 찾았을 때, 특히나 그 욕구로 인해 눈물을 보이며 자신의 취약한 모습을 드러냈을 때를 한번 떠올려 보라고 요청할 때가 많다. 부모에게 기대고 싶어 하는 모습을 보인 적이 없고, 아이가 가끔씩 보스 행세를 하고 이것저것 요구하는 모습을 내보인다면 그건 아이의 기질일 확률이 크다.

하지만 아이가 항상 주체할 수 없이 눈물을 보이거나 여타 다른 헐크 행동을 보이며 부모를 찾았다면 아이가 책임자의 자리에 올랐을 확률이 크다. 어쩌면 양육자가 충분히 믿을 만하다는 신뢰를 심어주지 못했거나 아이의 욕구가 너무도 커서 양육자가 충족시키기 어렵기 때문일 수도 있다.

· 부모로서의 자신감을 되찾다 ·

양육자는 책임자의 자리에서 밀려났다는 사실을 뒤늦게 깨닫는다. 보통 아이의 행동이 지나친 수준을 넘어설 때야 자신의 위치를 깨닫는다. 난감한 점은 양육자가 리더의 자리에서 밀려나는 과정이 직접적이고 명백하게 드러나지 않는다는 것이다. 여기서 양육자와 아이의 관계에서 중요하게 고려해야 할 변수는 두 가지이다. 자신감의 정도와 아이의 욕구이다.

부모로서 자신감 넘치는 모습을 보여야 아이가 마음 편히 부모를 의존할 수 있다. 아이들의 눈에 대체로 확신이 없거나, 자주 이성을 잃거나, 상황을 감당하지 못하는 사람으로 비춰지면 아이는 부모를 믿지 못하게 된다.

당신이 헐크와 같은 능력을 펼치는 데 걸림돌이 되는 것이 무엇인지 파악하고 이를 없애기 위해 노력해야 한다. 주변의 도움과 지지가 필요하다면 이를 구할 방법을 찾아야 한다. 스트레스가 많은 것이 문제라면 스트레스 요인을 없애나가야 한다. 좀 더 안정적인 환경을 제공하기 위해 일상에 루틴과 일관성이 필요하다면 그렇게 해야 한다. 느리더라도 확실하게 양육자로서 자신감을 회복할 방법을 찾는 것이 중요하다.

아이의 욕구와 욕구의 강도에 따라 양육자로서의 자신감이 어느 정도여야 하는지가 달라진다. 대생적으로 불안을 적게 느끼는 아이도 있고 좀 더 까다로운 성격과 기질을 지닌 아이들도 있다. 당연하게도 불안이 높은 아이들에게는 자신감이 높은 양육자가 필요하다.

또한 다른 아이들에 비해 욕구가 큰 아이들도 있다. 정서적으로 예민한 아이들, 감각 욕구를 느끼는 아이들(소리, 맛, 냄새 등 전해지는 감각에 신경계가 민감하게 반응하는 아이들), 생물학적인 원인으로 자기 조절이 어려운 아이들, 심각한 상처나 부상을 경험한 아이들, 학대를 목격했거나 경험한 아이들, 트라우마를 경험한 아이들, 입양되었거나 위탁 가정에서 생활한 아이들, 부모의 이혼을 경험한 아이들 등이 여기에 속한다. 이런 아이들의 욕구를 파악하고 충족하기 위해서는 돌봄을 제공하는 성인이 책임감과 자신감 넘치고 유능한 모습을 굉장히 많이 보여주어야 한다. 특수한 아이들이기 때문에 양육자 또한 특수할 정도로 자신감 넘치는 모습을 보여주어야 한다.

성장과 발달이라는 혼란스러운 여정에서 아이들을 이끄는 양육자는 내면이 단단하고 자신만만하며 책임감을 발휘하는 모습을 보여주어야 한다. 6장과 7장에서는 부모의 잃어버린 자신감을 되찾을 몇 가지 방법을 소개할 것이다. 양육자에게 가장 중요한 일은 리더로서 자신만만한 모습을 보여주는 것이다.

이만하면
참 괜찮은 부모

양육자가 헐크로 변할 줄 아는 것이 왜 중요할까? 아이가 신체적인 안전을 위해 양육자에게 의지할 수 있어야 한다는 데 이견을 제시하는 사람은 아무도 없을 것이다. 그렇다면 정서적 안전에도 똑같이 적용되어야 하는 게 아닐까? 우리는 앞서 아이에게 의존하도록 하는 것이 자립심을 키우는 데 도움이 된다는 것을 배웠다. 아이에게 더욱 크고, 현명하고, 친절한 헐크 같은 양육자가 필요한 또 다른 이유가 있다. 아이가 성장하기 위해서는 스스로 나약한 모습을 보일 줄 알아야 하기 때문이다.

앞서 등장한 병원에서의 에피소드를 다시 한번 떠올려 보길 바란다. 직원이 대기 환자 순서를 헷갈리는 실수를 저질렀을 때 어떤 기분이 들었는가? 순식간에 찾아오는 분노와 함께 그에게 실수를 저질렀고, 문제를 바로 잡아야 한다는 사실을 알려주고 싶다는 욕구에 사로잡히지 않았는가? 자리에 앉아 기다려 달라는 요청을 묵살하고 데스크 옆을 서성이며 압박을 가하지 않았던가? 그 다음 병원에 갔을 때는 데스크로 찾아가 다음 순서가 당신임을 확인시키며 같은 문제가 반복되지 않도록 확실히 하고 싶다는 욕구로 인해 전보다 훨씬 까다롭게 굴지 않았던가?

이 사례를 자세히 분석하면 몇 가지 중요한 쟁점이 보인다. 우선 당신의 마음이 전혀 편안하지 못했다. 그 병원에 방문하거나 비슷한 상황에 처하면 과거 통제력을 잃었던 경험으로 인해 이제는 통제력을 발휘하기 위해 굉장한 에너지를 쏟아야 한다. 당신의 입장을 이해받고, 공정하게 대우받고, 적절한 응답을 받고자 수고를 기울이고, 이로 인해 그 간호사가 느끼기에는 무례하고, 오만하며, 부담스러운 사람처럼 행동하는 것이다. 왜 이렇게 행동하게 되는 걸까? 상대가 제 역할을 효율적으로 잘 해낼 거라는 믿음이 없어졌기 때문이다. 그러니 당신 스스로 일을 처리해야 한다는 부담을 느끼는 것이다.

아이들은 욕구를 해결해 달라고 우리에게 직접 요청하는 경험을 하고 나면 그 이후로는 자신이 나서서 행동하기 시작한다. 이때부터 아이들은 편안한 마음으로 느긋하게 발달에만 집중할 수가 없게 된다. 앞으로 계속 무언가를 찾아 헤맬 수밖에 없다. 의존을 향한 욕구를 완전히 충족하지 못하고 자신의 요구를 양육자가 들어줄 것인지 계속 확인하려 들 것이다. 아이들이 원하는 양육자가 되기 위해서는 아이가 자신의 때에 맞춰 발달하고 성장하도록 여유를 제공하는 관계부터 형성해야 한다.

최근 인터넷에서 글 하나를 봤다.

아빠와 딸이 다리를 건너고 있었다.

조금 겁이 났던 아빠는 딸에게 이렇게 말했다.

"자, 강으로 떨어지면 안 되니까, 아빠 손을 잡자."

그러자 아이는 이렇게 말했다.

"아니야, 아빠. 아빠가 내 손을 잡아."

"그게 뭐가 다른 거지?"

혼란스러운 얼굴로 아빠가 물었다.

"엄청 다르잖아."

아이가 대답했다.

> "내가 아빠 손을 잡고 있다가 무슨 일이 생기면 손을 놓칠 것 아니야. 하지만 아빠가 내 손을 잡으면 무슨 일이 있어도 아빠는 내 손을 놓지 않을 거잖아."
>
> 어떤 관계든 신뢰는 구속이 아니라 유대에서 나온다. 그러니 사랑하는 사람이 당신의 손을 잡아주길 바라기보다는 당신이 사랑하는 사람의 손을 잡길 바란다.

이 짧은 글은 양육자에게 전적으로 의존하겠다는 아이의 깊은 신뢰를 보여준다. 우리가 자신을 완전히 책임지고 있다는 것을 알 때, 자신이 엉망으로 만들어 놓은 것을 말끔히 수습할 수 있고 자신의 뒤를 든든히 지키고 있다는 것을 알 때 아이들은 우리에게 자신을 지켜달라고 요구하지 않는다. 우리를 전적으로 신뢰하고, 우리가 믿음직한 울타리를 확실히 제공해줄지 확인하느라 낭비하던 에너지를 정말 필요한 곳에 쏟는다.

앞의 이야기 속 아빠가 딸에게 "아빠가 네 손 잡아줄게."라고 말했다면 아이는 아빠가 자신의 손을 잡아야 한다는 말을 굳이 하지 않았을 것이다. 아빠가 먼저 본인이 아이의 손을 잡아줘야 한다는 사실을 알고 있었다면, 그래서 '뭐가 다르냐'고 묻거나 혼란스러운 얼굴을 하지 않았을 것이다. 아이의 손을 잡아 줘야 하는 사람이 자신임을 이미 알고 있을 때 아빠는 딸에게 마음껏 의존할 기회를 줄 수 있다.

고든 뉴펠드 박사의 멋진 표현처럼 "우리가 붙잡아야 아이들이 놓을 수 있다." 아이들은 자신의 성장을 희생해서라도 욕구가 충족될 수 있는지 확인하는 데 에너지를 쏟는다. 그러다 보면 아이는 마음껏 자라고, 배우고, 발달할 기회를 놓친다.

다시 한번 병원에서 있었던 이야기로 돌아가보자. 물론 그 일을 겪는 우리가 어떤 감정을 느끼고 어떻게 대응할지는 상상에 의한 것이었지만, 사실 대단히 실재적인 이야기이기도 하다. 아이들은 양육자가 자신의 역할과 책임을 다하지 못한다고 여기면 그 이야기 속 환자와 비슷한 감정을 느낀다. 아이는 부모에게서 위안을 얻는 대신 부모가 제대로 역할을 하고 있는지만 확인하려 든다.

부모가 자신의 욕구를 잘 파악하고 충족시키고 있는지, 아니면 자신이 부모에게 욕구 해결을 직접 요청해야 하는지, 스스로 욕구를 해결할 방법을 찾아야 하는지 내내 확인하는 한 아이들은 의존을 발휘할 수 없다. 부모의 따뜻한 돌봄과 연결이 필요한 아이들이지만 이를 직접 부모에게 요청하기 시작하면 이를 충족하는 것이 자동적으로 불가능해진다.

이런 문제에 빠진 아이들은 부모의 존재나 도움이 절실히 필요한 순간에도 부모를 의지할 수 없게 된다. 극단적인 슬픔이나 공포, 감정의 동요를 경험할 때에도 부모에게서 위안을 찾지 못한다. 굉장히 위험한 상태에 빠지는 것이다. 인간의 마음은 스스로를 보호하기 위해 이 끔찍한 상태에서 벗어나고자 한다.

부모에게서 위로를 얻지 못하는 상황이 지나치게 오래 지속되거나 자주 반복되면 이러한 고통에서 벗어나고자 신경학적 및 정서적 반응이 발현된다. 심리학자들이 분열dissociation이라고 말하는 과정으로, 마음이 불편한 상황을 거부하는 현상이다. 적응성과 신경가소성이라는 두뇌의 뛰어난 능력이 발현되는 것이기도 하지만, 발달의 맥락에서 이해하면 대단히 위험한 상황이다.

아이들이 성장하기 위해서는 반드시 감정을 느껴야 한다. 불편하고 괴로운 감정을 느끼고 그에 대한 속상함을 경험하며 회복하는 과정을 통해 회복 탄력성을 배운다. 하지만 양육자에게서 안전함이나 의존을 경험하지 못하면 아이들은 큰 고통을 받고, 자신의 욕구가 외면당할 때마다 상처를 받지 않기 위해 감정을 차단한다. 다시 말해 너무 취약해진 나머지 아픔이나 상처를 솔직히 드러낼 수 없게 되면 아이들의 심리는 스스로를 방어하고자 하지만 그 아픔과 상처는 조금도 해소되지 못한 채 곪기 시작한다.

신경과 의사이자 정신분석가인 지그문트 프로이트는 표출되지 못한 감정은 결코 사라지지 않는다고 말했다. 더욱 끔찍한 방식으로 튀어나올 뿐이라고 말이다. 감정을 차단한 아이들도 마찬가지이다. 억눌린 감정은 불안, 분노, 좌절 등 더욱 거대하고 부정적인 형태로 표출된다. 양육자에게 자신의 나약함을 드러내면서 욕구를 표현하지 못한 아이들은 의존할 줄 모르고, 자립심도 발휘할 수 없다. 따라서 이런 경험을 한 아이들은 미성숙하고 회복 탄력성이 결여되어있으며, 에너지를 온전히 성장에 쏟지 못한다.

· 자신을 믿고, 이 정도면 충분한 부모라고 생각하라 ·

아이를 열심히 잘 키워야 한다는 엄청난 책임감이 잘못된 방식으로 나타나기도 한다. "혹시나 이러면 어쩌지?", "내가 어쩌다 그랬을까?", "내가 왜 그랬을까?", "이 정도면 충분할까?" 등의 질문에 발목을 잡혀 끊임없이 불안해한다. 이런 생각은 죄책감을 불러오는 데서 그치지 않고 우리를 망가뜨린다.

이번 장에서 여러 번 반복해서 이야기했듯이, 부모가 헐크로 변하여 자신감과 권한을 갖고 양육의 모든 것을 완전히 책임지는 태도를 갖추는 것이 중요하다. 하지만 우리가 부모로서 잘하고 있는지 걱정하고 조바심 나는 상황에서 이런 태도를 함양하려면 어떻게 해야 할까?

아이를 키우며 죄책감과 불안을 마주할 때 양육자가 명심해야 하는 것이 두 가지 있다. 이 정도면 충분하다는 마음으로, 자기 자신을 믿을 수 있어야 한다는 것이다.

나는 심리학자로 학문적으로 그리고 임상적으로 자녀와 부모의 관계를 연구하고 도움을 주기 위해 노력해온 사람이다. 나는 아이에게 필요한 것이 무엇인지를 어느 정도는 이해하고 있다.

하지만 막상 집에서는 나도 실수를 저지른다. 아이에게 심한 말을 하기도 하고, 등교 준비가 늦어져 짜증을 내기도 하며, 어질러진 현관을 보며 화를 내기도 한다. 나 또한 완벽한 부모가 못 된다. 실수를 한다. 그것도 아주 자주 말이다. 너무 스트레스를 받을 때나 업무량에 짓눌릴 때는 이성을 잃기도 한다.

아이들에게 무엇이 가장 중요한지를 평생 연구해온 내가 왜 이런 실수를 저지르는 걸까? 사람이기 때문이다. 그래도 두 가지는 확실하다. 나는 그럭저럭 괜찮은 양육자이고, 부모로서의 내 능력을 믿는다. 이거면 된다. 당신도 지금 충분히 잘 하고 있다고 믿어야 한다.

· **이 정도면 충분하다는 믿음**: 실제로 아동 발달에 관련한 연구 분야에서 아이들은 부모가 완벽하길 바라지 않는다는 의미로 만든 표현이다. 부모가 그저 괜찮은 정도이길 바랄 뿐이다. 그렇다면 괜찮은 정도라는 것은 무엇일까? 아이마다 그 기준은 다르겠지만 일반적으로는 부모로서 책임감과 자신감을 보이고, 아이가 의존할 수 있도록 하고 따뜻하면서도 공감하는 태도를 보이면 충분하다.

발달 과학에서 완벽한 부모가 되지 않아도 된다는 의미는 죄책감에 너무 얽매이지 말라는 뜻이기도 하다. 나는 양육자들이 죄책감을 조금 느끼더라도 이를 더 나은 모습을 보여주리라는 동기로 활용하길 바란다. 이 이상으로 죄책감에 묶일 필요는 없다. 괜찮은 정도의 부모면 되고, 그런 부모가 자녀에게 최고의 부모이다.

· **자기 자신을 믿는 마음**: 나는 아이들에게 이 정도면 충분한 부모라는 믿음에 더해 내가 아이들에게 정답을 제공할 수 있다는 믿음 또한

갖고 있다. 내가 내 아이들의 마음과 영혼을 이해한다고 뼛속 깊이 믿는다. 열한 살 난 아이가 왜 우울해하는지, 여덟 살이 된 아이가 최근 왜 저런 모습을 보이는지, 학교 일이나 건강 문제를 어떻게 해결해야 하는지 등등 수많은 질문에 답을 모를지언정 아이들을 위해 내가 최선을 다할 것이라는 점만은 진심으로 믿는다. 물론 속으로는 어쩔 줄 모르면서도 겉으로 괜찮은 척할 때도 있겠지만, 그런 순간마저도 내가 아이들을 위한다는 사실은 변하지 않는다.

결국 중요한 것은 헐크 같은 자신감과 능력을 발휘하는 모습을 보이는 것이다. 내가 내담자를 대할 때 가장 중요하게 생각하는 점은 그들에게 자기 자신에 대한 믿음을 심어주는 것이다. 실제로 나를 찾아온 부모들 대다수가 자신감을 되찾았다. 자신이 아이에게 답을 줄 수 있다는 것을 깨닫고, 아이를 책임질 수 있는 능력이 있다는 것을 인지하면 아이를 위해 무엇이든 할 수 있게 된다.

욕구가 큰 아이를 키우거나 삶을 유난히 버거워하는 아이를 키운다면 아이의 욕구를 충족시키기 위해 더 노력해야 한다는 부담감과 당신의 수고가 조금도 성과를 거두지 못한다는 실망을 느낄 수도 있다. 하지만 믿음을 잃어선 안 된다. 아주 깊은 곳에서부터 서서히 아이의 발달에 영향을 주고 있음을 믿어야 한다.

아이의 신경 회로가 만들어지는 과정에 있고, 이를 통해 아이는 더욱 효율적으로 스스로를 조절하는 방법을 결국 배울 것이다. 당신은 아이의 믿음 체계를 형성하는 중이고, 훗날 아이가 큰 어려움에 직면했을 때 이는 크게 도움이 될 것이다. 지금 당장 눈으로 효과를 확인할 수 없어도 부모로서의 역할을 다 하고 아이의 발달상 욕구를 충족시키는 데 최선을 다하는 것이 가장 중요했다는 것을 훗날 깨닫게 될 것이다.

당신이 자녀의 정답이다. 그렇다면 아이가 겪는 모든 문제의 원인이 결국 당신이라는 뜻일까? 그런 뜻이 아니다. 가끔은 양육자가 아이에게 실수를 할 때도 있다. 그런 상황에서는 양육자의 잘못이자 책임이다. 하지만 많은의 경우, 아이들의 문제는 양육자 때문에 생겨나는 것이 아니다. 하지만 아이가 마주한 문제의 원인이 부모가 아니라고 해서 부모가 답을 줄 수 없는 것은 아니다. 아이에게는 당신이 바로 답이기 때문이다.

이 정도면 충분한 부모는 아이에게 굉장한 의미를 지닌다. 당신이 최선을 다하고 있다고 스스로 믿는 것이 아이들에게 대단한 힘을 발휘한다. 양육 과정에서 아이들이 마음껏 부모를 의지할 수 있게 해주는 관대함이 아이의 삶을 평생 바꿔놓을 수도 있다. 부모로서 최선을 다해 길을 찾고 아이를 올바르게 대한다는 그 단순한 진리가 중요하다.

아이의 눈으로
세상을 바라본다면

아이의 눈으로 세상을 바라본다면

부모 및 양육자를 대상으로 상담할 때 내가 가장 강조하는 것은 아이의 눈으로 세상을 바라보아야 한다는 것이다. 양육자가 꾸준히 아이의 시각으로 세상을 바라본다면 자연스럽게 아이를 대하는 방식이 달라질 것이다. 새로운 관점에서 아이의 욕구를 이해할 수 있게 되고, 우리의 역할도 이해할 수 있게 된다. 훈육의 개념이 새롭게 다가올 것이다. 아이가 써서는 안 되는 편지를 읽어보며 아이의 마음을 진심으로 이해하고 아이에게 훈육이 어떠한 경험인지 느껴보길 바란다.

내 양육자에게,

저는 태어나자마자 작은 눈을 떠 당신의 눈을 찾았어요. 당신의 두 눈을 뚫어지게 쳐다본 이유는, 당신을 마주한 순간 당신이 나를 지켜줄 사람이 란 것을 알았기 때문이에요. 제가 이 세상에서 살아남아 멋지게 성장하 려면 다른 누구보다 당신이 필요하다는 것을 알았으니까요. 앞으로 겪게 될 신체적, 정서적 고난을 잘 이겨내려면 당신을 의지하고 당신의 따뜻 한 품 안에서 보호받아야 한다는 것을요. 내 이름도, 당신 이름도, 내가 누 군지도 몰랐지만 그것만은 알았어요.

첫 해는 괜찮았던 것 같아요. 나를 안아 얼러주고, 미소 지어주고, 달래 줘서 정말 안전하고 편안한 기분이었거든요. 상황이 조금씩 달라지기 시 작한 것은 아마도 제가 두 살 때쯤인가, 가게에서 그 인형을 정말, 정말, 진짜로 갖고 싶다고 했을 때였던 것 같아요. 그날 기억하세요? 쇼핑하느 라 낮잠 시간을 놓쳐서 피곤했거든요.

그때 그 인형이 눈에 들어왔어요. 엄청 부드러워 보이는 그 인형이라면 쇼 핑을 마칠 때까지 피곤한 몸을 기대어 쉴 수 있을 것 같았어요. 하지만 제 가 그 인형을 얼마나 갖고 싶은지 몰랐던 당신은 안 된다고 말했어요. 정 말 슬펐어요. 너무 슬퍼서 이상하게 굴었어요. 저도 어쩔 수가 없었어요. 멈출 수도 없었고요. 저도 모르는 새 소리를 지르고 발을 구르고 손을 휘둘 렀어요. 그만하고 싶었지만 정신을 차릴 수가 없었어요. 그냥 막 나왔거 든요.

하필 당신이 훈육에 대한 책을 막 읽었던 때라 상황이 안 좋아졌어요. 그 책에서는 어른이 주도권을 잡아야 하고 아이의 잘못된 행동을 그냥 넘어가서는 안 된다고 했죠. 아이들이 자기 멋대로 행동해도 된다고 생각하기 시작하면 결국 무엇이든 아이의 뜻대로 될 것이고 부모는 통제권을 잃는다고요.

그리고 아이를 진정시키는 최고의 방법은 '콰이어트 타임'이라고 했어요. 콰이어트 타임에는 아이가 재밌어하는 활동을 해선 안 된다고, 그랬다가는 콰이어트 타임을 더 하겠다고 떼를 쓸지도 모른다고 했죠. 책에는 콰이어트 타임은 아이 혼자 조용한 곳에서 진행해야 하고, 장난감 같은 '보상'도 주어선 안 되며, 심지어 당신이 가까이에 있어서도 안 된다고 적혀 있었어요. 콰이어트 타임은 제가 진정해야만 끝날 수 있고요.

그래서 당신은 인형을 얻지 못해 화가 난 제게 그렇게 했어요. 쇼핑 카트에서 내리게 한 후 가게 구석에 조용한 장소에 저를 앉히고는 진정하라고 말했어요. 진정해야 여기서 벗어날 수 있다고요. 뭘 어떻게 해야 하는 건지 혼란스러웠어요. 머리는 분노로, 마음은 슬픔으로 가득 차 이성을 잃은 상태였거든요.

당신이 저를 두고 멀어져 가는 모습을 지켜봤어요. 내가 유일하게 의지하는 사람이, 내가 생존하는 데 반드시 필요한 단 한 사람이 가장 필요한 순간에 나를 두고 사라졌어요. 나를 달래줄 누군가를 찾아 불안한 듯 주변을 정신없이 살폈어요. 혹시 근처에 그 인형이라도 있지 않을까 싶어서요.

물론 당신을 대신할 수는 없겠지만 그래도 뭐든 정말 간절하게 필요했거든요. 하지만 아무것도 없었어요. 그냥 당신이 빨리 돌아오기만을 바랐어요. 너무 무서웠어요.

그런데 그때 정말 이상한 일이 벌어졌어요. 정신없이 날뛰던 두뇌가 갑자기 조용해졌거든요. 진정된 게 아니라 조용해졌어요. 당신이 당장이라도 돌아오길 바라는 마음에 순식간에 조용해진 거예요. 그러면 당신이 올 테니까. 제가 울음을 멈추고 얌전히 있으면 콰이어트 타임이 끝날 거라고 했고, 콰이어트 타임이 끝나면 당신이 온다는 거였으니까요! 아마도 제 두뇌는 당신이 가장 중요한 사람이라는 것을 알고 있었던 것 같아요. 저는 눈물을 멈추고, 슬프고 화가 나고 미칠 것 같은 마음을 꾹꾹 눌렀어요. 그리고는 당신이 어디 있는지 찾았어요. 저쪽에 등을 보이고 서 있는 당신이 보였어요 아마도 책에서는 제가 진정하기 전에는 그 어떤 관심도 주어선 안 된다고 했나 봐요.

당신이 저를 보고 있었다면 제가 얼마나 당신을 필요로 하고 있었는지도 알아챘을 텐데. 콰이어트 타임이 아무런 효과가 없다는 것을 깨닫고 제게 달려와 안아주었다면, 제가 당신을 의지할 수 있다는 것을 보여주었다면 정말 좋았을 텐데요. 하지만 당신은 제게 눈길도 주지 않고 있었어요. 저는 눈물을 꾹꾹 눌렀어요. 그리고는 당신이 있는 곳으로 걸어갔어요. 그러자 당신은 제게 '잘 했다'며 이런 행동은 받아들일 수 없고, 다음번에는 원하는 걸 사주지 않는다고 울어선 안 된다고 말했어요. 그런 행동은 '욕

심쟁이'들이 하는 거라고요. 울고 싶었지만 꾹 참았어요. 그냥 보들보들한

인형 하나를 바랐고, 제가 무척이나 피곤했던 것인데 왜 이해하지 못하

는 걸까, 의아했어요. 그게 다였는데요.

아마도 그때부터였던 것 같아요. 당신을 믿어도 되는 사람인지 의심하기

시작했던 게요. 이후 시간이 흘러 저는 키도 커지고 더 똑똑해지고 친구들

을 사귀고 학교도 다니고 축구도 하며 평범하게 자랐어요.

하지만 당신이 진정하라며 저를 떼어놓을 때마다, 당신이 원하는 바를

유도하려고 제가 좋아하는 무언가를 앗아갈 때마다, 그 어느 때보다 열

심히 노력했음에도 칭찬 스티커를 받지 못해 마음이 무너질 때마다 제 안

에서 어떤 일이 벌어지고 있었는지 당신도 안다면 얼마나 좋을까 바랐

어요. 당신이 알았더라면. 이제라도 당신이 안다면.

그런 순간마다 제가 원한 것은 당신이 친절함을 발휘하는 것, 그것뿐이

없어요. 저는 그저 마음을 진정시키는 데 도움이 조금 필요했을 뿐이에요.

당신만 제 편이라면 그 인형도, 아니 아무것도 필요 없었는데. 조금만 기

다려주었다면 가게에서 어떻게 행동해야 하는지 배웠을 텐데요.

'안 된다'는 대답을 들으면 처음에는 슬프거나 화가 났겠지만, 어쩌면 이

후 몇 년은 더 그런 반응을 보일수고 있었겠지만요. 그래도 당신이 따뜻한

목소리로 설명해주고, 부드러운 눈빛으로 나를 바라보며 안아주었다면 정

말 모든 것이 달라졌을 텐데요.

저는 조금의 의심 없이 믿을 수 있는 사람이 필요했고 그 사람이 당신이길

바랐던 것뿐이에요. 어떤 일이 있어도 당신을 전적으로 의지할 수 있다는 믿음이 있었다면 얼마나 좋았을까요. 저는 그저 당신이 필요했을 뿐이에요. 앞으로도 마찬가지고요. 그게 다예요. 그저 당신이 필요한 것뿐이에요.

사랑을 담아,

당신의 아이가

PART 2

연결을
실천하는 법

05

아이들은
전부 다르다

실패를
경험해야 하는 아이

얼마 전, 아이들 학교에서 자녀교육 전문가가 찾아와 학부모를 대상으로 양육에 대한 강연을 했다. 나는 참석하지 못했지만 다음 날 수많은 지인이 잔뜩 들떠 내게 너무도 유익한 시간이었다고 이야기를 늘어놨다. 아이가 성숙하기 위해서 실패를 경험해 봐야 하므로 부모가 나서서 도와주어선 안 된다는 내용이 주었다.

실패를 경험한 적 없는 아이는 자라서 필연적으로 경험하게 될 여러 난관을 헤쳐 나가는 데 어려움을 겪는다는 것은 사실이지만, 부모가 아이를 절대로 도와주어선 안 된다는 이야기는 사실이 아니다. 이런 식의 '하우 투How to' 전략의 문제점은 상황과 아이의 특성을 고려하지 않은 채 한 가지 만능 해결책으로 무엇이든 해결할 수 있다는 잘못된 인식을 심어준다는 데 있다.

만약 아이가 힘든 하루를 보냈다면? 그래도 아이를 도와주어선 안 되는 걸까? 굉장히 예민한 아이가 큰 실패를 경험했다면? 아직도 아이에게 도움의 손길을 내밀어서는 안 된다고 생각하는가? 이번에는 아주 단순한 사례를 들어보겠다. 아이가 놀이터에서 넘어져 다쳤다면? 가서 도와주지 않겠는가? 정서적인 상처에 대해서는 다르게 접근해야 하는 걸까? 정말 아이를 절대로 도와주지 않을 생각인가? 아이가 아주 힘든 하루를 보내는 와중에 점심 도시락을 깜빡했다면?

아마도 강연자는 어떤 상황에도 아이를 도와주어서는 안 된다는 의미로 말한 것은 아니었을 것이다. 다만, 이런 식의 구체적인 방안을 제시하면 위험이 따른다. 아이를 잘 키우는 법이 너무도 간절한 부모들은 이런 정보를 있는 그대로 받아들인다. 강연을 듣고 난 후, 아마도 수많은 부모가 아이를 도와주지 말라는 전략은 어느 상황에나 적용할 수 있다고 이해했을 것이다. 내 아이에 대한 지식, 부모로서의 직관과 판단을 발휘해 상황에 따라 적절한 결정을 내리는 대신 어떠한 '규칙'을 적용하기 시작하면 문제가 발생한다.

어떤 훈육 방식이 하루는 아이들에게 효과가 있다가도 다음 날이면 아무런 효과도 발휘하지 못한다고 내게 토로하는 부모들이 많다. 또는 한 배에서 태어났음에도 어떤 아이에게는 효과가 있지만 다른 아이에게는 전혀 먹히지 않는 경우도 있다. 한 가지 방법이 모든 아이들에게 효과가 있을 거라고 생각하는 이유가 뭘까? 아이들은 전부 다르다. 비단 아이들만이 아니라 사람은 모두 제각각이다.

부모와 양육자들이 규격화된 구체적인 전략 한 가지로 아이의 욕구를 충족시키려는 접근에는 마음이 결여되어 있다. 그날, 그 상황, 그 순간 속 그 아이의 욕구에 대한 깊은 이해가 부족하다는 뜻이다. 마음이 없는 전략은 양육자와 아이의 관계에 해를 끼치고, 아이의 두뇌가 조절력을 발휘하지 못하는 상태에 빠지게 만든다.

양육자의 직관적인 마음이 부재한 전략을 자주 또는 너무 엄격하게 적용하면 아이의 두뇌 속 조절 통제 센터 내 신경학적 배선이 달라지고, 자존감, 자아 개념을 포함해 사회적, 정서적 성장과 발달의 중요한 요소를 변화시킨다. 이런 변화로 인해 아이는 성인이 되었을 때 불안, 우울, 그 외 정서에 관련한 질환에 취약해진다. 심지어 자기 조절이 어려우며 쉽게 동요하고 집중력 문제에 빠질 수 있다는 사실이 발달 과학을 통해 드러났다.

아이의 마음을
살피는 일

그렇다면 아이를 어떻게 키워야 할까? 전문가들의 이야기
는 그냥 무시하면 되는 걸까? 그저 사랑하는 마음만 있다면 아
이가 잘 자랄 수 있을까? 둘 다 아니다! 문제의 본질이 무엇인
지 파악하는 것이 제일 중요하다. 아이의 행동을 보고, 그 순간
아이에게 어떤 일이 일어나고 있는지를 느끼고, 아이의 마음을
이해한 것을 바탕으로 아이가 바라는 존재가 되어 주어야 한
다. 이렇게 아이의 요구에 응답한다면 전략 같은 것은 필요하
지 않다. 마음으로 하는 훈육의 시작이다.

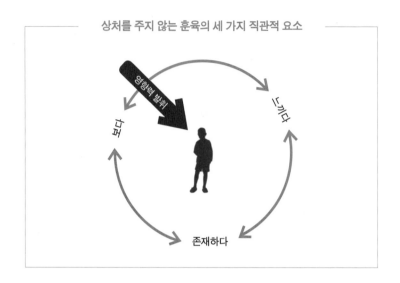

상처를 주지 않는 훈육의 세 가지 직관적 요소

느끼다

영향력 발휘

보다

존재하다

아이의 행동을 관찰할 때 명심해야 할 점은 아이의 정서적, 발달적 욕구는 겉으로 드러나지 않는다는 것이다. 눈으로 볼 수 없기에 직감으로 이해해야 한다. 아이가 가진 욕구의 진정한 깊이를 파악하기 위해서는 의식과 연민으로 아이를 느껴야 한다. 그 과정에서 부모가 무엇을 느껴야 한다거나 찾아야 한다고 정해진 것은 없다. 아이마다, 상황마다 다르고 또 순식간에 달라질 수 있다. 활성화된 아이의 두뇌는 진정과 조절이 필요하고, 양육자가 연결을 기반으로 아이의 행동 신호 즉, '조절의 댄스regulatory dance에 응해야' 아이의 두뇌를 안정된 상태로 진정시킬 수 있다.

아이를 향한 연민을 발휘할 때 우리의 직관이 살아나고, 그래야 아이를 안전하게 보호하는 동시에 아이에게 필요한 존재가 될 수 있다. 다시 말해, 아이가 이런 모습으로 성장하면 좋겠다고 바라는 역할 모델이 되어주는 것이다. 양육자는 자신이 아이를 이해하고 있다는 확신을 갖고 행동해야 하고, 이 이해를 바탕으로 실천할 능력과 의지가 있다는 데 자신감을 가져야 하며, 이를 아이에게 보여주어야 한다.

우리는 책임을 져야 하고, 직관을 발휘해야 하며, 보호자가 되어야 한다. 아이의 행동을 보고, 아이의 욕구를 느끼고 아이에게 필요한 존재가 되어주는 것, 이 세 가지 모두를 통해 우리는 아이의 발달에 영향력을 발휘할 수 있다. 중요한 것은 양육자와 아이의 관계가 지닌 힘이다. 관계가 직관을 깨우고 연민을 불러일으킨다. 아이가 바라는 존재가 되는 게 관계의 핵심이다.

내가 만난 내담자들이 가장 어렵게 느끼던 것이 바로 어떻게 해야 아이에게 필요한 존재가 될 수 있는지를 파악하는 것이었다. 많은 이들이 양육자로서의 능력에 대한 자신감이 없다. 하지만 나는 이 고객들이 이미 아이에게 필요한 존재란 무엇인지 잘 알고 있다고 믿었다.

양육자와 아이의 관계를 '조절의 댄스' 파트너로 접근하면 아이에게 필요한 존재가 무엇인지 이해할 수 있다. 처음 춤을 추는 사람이라면 풋워크를 기계적으로 접근해 외워야 한다. 비트를 세며 자신의 발을 내려다보고 하나씩 익혀 나간다. 헛발질을 하면서도 계속 시도한다. 얼마 지나지 않아 굳이 생각하지 않아도 발이 알아서 움직이는 순간이 찾아온다. 오래전부터 몸에 익은 듯 자연스럽게 변형까지 해가며 춤을 출 수 있게 된다. 아이에게 필요한 존재가 되기 위해 무엇을 어떻게 해야 하는지 두려워하지 말길 바란다. 당신은 이미 어떻게 해야 하는지 알고 있다.

처음에는 모든 상황을 일일이 분석하고 온갖 전략과 생각들을 이리저리 짜 맞출 것이다. 그래도 괜찮다. 단숨에 능수능란한 모습을 보이지 못하는 것이 당연하다. 아이와 관계를 형성해 감에 따라 직감이 날카로워질 것이고, 연민은 깊어질 것이며, 아이의 욕구를 이해하는 능력은 커지고, 이를 통해 마침내 아이가 마음껏 발달하고 성장할 기틀이 마련될 것이다.

작가인 웨인 다이어Wayne Dyer 박사는 이렇게 말했다. "나는 존재하는 인간human being이지 무언가를 해야 하는 인간human doing이 아니다. 당신이 무언가를 얼마나 잘하는지로 자신의 가치를 판단해서는 안 된다. 당신이 하는 일은 당신을 규정하지 않는다. 당신이 하는 일이 곧 당신이라면, 무언가를 하지 않을 때는… 당신은 존재하지 않는 셈이다."

우리는 행동하는 인간이 아니라, 존재하는 인간이다. 훈육이란 당신이 무언가를 해야 하는 게 아니라 아이가 바라는 양육자로 존재하는 것이고, 춤을 추듯 자연스럽게 흐름에 따라 행동하면 된다. 그 능력은 이미 당신 안에 내재되어 있다. 진심이다. 처음에는 발을 더듬거릴 거고 도움이 필요할 수도 있지만 괜찮다. 곧 당신의 직감이 살아날 것이고, 아이의 진심을 이해할 수 있게 될 것이다. 마침내 '와, 정말 내가 할 수 있잖아'라는 말을 할 수 있게 되기까지 몇 가지 도움이 될 만한 이야기를 전해주고자 한다. 그 순간이 오면 내가 당신을 향해 크게 고개를 끄덕이는 모습을 상상하길 바란다. 당신은 이미 아이에게 필요한 존재 그 자체이다. 그저 당신의 존재가 발휘될 수 있도록 하면 된다.

아이의 모습을
그대로 존중한다

어떤 순간에 드러나는 아이의 욕구를 이해하기 위해서는 전반적인 욕구부터 이해해야 한다. 당신의 댄스 파트너에 대해 파악하는 것과 비슷하다. 상대의 강점과 약점이 무엇이고, 가장 좋아하는 스텝은 무엇이며, 비밀스런 바람은 무엇인지 배워 나가는 것이다. 아이만의 놀라운 개성을 배워나가며 특정한 순간 욕구 스펙트럼 내에서 아이가 어디쯤 머물고 있는지를 파악하는 것이 언제, 어떤 식으로 아이에게 반응해야 하는지를 직관적으로 이해하는 데 가장 중요한 역할을 한다.

아이의 일반적인 욕구 수준이 어느 정도인지 감지하지 못한다면 너무 성급하게 접근하거나, 충분한 안전망을 제공하지 못하거나, 상황을 개선시키는 게 아니라 악화시키는 방향으로 대응하게 될 위험이 있다. 당신의 직감을 날카롭게 다듬어가는 과정에서 당신의 아이가 누구인지, 아이가 어떻게 반응하는지, 무엇이 아이에게 효과가 있는지 없는지를 깨우쳐 나가게 될 것이다. 결국 당신에게 필요한 것은 아이의 '욕구 기압'이다.

· 욕구 기압을 활용해 욕구를 파악한다 ·

인간은 누구나 난관을 마주하고, 이런 어려움을 맞닥뜨릴 때 반응을 보이는 것은 지극히 정상이다. 아이들의 경우 조절 시스템이 발달 중인 데다 성인처럼 무언가에 대처하는 데 능숙하지 않아 이런 반응이 훨씬 크다. 아이가 피곤하거나 배가 고플 수도 있고, 담임 선생님이 불평이 많은 스타일이라 부정적인 영향을 받거나, 예정된 축구 토너먼트 때문에 스트레스를 받는 중일 수도 있다.

아이마다 성향, 발달 패턴, 정서적 기질이 모두 다르기에 난관을 마주할 때 반응 역시 다르다. 아이가 색다른 반응을 보인다고 해서 아이나 부모에게 이상이 있다는 뜻은 아니다. 다만 좀 더 강렬한 욕구를 지닌 아이를 상대하는 양육자는 직관과 마음을 좀 더 예민하게 유지해야 아이가 당신에게서 바라는 것이 정확히 무엇인지 판단하고 제공해줄 수 있다. 가령, 축구 경기에 지고 실망하는 상황에서, 시끄럽고 정신없는 놀이터에 간 상황에서 침착한 기질을 타고난 아이와 정서적으로 예민한 아이의 욕구 정도가 다를 것이다. 무엇이 정상이고 정상적이지 않다는 것이 아니라, 자녀의 성향을 이해하고 이 이해를 바탕으로 아이에게 필요한 존재가 되어주는 것이 중요하다.

바쁘고 정신없는 삶을 보내고 있겠지만 부모는 반드시 의식적으로 시간을 내어 아이 욕구의 강도를 측정해야 한다. 나는 이것을 욕구 기압을 측정한다고 표현한다. 아이의 욕구를 이해한다면 상황에 개입해 도움의 손길을 내밀 때와 아이를 안정시키고 지지를 보내야 할 때를 구분하는 데 도움이 된다. 아래 제시된 몇 가지 욕구를 참고해 자녀의 욕구 기압이 올라갈 때는 언제이고 또 그렇지 않을 때는 언제인지 판단해 보길 바란다.

· 변화: 한 가지 이상의 변화를 경험했거나 경험 중인 아이는 새로운 현실에 적응하는 데 에너지를 쏟는다. 즉, 변화로 인해 일상생활에서 만나는 다양한 문제 상황에 조절력을 발휘할 에너지가 줄어든다는 뜻이다.

아이를 자극하는 변화는 긍정적일 수도 있고 부정적일 수도 있다. 학교를 옮기거나 반이 달라지거나 새로운 어린이집으로 옮기거나 집 또는 이웃이 달라지는 상황 모두 변화에 해당한다. 새로운 선생님을 만나거나 동생이 태어나거나, 부모의 재혼으로 새로운 가족 구성원을 맞이하거나 부모 역할을 하는 새로운 사람에게 적응하는 등, 그 대상이 무엇이든 아이가 이미 익숙함과 편안함을 느끼는 무언가에서 멀어져야 하는 모든 상황이 포함된다.

· **연결의 변화**: 가장 밀접하게 연결되었던 성인과의 관계에 변화가 생길 때 아이의 내적 조절력이 크게 동요하고 지극히 일상적인 하루를 보내는 것조차 힘들어할 수 있다. 이혼, 입양, 새 선생님 등이 여기에 속한다. 특별한 의미를 지닌 누군가의 죽음 또한 마찬가지이다. 아이들이 가장 깊게 연결되었던 사람들과의 관계에서 큰 변화가 생기면 이를 회복하기까지 수년이 걸릴 수도 있다.

· **정서적 민감성**: 태생적으로 본인의 그리고 주변 사람들의 감정을 인식하는 능력이 뛰어난 아이들이 있다. 따뜻하고 친절한 양육자에게 꾸준히 호응을 받는 경우 아이는 사회적 교류와 사회적 맥락을 파악하고 이해하는 데 굉장한 능력을 발휘하는 성인으로 자란다. 정서적으로 민감한 아이들은 자기 통제력을 발휘하는 데 어려움을

겪는데, 특히나 감당하기 힘든 상황에 처할 때 더욱 그렇다.

선생님의 표정을 일일이 분석하며 자신을 어떻게 생각하고 있는지 파악하려 하고, 부모의 목소리가 약간만 달라져도 감정 상태의 변화를 감지하며, 친구들의 웃음소리가 비웃음인지 단순한 즐거움인지 판단하느라 모든 에너지를 소진하기에 평범한 하루를 보내는 것도 굉장히 힘들어할 수 있다.

· **신경적 민감성**: 성인은 물론 아이들 중에도 세상을 아주 민감하게 느끼는 사람들이 있다. 사람들이나 음식 등의 냄새, 계속 이어지거나 특정한 움직임에 따른 소음 등 소리, 양말 속 솔기나 셔츠에 붙은 태그, 특정한 재질 등 감촉, 쓰거나 신 맛 등 맛을 굉장히 예민하게 느껴, 이로 인해 조절 상태를 유지하기 위해 굉장한 에너지를 사용한다. 그 결과 순식간에 평정심을 잃거나, 다른 방식의 도전적인 행동을 내보일 뿐 아니라 정해진 바운더리를 지키고 실망감에 대처하는 등의 여러 문제를 해결하는 데 미숙한 모습을 보인다.

· **연결의 상실**: 어떤 형태든 상실을 경험한 아이는 감정의 동요나 실망을 처리하는 힘이 상당히 부족해질 수 있다. 상실에는 가족, 친구, 반려동물 등 누군가의 죽음이나 할머니가 이사를 가고 엄마가 야근을 하고 학교에서 축구부를 개설하지 않는 식의 일들이 동시

에 일어나는 등의 연속적인 실망감을 경험하는 것도 포함된다.

· **정서적 방치**: 양육자에게서 정서적 욕구를 이해받지 못하거나 충족되지 못한 아이들은 스스로를 조절하고 감정의 동요를 관리하는 데 큰 어려움을 겪을 위험이 있다. 학대 가정에서 구조되어 정부 기관이 운영하는 보호 기관으로 옮겨진 아이들은 극도의 정서적 방치를 경험한다.

양육자가 정신 건강이나 중독 문제로, 또는 지나치게 과중한 업무를 수행해야 하는 직업으로 너무 자주 부재한 나머지 벌어지는 정서적 방치 역시 학대 가정보다는 덜 극단적이지만 마찬가지로 아이에게 심각한 영향을 미친다.

· **학습 특수성**: 정의상 학습 특수성(다른 말로는 학습 장애라고도 한다)을 지닌 아이들을 평균 이상의 지능을 가졌지만 그에 비해 수학이나 작문, 읽기 등 학교 수업에서 뒤처지는 모습을 보인다. 보통 이런 아이들은 뛰어난 재능을 타고났지만 또래 아이들과 다른 방식으로 학습하고, 전통적인 학교 수업 환경에서는 빠르게 성장하지 못한다.

자신이 똑똑하다는 것은 알지만 학교 성적이 그에 미치지 못하는 데 좌절감을 느끼기 때문에 학습 특수성을 지닌 아이들은 오랜 기간 수치심, 좌절감, 실망감을 경험한다. 그 결과, 정서적 동요에 취약하고 이에 관련해 행동상의 문제도 나타난다.

· **발달 특수성**: 발달 특수성을 지닌(자폐, 다운 증후군, 태아 알코올 스펙트럼 장애, 발달성 협응 장애로 인해 특수한 발달 과정을 따르는) 아이들은 신체적, 사회적, 정서적 어려움을 마주한다. 사회적 배제와 사람들의 시선, 제도의 평가로 인해 아이들이 겪는 문제가 심화될 때가 많다. 좌절과 분노를 지속적으로 경험하는 아이들은 에너지와 조절 능력이 상실되어 일상생활에서 벌어지는 일반적인 문제를 대처하는 데 어려움을 느낄 수 있다.

· **스트레스**: 이전 세대에 비해 요즘 아이들은 훨씬 많은 스트레스를 경험한다. 아이들은 학교에서 뿐만 아니라 다양한 활동에서 높은 기준을 요구받고, 지나치게 바쁜 스케줄에 따라 움직여야 한다. 매일 같이 스트레스를 경험하는 와중에 정서적, 신체적 휴식을 취할 기회를 충분히 누리지 못하는 아이들은 자기 조절과 행동 통제에 어려움을 느끼기 쉽다. 스트레스와 바쁜 일정에 노출된 아이들은 그렇지 않은 아이들에 비해 이해와 지지를 받고 싶은 욕구가 높게 설정되어 있다.

아이의 욕구가 높은 수준으로 형성되는 구체적인 원인이 무엇이든 한 가지만은 분명하다. 특수한 욕구를 지닌 특수한 아이를 키우고 있다면 그런 욕구에 능숙하게 대응하고 진심으로 아이의 내면을 이해하며 그에 따라 적절히 반응하는 특별한 양육자가 되어야 한다는 점이다. 성장과 발달상 특별한 상황에 놓여 특정한 욕구를 지니게 된 아이들에 대해서는 8장에서 조금 더 자세히 다룰 예정이다.

아이에게 반응하는
세 가지 법칙

아이마다 어떻게 해야 한다고 정해진 훈육법이 없듯이, 부모가 무엇을 어디서부터 시작해야 하는지 정해진 기준은 없다. 아이가 어떠한 문제를 경험하고 있는가? 아니면 현재 정서적으로 상당히 안정된 자녀를 양육하고 있는가? 아이가 상당히 큰 일을 겪은 뒤 그래도 잘 극복한 듯 보이지만, 또 무슨 일이 생길까 두려워하고 있는가?

아이에게 필요한 존재가 되기 위해서는 아이의 현재 정서 상태를 알아야 한다. 그래야 언제 자극을 주어야 하고 또 언제 기다려야 할지를 판단할 수 있다. 아이의 정서 상태는 욕구 기압을 높이는 요인에 영향을 받을 뿐 아니라 성장 과정이라는 더 포괄적인 경험에 따라 달라지기도 한다.

　양육자가 직관을 발휘해 아이에 대한 정보를 수집한 뒤에는 세 가지 방식으로 반응하길 권한다. 반응의 세 가지 존zones은 개별적인 것이 아니라 서로 매끄럽게 연결된 개념이다. 양육자로서 아이의 현재 느끼는 욕구에 가장 어울리는 반응을 찾아내야 최상의 효과를 낼 수 있다. 세 가지 반응 방식을 완전히 익힌 후에는 아이를 이해하고, 아이의 세계를 구축하고, 마음의 상처를 내지 않고 훈육하는 것이 가능해진다. 이를 이해하면 아이에게 직관적으로 반응하는 법을 배울 수 있는 것은 물론 이후 벌어질 일에 대해서도 준비할 수 있다.

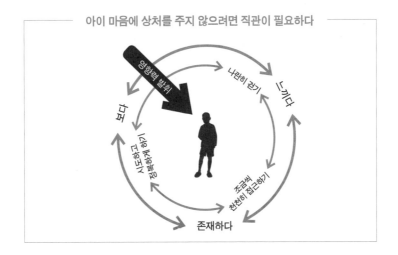

아이 마음에 상처를 주지 않으려면 직관이 필요하다

· 첫 번째 존: 나란히 걷기 ·

아이가 어떠한 문제를 경험하고 있다는 것을 확인했다면 양육자는 내가 '나란히 걷기'라고 이름 붙인 반응의 첫 번째 존에서 시작해야 한다. 아이가 통제력을 잃는 모습을 자주 그리고 심하게 보이거나 불안에 시달릴 때, 또는 대체적으로 불안정한 모습을 보인다면 굉장히 높은 수준의 욕구가 형성되어 있는 것이다.

내가 생각하는 아이와 나란히 걷는 양육자란 물리적으로 곁에 함께하며 아이에게 많은 관심과 주의를 기울이고, 아이를 방해하는 요소나 소음, 위험에서 아이를 보호하고, 주저앉아 있는 아이를 두 팔 가득 안아 올려주며 언어적, 신체적으로 확신과 가르침을 주는 것이다. 이 존에서는 아이에 대한 기대치를 낮추고 아이가 안정을 찾아갈 수 있도록 지지를 보내면 된다.

루틴을 활용하고, 아이에게 안전한 '둥지' 역할을 해주고, 안심해도 된다는 믿음을 전해주는 것이다. 이 존에 오랫동안 머물러야 하는 아이들도 있고, 아주 잠깐의 휴식만 취하면 충분한 아이들도 있다. 양육자로서 직감을 발휘해 아이가 얼마나 머물러야 하는지 판단해야 한다.

나란히 걷기 존에 대해 좀 더 설명하기 위해 특수 아동 지도사의 이야기를 들려주고자 한다. 이 지도사는 놀라울 정도로 영리하지만 자신을 통제하고 문자로 소통하는 데 어려움 느끼는 중학생 남학생을 보조했다. 이런 아동은 뛰어난 지능과 이에 반하는 학습 장애를 동시에 경험하기에 '두 배로 특수한' 아이라고 칭한다. 똑똑한 만큼 이 아이가 느꼈을 좌절감은 더욱 컸을 것이다. 학교 관계자들과 이 남학생의 부모가 만나 아이의 특성에 맞는 학습 지원 계획을 토론하는 자리에서 특수 아동 지도사는 언급된 여러 지원책을 시도할 생각이지만 당장 시작하지는 않을 거라고 밝혔다.

그녀가 생각하기에 이 아이는 관계를 먼저 형성하고, 신뢰를 쌓아가는 것이 중요할 것 같았다. 아이에 대한 자신의 직관에 따라 그녀는 기대치를 낮추고 아이가 천천히 적응할 수 있는 여유를 마련해주었다. 이 지도사는 직감적으로 아이가 좀 더 안정된 상태를 찾는다면 그리고 유대감을 바탕으로 한 관계를 먼저 쌓는다면 학교 관계자들이 말하는 학습 목표를 달성하는 데 더욱 뛰어난 성과를 기둘 수 있을 거라고 판단했다. 그녀는 아이와 '나란히 걷는' 것이 무엇인지를 완벽하게 이해하고 있었다.

· 두 번째 존: 조금씩 천천히 접근하기 ·

이 반응의 존은 아이의 욕구 수준이 아주 높지는 않지만, 감정의 동요에 빠지기 쉽고 자칫 상당한 실망감이나 분노를 느끼면 금세 욕구 수준이 높아지는 상태의 아이에게 적절하다. 가령 새로운 학교로의 전학이나 아끼던 반려동물의 사망을 경험한 아이에게 양육자가 '나란히 걷기' 접근법으로 따뜻한 보살핌을 전했고, 그 덕분에 이제는 어느 정도 안정을 찾고 슬픔을 극복해 나가는 아이들이 여기에 해당한다. 나는 이 존을 '조금씩 천천히 접근하기'라고 부른다.

내가 생각하는 '조금씩 천천히 접근하는' 양육자의 모습이란 아이가 소소한 실망감을 이겨낼 수 있는 따뜻한 환경을 만드는 동시에 커다란 실망감을 주는 일이 아이에게 접근하지 못하도록 아니면 적어도 이런 일이 부정적으로 작용해 아이를 지나치게 자극하지 않도록 앞서 선제적인 조치를 취하는 것이다.

양육자가 첫 번째 존과 마찬가지로 길을 닦아 나가며 걸림돌의 충격을 완화해 줘야 하지만 이 존에서 아이는 세상을 탐험할 수 있고 불안정함도 덜 느낀다. 이 존의 아이는 한 번씩 학교에서 '정신 건강의 날'을 갖거나, 주말 동안 양육자와 특별한 연결의 시간을 갖거나, 한 번씩 저녁에 수영 연습을 빠지게 해주는 등의 전략이 필요하다. 이러한 전략들은 아이가 어떻게 생활하고, 적응하고, 헤쳐 나가고 있는지 전적으로 양육자의 판단과 직감에 따라 유연하게 적용해야 한다.

· 세 번째 존: 시도하고 정복하게 하기 ·

반응의 세 번째 존은 아이가 상대적으로 잘 지내고 있을 때 실행할 수 있다. 아이가 통제력을 잃는 모습을 거의 보이지 않거나 아주 잠깐만 지속되고, 일상 속에서 마주하는 실망감이나 루틴의 변화를 비교적 편안하게 받아들인다면 '시도하고 정복하게 하기' 반응으로 충족되는 낮은 수준의 욕구를 지닌 것이다.

이 존에 있는 아이를 지지하는 양육자의 모습이란 아이가 감정의 동요나 실망감을 경험하게 하고, 당연히 찾아올 좌절감을 슬픔으로 소화시키는 과정에서 양육자는 개입하지 않고 지켜보는 것이다. 아이가 자연스럽게 마음을 추스르고, 스스로 일어나 먼지를 털어내고, 마음에는 들지 않지만 피할 수 없는 일임을 깨닫고 회복 탄력성을 발휘해 새로운 방법을 찾거나 현실을 수용해 나가는 과정에서 안심시켜 주는 것이 양육자의 역할이다.

아이의 성향을 알고, 욕구와 바람, 아이가 가장 좋아하는 것과 가장 원하는 것이 무엇인지를 알 때 양육자는 아이에게 따뜻한 포옹과 부드러운 안내, 응답하는 돌봄을 제공할 수 있다. 아이는 양육자가 자신을 깊이 이해하고 항상 자신을 위하는 마음을 갖고 있다는 것을 신뢰하기에 마음 놓고 쉴 수 있다. 앞에 나온 두 가지 반응 존에 비해 여기에 속한 아이는 보호막이 없이도 난관을 잘 헤쳐 나갈 수 있는 상태이다.

각 존이 완벽히 구분되는 것이 아니라 반응의 존 세 가지는 자연스럽게 연결되는 개념에 가깝다. 아이가 현재 어떤 수준의 욕구를 경험하는지 정확한 판단 기준이 없는 것처럼 양육자가 어떤 반응의 존에서 응답해야 하는지를 알려주는 확실한 사인이 있는 것이 아니다. 부모는 직감과 아이에 대한 깊은 이해, 연결을 바탕으로 어떻게 반응해야 하는지를 결정해야 한다.

부모의
마음 챙김

아이를 키우는 양육자는 반드시 자녀의 욕구를 가장 우선해야 한다. 하지만 그렇다고 해서 부모의 욕구를 돌보지 말라는 의미는 아니다. 다만 아이의 것보다 앞서서는 안 된다는 뜻이다. 부모의 욕구도 살펴야 하지만 아이와 함께 있을 때만큼은 아이의 욕구가 가장 우선시 되어야 한다.

왜 그래야 할까? 아이는 우리만 믿고 이 세상에 왔다. 우리에게 생존 일체를 내맡기는 아이들의 신뢰는 아주 실재적이고도 굳건하다. 물론 본인의 욕구를 우선시하는 부모에게서도 아이들은 신체적으로 무리 없이 성장할 수 있지만, 정서적으로 풍

요롭거나 타고난 가능성을 잃지 않고 자라기는 어렵다. 다시 말해, 최상으로 자라날 기회를 잃는다는 뜻이다.

아이가 태어난 후에는, 아이를 위해 양육자의 역할을 맡기로 결심한 후에는 아이의 욕구를 충족시켜야 할 의무를 지는 셈이다. 양육자로서 이를 달성하는 것이 중요하다. 양육자가 헐크의 역할을 다 하지 못해 아이가 헐크가 되어야 할 때 나타나는 부정적인 영향에 대해서는 4장에서 이미 설명한 바 있다.

아이에게 직관적으로 반응하고 최선의 방식으로 아이를 키우는 과정에서 양육자의 욕구가 방해 요소로 작용할 수 있다. 불안과 우울감이 가장 흔한 요소이고, 이 외에도 여러 정신 건강 이슈를 경험하는 부모가 많다. 불안이나 짜증, 스트레스를 경험하거나 감정적 동요 상황에 대처하는 능력이 떨어지는 등의 상태에 머무를 때 우리 안의 헐크를 깨우는 것이 무척이나 힘들어질 수 있다.

아이를 돌보며 자신 안의 욕구가 깨어나는 것을 발견하고 놀라는 경우도 있다. 아이에게 연민과 배려를 발휘하는 과정에서 본인의 어린 시절을 반추하게 되는 것이다. 가령, 부모가 된 후에 어린 시절 자신의 부모에게서 따뜻하고 보살핌을 지속적으로 받지 못했던 경험이 되살아날 수 있다. 즉, 스스로 부모 역할을 하다 보면 오랫동안 마음 깊은 곳에 억눌려 있던 트라우마가 깨어나고 이로 인해 신경학적, 정서적 반응이 일어 감정의 동요를 경험하는 것이다.

어린 시절 자신의 욕구가 충족되지 못했던 아픔을 마주하며 자녀의 욕구를 보지 못하는 일이 발생할 수도 있다. 과거의 아픔을 수용하고 치유해나가는 것이 양육자의 과제이자 책임이다. 낚시, 요가, 종교, 심리 상담 등 다양한 도움을 받을 수 있다. 아이에게 필요한 존재가 되어야 하듯, 당신 안의 내면 아이를 위한 '존재'가 되어줄 수 있다.

정신 건강 문제와 심리적 상처 외에도 현대를 살아가는 성인 대부분이 극심한 스트레스를 경험한다. 지나치게 일이 많고, 사람들과 관계를 형성하거나 혼자 또는 가족과 함께 여가를 즐기는 시간을 찾기 어렵다. 행복한 삶을 이루는 세 가지 조건이 일과 사랑, 놀이라면 계속 바쁘게 쫓기는 요즘의 생활방식으로는 이 세 가지 조건을 충족하기가 어려울 수밖에 없다.

마음챙김, 요가, 명상이 최근 대단한 관심과 사랑을 받는 이유가 있다. 쉽게 말하자면, 다들 스트레스를 받고 있기 때문이다. 이런 와중에 자녀의 욕구에 응답하기 위해서는 직관을 날카롭게 벼르고, 인내심을 발휘하고, 정신적인 휴식을 취할 시간을 반드시 확보해야만 한다.

사실 누구도 아이를 혼자의 힘으로 기를 수 없다. 과거에는 공동의 커뮤니티가 아이 양육에 모두 동참했다. 이런 커뮤니티는 아이를 키우는 양육자가 돌봄과 도움이 필요할 때 의지할 수 있는 버팀목이 되어주었다. 역할과 책임을 나눈 덕분에 커뮤니티 구성원 모두의 욕구가 충족될 수 있었다.

하지만 이제는 여러 세대가 함께 거주하는 가족의 형태가 사라지고 기존의 공동체와 커뮤니티가 약화되어 대도시에 살고 있음에도 혼자인 듯한 외로움을 느낀다. 양육자는 아이를 돌보고 키우는 굉장한 책임감을 수행하느라 자신의 욕구는 돌볼 수 없는 상황에 처했다.

양육자인 부모의 욕구가 문제가 될 때 그 영향은 아이에게 전해진다. 이렇게 되면 아이는 부모가 자신의 욕구를 충족시켜줄 수 없는 사람이라고 인식하고 도리어 부모의 감정과 욕구를 돌봐야 한다는 책임감을 느낀다. 아이는 부모가 자신을 책임질 수 있는 유능한 양육자라고 보지 않는다.

아이가 발달 과정에 따라 건강하게 성장할 수 있도록 양육자는 헐크가 되어 유능한 모습을 보여주어야 한다. 양육자는 자신을 의지하는 아이에게 영향을 주지 않는 선에서 자신의 욕구를 표현하고 돌봐야 한다. 아이는 부모의 욕구나 문제에 아무런 지분이 없고, 그에 따라 이를 바로 잡고 해결하는 데 아이가 그 역할을 해서는 안 된다.

양육자로서 헐크 상태를 유지하며 자신의 욕구를 충족시킬 방법을 찾아야 한다. 도대체 어떻게 해야 할까? 양육을 도와줄 수 있는 네트워크를, 당신만의 공동체를 구성해야 한다. 친인척, 전문 돌봄 기관과 유아 교육자, 전문 베이비시터, 같은 동네에서 함께 아이를 키우는 다른 부모들이 건강한 양육 환경을 만드는 데 필요한 핵심 인력이다.

대단히 힘든 순간이 찾아오면, 이때 어디에서도 도움을 구하기 어렵다면 성숙하게 그 상황을 벗어나 마음의 평정을 다시 찾을 방법을 강구해야 한다. 아이 앞에서 울거나 소리를 쳤다면 그에 대한 책임을 지는 모습을 보여야 한다. 이런 식으로 설명하는 것이다. "엄마가 가끔씩 울 수도 있어. 걱정하지 마. 금방 진정될 거야.", "오늘 엄마가 소리를 좀 질렀어. 그런 모습 보여서 미안해. 우리 사이에는 아무 문제도 없어."

하지만 이런 말은 삼가야 한다. "너 때문에 엄마가 슬퍼졌어.", "너 때문에 엄마 마음이 아파." 이런 말은 성인인 당신의 감정에 대한 책임을 아이에게 떠넘기는 말이다. 아이가 아니라 친구나 배우자, 카운슬러 등 당신의 감정을 공유하고 또 의지할 수 있는 성인을 찾는 것이 좋다. 양육자의 욕구를 돌보는 것이 아이가 되어서는 절대 안 된다는 점을 반드시 명심하길 바란다.

· 양육자 사이에 의견이 다를 때 ·

배우자와 의견이 다를 때, 또는 아이의 교사와 의견이 다를 때 어떻게 해야 할까? 어쩌면 배우자는 엄격한 사랑으로 아이를 대하고자 하지만 당신은 아이에게 좋지 않은 방식이라고 생각할 수 있다. 또는 교사가 아이의 욕구를 파악할 능력도 의지도 없는 것처럼 보이는 경우도 있다. 어떤 상황이든 중요한 것은 성인들 간의 의견 불일치가 아이에게 어떠한 영향을 미칠지 깊이 생각하고 예측해야 한다는 것이다. 이런 문제를 해결하는 것은 아이의 역할이 아니다. 아이가 성인들 간의 갈등을 눈치채지 못하는 것이 이상적이다.

자녀교육의 문제에서 다른 양육자와 의견 충돌을 경험하고 있는가? 해결책을 찾는 데 도움이 되는 여섯 가지 방법을 이제부터 소개하겠다.

1) 전환의 기회를 제공한다: 아이의 욕구에 직관적으로 응답하지 못하는 이유가 양육자 자신이 그 순간 어떠한 욕구를 참지 못한 탓일 때가 많다. 힘든 하루를 보냈거나 좀 전에 기분이 상하는 일이 있었을 수도 있다. 무엇 때문이든 상대가 연민과 직감을 발휘하기 어려운 순간을 맞이한 듯 보이면 휴식을 제공하는 것도 방법이다. 배우자에게 이렇게 권하는 것이다. "요 며칠 러닝을 못 했잖아. 내가 상황을 좀 정리하는 동안 당신은 한 바퀴 달리고 오면 어때?" 동료 교사에게는 이렇게 할 수 있다. "탕비실에 이제 막 내린 따뜻한 커피가 있던데. 제가 잠시 선생님 반을 돌보고 있을 테니 가서 커피 한잔하고 오세요." 현재 상황을 감당하기 어려워 보여 당신이 휴식을 제안한다는 것을 상대도 느낄 것이다. 직감과 연민을 바탕으로 부드럽게 제안한다면 상대도 그 마음을 이해하고 당신의 도움에 기대어 잠시라도 편히 쉴 수 있을 것이다.

하지만 상대가 일시적으로 감정에 어려움을 겪는 것 이상이거나 아이의 욕구에 대한 존중 없이 응답하고 있는 패턴이 보일 때는 도움을 주겠다는 마음은 여전하지만 좀 더 단호한 휴식이 필요할 수도 있다. 아이를 향한 기대치를 낮추듯 해당 성인이 연민과 돌봄을 행해야 하는 시간을 줄여주면 된다. 집 밖에서 할 수 있는 취미 생활을 독려하는 식이다. 아이를 대할 준비가 충분히 될 정도로 에너지를 회복하고 마음이 단단해져 있을 때까지 일시적으로 스케줄이나 루틴에 변화를 주어 상대가 느끼는 책임감을 줄여줄 수 있다.

2) **중재자가 된다**: 누군가 아이의 욕구를 이해하고 응하는 데 어려움을 겪고 있고, 그로 인해 아이가 이 성인을 향해 그리 긍정적이지 않은 감정을 품고 있다면 '중재'를 통해 성인에게는 연민과 도움을 베풀 기회를 마련하고 아이에게 긍정적인 이미지를 심어줄 수 있다. 아이에게 이렇게 말하는 것이다. "어제 네 경기 보고 아빠가 얼마나 자랑스러워했는지 몰라. 얼굴 가득 뿌듯하다고 쓰여 있었어." 아니면 아이에 대한 칭찬의 말도 들려줄 수 있다. "존스 선생님이 어제 학교 끝나고 네가 정말 유쾌한 아이라고 말씀하시더라. 널 무척 좋아하시는 것 같아."

아이에 대한 좋은 이야기를 들려주는 것은 기초적인 사회 심리학 이론, 즉 우리는 나를 좋아하는 사람을 좋아한다는 원리를 이용하는 것이다. 아이와 양육자 사이에 공통점에 대해 언급하는 것도 효과가 있다. "너도 체스를 좋아하는 것을 알고 존스 선생님이 얼마나 좋아했는지 몰라! 너처럼 체스를 좋아하는 선생님이 있다니! 너무 좋지 않아?", "너랑 엄마랑 둘 다 브로콜리를 싫어하다니 너무 재밌지 않아? 정말 닮았어!" 자신과 비슷한 사람에게 호감을 느낀다는, 유유상종과 같은 맥락이다.

3) **분열을 피한다:** 자녀교육에서 다른 성인과 의견을 조율해가는 과정에서는 분열을 초래하는 화법이나 행동을 피해야 한다. "아빠는 뭘 잘 몰라", "존스 선생님이 그러면 안되지", "그 여자 제정신이 아닌가 봐"와 같은 말을 아이에게 한다면 아이는 해당 성인에게서 신뢰와 안정을 느끼지 못한다.

더욱 위험한 점은 이런 식의 말은 당신과 상대가 다른 편이라는 인식을 아이에게 심어줘 아이는 둘 중 한 사람을 선택해야 한다고 느끼고 이것이 훗날 더욱 큰 문제로 번질 수 있다. 가령, 엄마에게 더 큰 애착을 느끼는 아이가 엄마가 아빠를 믿지 못한다는 느낌을 받으면 이 아이는 별다른 의도나 의식 없이 아빠를 무시하거나 싫어하는 듯한 행동을 보인다. 아이는 이후 실제로 아빠와 함께 있을 때는 안전하지 못하다는 인식이 생겨 이미 문제가 있는 상황에 한 가지 문제가 더해지는 형국이 된다.

4) **큰 사람이 된다:** 자신의 욕구가 너무도 큰 나머지 아이의 욕구를 보고, 느끼고, 아이를 위한 존재가 되어주기 어려운 성인은 자신에게 연민과 도움을 발휘해줄 성인이, 양육자가 필요할 수 있다. 즉, 이런 성인의 양육자가 되어주는 것이다. 아이를 보고, 느끼고, 아이에게 필요한 존재가 되어주듯, 당신의 지식과 직감을 바탕으로 따뜻하고 연민 어린 응답을 하며 상대가 자신의 문제를 잘 헤쳐

나갈 수 있도록 돕는 것이다.

이 성인에게 반응의 존 세 가지 중 무엇으로 대응해야 할지 판단해 언제 그리고 어떻게 상대를 밀어붙이고 돌봄을 행하고 응답할 것인지를 선택한다. 7장에서 더욱 큰 사람이 되는 방법에 대한 몇 가지 조언을 하겠다.

5) 팩트를 직시한다: 아이가 더는 견디지 못하는 순간이 오기도 한다. 앞에 나온 내용들을 모두 시도했지만 특정 성인에게 아이가 안정적인 돌봄을 제공받지 못하는 일도 생긴다. 성인이 아이에게 직관적이고도 연민 어린 방식으로 응답할 줄 모르고 이런 태도가 도무지 달라질 것 같지 않다면 당신이 상황을 변화시키는 수밖에 없다. 이때는 성인이자 양육자로서 강하게 맞서는 동시에 품위와 연민, 유연한 사교 능력을 발휘해 아이를 보호하는 데 필요하다고 여기는 행동을 취해야 한다.

아이를 전학시키거나 홈스쿨링 또는 원격 학습 등을 고려하는 것이다. 보육 시설을 바꾸거나 내 고객 중 한 명이 그랬던 것처럼, 아이를 위해 얼마간 일을 쉴 수도 있다. 현재 어떤 상황과 문제에 처했든 중요한 점은 당신이 통제력을 발휘할 수 있는 범위가 얼마나 되고, 자녀가 인지하는 위험의 정도가 얼마나 되며, 다른 길을 선택할 때 좋은 결실을 맺을 거라는 희망이 어느 정도 되는지를 바탕으로 앞으로 어떤 조치를 취할 것인지 계획해야 한다.

6) **도움을 구한다**: 부모 교육자, 카운슬러, 심리학자 외에도 어려움을 겪는 부모나 양육자들에게 전문적인 도움을 제공하는 전문가들이 많이 있다. 아이에게 긍정적인 영향을 주기보다는 해를 끼치는 양육자에게 전문가의 도움은 연민 어린 이해를 받을 수 있는 좋은 기회가 될 수 있다. 전문가의 도움을 고려하고 있다면 당신의 아이와 가족에게 연결을 기반으로 한 접근법을 취하는 사람을 찾아야 한다.

어떤 선택을 하든 자신의 문제로 고통받는 성인에게서 아이가 그 어떤 상처를 입지 않도록 보호하는 것이 가장 중요하다. 여기서 상처는 아이의 욕구 수준과 해당 성인이 보이는 행동의 강도, 상황에 따라 다를 것이다. 어려움에 처한 다른 양육자에게 도움을 줄 때 당신이 문제나 상처가 발생하는 것을 수동적으로 지켜만 보는 사람처럼 아이의 눈에 비춰서는 안 된다. 헤쳐 나가기 쉽지 않은 상황인 것은 맞지만, 당신의 아이는 당신이 이 난관을 잘 해결해 나가기를 무엇보다 바라고 있다.

보고, 느끼고, 존재한다는 만트라를 배웠고, 아이의 욕구 수준을 파악하고 그에 따라 응답하는 법을 깨달았으니 이제는 진짜 훈육이란 무엇인지 그 핵심을 배워볼 차례이다. 어떤 날은 렌즈를 당겨 아이의 세계를 넓게 조망할 여유를 찾을 때도 있을 것이다. 너른 관점에서 조망한다면 아이에게 따뜻한 환경을 의도적으로 형성하고, 자신만의 고유한 특성을 지닌 아이에게 어울리는 세계를 선제적으로 만들어 나갈 수 있다.

하지만 어떤 날은 말 그대로 일격을 당하고는 정신이 없는 와중에 아이를 상처주지 않는 방식으로 곧장 응답해야 하는 경우도 있다. 두 번째 경우에 속하는 경우에는 시급성을 고려해야 하는데, 6장에서 아이가 심각한 행동을 보이는 중대한 순간에 어떻게 반응해야 하는지에 대해 이야기할 예정이다. 7장에서는 이런 순간들 외에 아이의 욕구가 충족되고 가장 최선의 방식으로 아이를 성장시킬 수 있는 환경을 만들기 위해 우리가 무엇을 할 수 있는지를 논의하겠다.

· ·

06

아이에게
상처를 주지
않으려면

· ·

혼란스러울 때에
효과적으로 훈육하는 법

아주 길고 힘든 하루를 보냈다. 퇴근 후 당신은 급히 학교로 가 수업을 마친 아이들을 태우고 집에 가는 길에 식료품점에 들르기로 했다. 제발 무사히 장보기를 마칠 수 있기를 바라며 아이들을 차에서 내리게 하고 저녁 메뉴에 필요한 식재료를 찾았다. 아이들을 데리고 장을 보다 보니 본의 아니게 소란이 벌어지기도 했다.

마침내 계산대에 서서 기다리고 있는데 다섯 살인 애런이 딱 자기 눈높이에 있던 초콜릿 바를 발견했다. 아이는 초코바를 사달라고 사정했다. 당신은 거절했지만 아이는 계속 졸라댔다.

당신은 다시 한번 확고하게 거부 의사를 밝혔다. 그러자 아이는 쇼핑 카트를 마구 때리더니 엄마는 최악이라고 고래고래 소리를 지르고는 초코바를 손에 들고 사달라고 조르기 시작했다.

사람들이 하나둘씩 쳐다보기 시작하고 카트 안에서 녹고 있는 아이스크림이 신경 쓰였다. 당신은 장보기고 뭐고 다 그만두고 그곳을 나가고 싶어졌다. 하지만 저녁에 뭐라도 차리려면 장을 봐야 했다.

애런의 욕구를 보고, 느끼고, 아이에게 필요한 존재가 되어야 한다는 것을 떠올렸지만 머릿속은 엉망진창이 되었고 당장 뭐부터 해야 할지 혼란스러웠다. 이럴 때 어떻게 해야 할까?

부모들이 내게 가장 많이 하는 질문이 아이가 "~~할 때는 어떻게 해야 되나요?"이다. 보고, 느끼고, 존재하라는 원칙이 있어도 이런 질문에 단 하나의 속 시원한 답변을 주는 것이 불가능한 이유는 아이에 따라 완전히 다르기 때문이다.

도움이 될 만한 답변을 제공하기 위해서는 자녀가 어떤 아이이고, 이이의 세계는 어떠히며, 문제 행동이 촉발된 구체적인 상황은 무엇인지 전체적인 맥락을 알아야 한다. 무엇을 어떻게 해야 할지 말해줄 수는 없지만 한 가지 비유를 들어 설명하고자 한다.

굉장히 멋진 곳으로 여행을 떠나려는데 정확히 어떤 경로로 가야 할지 모르는 상태라고 생각해보자. 조금 걱정스러울 수도 있고, 아니면 여정을 시작하기도 전에 두 손 두 발 다 들고 포기하고 싶은 심정일 수도 있다. 하지만 적어도 당신의 시작점과 가고 싶은 도착점, 몇몇 중간 지점(보고, 느끼고, 존재한다는 원칙)은 알고 있다. 아이가 도전적인 행동을 보이는 순간마다 지식과 직감을 활용해 반응하려 노력한다면 조금씩 자신의 길을 찾아 나갈 수 있을 것이다.

혼란스러운 상황일 때는 당장 훈육을 해야 한다는 조급함이 앞서겠지만, 마음을 가라앉힐 필요가 있다. 그보다는 평상시에 아이에게 올바른 훈육을 제공하겠다는 다짐을 잊지 않는 것이 더 중요하다. 아이와 양육자 모두에게 이로운 환경을 만드는 여러 방법에 대해서는 7장에서 소개할 예정이다. 우선은 식료품점 계산대를 무사히 나오는 것에만 초점을 맞추도록 하겠다.

한 번 정한 규칙을
끝까지 지킬 때

훈육에서 한결같이 중요하게 여겨야 할 침이 몇 가지 있다. 누구나 아는 내용이겠지만, 감정이 격해지면 다 알고 있는 사실도 까맣게 잊을 수 있기 때문에 다시 한번 이곳에서 언급하고자 한다. 뛰어난 직감을 발휘해 보고, 느끼고, 존재하는 접근법으로 아이에게 반응하는 것도 중요하지만 무엇보다 다음의 세 가지 지침을 지켜야 한다. 바로 신체적 안전, 정서적 안전, 직감적 바운더리이다.

1) 신체적 안전: 어떤 상황이든 양육자는 아이를 신체적으로 안전하

게 지켜줄 의무가 있다. 차를 탈 때 안전벨트를 하는 등등 반드시 지켜야 할 사항이 있다. 안전벨트는 아이의 안전에 필수적인 요소다. 아이가 벨트에 무척이나 예민하게 구는 탓에 차를 탈 때는 물론 차에서 내린 후에도 한참 안정을 찾지 못하는 성향이라 해도 말이다. 아이의 신체적 안전이 가장 중요한 만큼 벨트 착용은 반드시 준수해야 하는 사안이다.

양육자가 자신의 분노나 좌절을 진정시켜야 하는 순간, 아이의 신체적 안전을 지키는 것으로 상황을 환기시키는 기회를 마련할 수 있다. 양육자가 자신의 충동을 통제하지 못하는 지점에 도달한다면, 혹 아이를 신체적으로 다치게 할까 봐 우려스럽다면 우선 아이를 아기 침대, 아이 방 안전한 장소로 옮겨 놓고로 해당 상황을 모면해야 한다. 아니면 잠시 화장실이나 방에 가서 혼자 마음을 정리하고 스스로를 안정시키는 시간을 가지는 것도 좋다.

자신의 화를 통제하지 못하는 양육자가 아이에게 남길 수 있는 끔찍한 정서적, 신체적 상처에 대해 깊이 생각해야 한다. 연구를 통해 물리적으로 거칠게 아이를 다루는 행위는 두뇌의 조절 신경 회로에 평생 지속될 상흔을 남길 수 있다는 것이 밝혀졌다. 이미 생긴 상처를 지우기 위해 갖은 애를 쓰기보다는 애초에 이런 일을 벌이지 않는 편이 현명하다.

양육자의 신체적인 공격 행위로 생긴 트라우마를 견디기에는 아이들은 너무도 연약하고 너무도 무력하다. 주기적으로 분노를 조절하지 못하는 모습을 보인다면 스스로를 진정시키기 위해 할 수 있는 일들을 적극적으로 찾길 바란다. 부모를 위한 자기 조절과 마음챙김에 대한 정보가 도움이 될 수 있고, 심리 전문가와 대화를 나누며 지지와 위안을 얻을 수 있다.

2) **정서적 안전**: 아이가 매일같이 경험하는 정서적 환경은 훈육의 핵심 사항이다. 안정되고 온화한 환경이 조성될수록 아이는 더욱 침착해지고, 행동화의 강도는 약해지며, 건강한 발달이 진행될 기회가 늘어난다. 아이의 세계가 어떤지 생각해보길 바란다.

집이 편안한 안식처의 역할을 해주고 있는가? 부부가 스트레스를 받고, 부부간에 불화가 있으며, 정신없는 스케줄로 가득 찬 하루를 보내고 있는가? 당신이 운영하는 교실은 체계와 기회, 기쁨이 자리한 공간인가? 아니면 아이가 생존하기에 체계가 없고 불안하며 불친절한 곳인가? 당신이 아이를 위해 만든 환경이 당신 눈에는 그리 문제가 있어 보이지 않더라도 그래도 좀 더 개선할 수 있는 여지가 있는가? 좀 더 체계적이고 평온한 아침 루틴이 필요한가? 저녁 식사 후 영상 매체 금지 시간이 필요한가?

양육자의 한 가지 역할은 아이의 삶과 세계관에 실제적인 영향을 미칠 수 있는 환경을 세심하고 꼼꼼하게 그리고 지속적으로 체크

하는 것이다. 아이의 정서적 안전과 행복에 영향을 미치는 요인들을 개선해야 최적의 결과를 내는 환경을 조성할 수 있다.

3) **직감적 바운더리**: 누구나 한 번쯤 "아이들에게는 바운더리가 필요하다."는 말을 들어봤을 것이다. 아이들은 바운더리가 있어야 마음의 안정을 찾을 수 있다. 선천적으로 선하게 타고났을 아이들을 마음껏 풀어놓고 잘 자라길 바라던 과거의 양육 방식은 자기 조절력을 강화시키는 신경학적 기반을 만들어주는 데 전혀 도움이 되지 않는다. 훈육의 세 번째 지침은 앞의 두 가지만큼 명백한 사실로 느껴지지 않을 수도 있지만, 아이가 스스로 자신의 안전을 지키는 방식에 관련한 만큼 중요한 원칙이다.

내 제자 중 한 명은 아이의 바운더리를 다리와 난간에 비교했다. 다리에 설치된 난간을 몸소 느낄만한 불행한 경험을 한 사람은 거의 없을 것이다. 그럼에도 다리에 난간이 없다면 대다수의 사람들이 굉장한 불안감을 느낄 것이다. 어쩌면 건널 생각조차 못 할 수도 있다. 난간이 없어도 다리를 건널 수 있다고 말하는 사람도 막상 그 상황에 부닥치면 1차선에서 경계심을 바짝 높인 상태로 아주 느리게 차를 운전할 것이다.

간단히 말해 난간이 없을 때 우리는 불안과 불편을 느낀다.

왜일까? 사실 지금껏 난간의 덕을 본 적이 없음에도 말이다. 그 이유는 난간이 안정감을 제공해주는 울타리 역할을 해주었기 때문이다. 바운더리, 규칙, 기대치가 아이에게 난간 같은 역할을 해준다.

바운더리가 아이에게 좋다고만 할 수는 없다. 아이의 욕구에 대한 직관이 결여된 바운더리는 아이에게 좋은 영향만을 끼친다고 보기 어렵고, 오히려 아이에게 부정적으로 작용할지도 모른다. 즉, 아이와 아이의 행동을 통제할 테크닉으로 바운더리를 활용한다면 보고, 느끼고, 존재한다는 철학에서 벗어나 과거의 천편일률적인 훈육으로 돌아간다.

이를테면, 아이를 축구팀에 등록시켰다고 생각해보자. 방과 후 화요일과 목요일에 훈련이 있고, 경기는 토요일 아침마다 있다. 친구들이 이미 하고 있는 축구를 시작하게 되어 아이는 부척이나 들떠있다. 당신은 아이가 팀에 헌신하고 책임감을 느끼는 것이 중요하다고 믿고, 훈련이 쉽지는 않겠지만 축구라는 새로운 기술을 끈기 있게 배우는 경험을 하길 바란다.

축구를 시작한 지 4주 차가 되었고, 이번 목요일에도 아이를 학교에서 태워 축구 훈련장으로 향했다. 사실 이번 주 내내 아이가 혹시 아픈 것은 아닌지 신경이 쓰였다. 아이가 피곤하고 짜증스러워 보였기 때문이다. 또한 어제 중요한 수학 시험이 있어 아이가 긴장을 하기도 했다. 어쩌면 시험 때문에 짜증이 났던 걸까? 게다가 당신이 바라던 것과 달리 아이는 축구를 그다지 좋아하지 않았고 싫어하는 쪽이었다.

팀에 대한 책임감으로 이번 시즌만큼은 완수하길 바랐지만 축구 훈련과 경기에 갈 때마다 아이를 재촉하는 일이 잦았다. 학교 정문에서 나와 차로 다가오는 아이는 아무 말도 안 했지만 그래도 축구 훈련에 가기 싫어한다는 것만은 확실히 보였다. 이때 아이를 어떻게든 축구 훈련에 참여하도록 해야 할까?

바운더리를 정했으면 어떤 일이 있어도 이를 지켜야 한다는 테크닉 접근법을 활용하는 사람이라면 아이를 축구 훈련에 보냈을 것이다. 하지만 이것이 옳은 결정일까? 바운더리를 설정하는 데 있어 약간의 여유를 가져도 될까? 현재로서는 아이가 아픈 것 같지는 않지만 몸살 기운이라도 있는 걸까? 수학 시험 때문에 스트레스를 받은 걸까? 아이가 싫어하는 축구 훈련을 견딜 수 있을 만큼 정서적 에너지가 남아 있을까? 아이가 '원하는 대로 해줘도' 될까?

보고, 느끼고, 존재한다는 철학을 바탕으로 어쩌면 오늘 하루는 아이를 집에서 쉬게 하는 것이 낫겠다는 판단을 할 수도 있다. 아이가 피곤해하고, 짜증을 부리며, 스트레스를 받은 상태니까. 아이는 지금 조절 능력을 상실한 상태이다. 아이에게 필요한 것은 안식처인 집에서 회복의 시간을 보내는 것이다. 당신은 아이를 위한 존재, 늘 든든히 뒤를 지켜주고 있다는 메시지를 전해주어야 하기에 다른 무엇보다 아이의 욕구에 맞춰 응답하는 것이 중요하다.

상황을 완벽하게 통솔하고 있는 당신은 '나 오늘 축구하러 가기 싫어요!'라는 말이 아이 입에서 나오게 하지 않을 것이다. 대신 당신은 차를 향해 다가오는 아이를 살피고는 먼저 이렇게 이야기한다. "이런, 오늘 엄청 피곤해 보이네. 오늘 저녁에는 축구 훈련받으러 가기 힘들 것 같은데. 엄마랑 집에 가자. 얼른 잠옷 갈아입고 소파에서 뒹굴자. 엄마만 믿어. 가방 들어줄게. 자 이제 출발한다." 바운더리와 함께 존재해야 할 '회색 지대'의 예시를 보여준 것이다.

이 회색 지대는 집에 가고 싶다고 졸라대는 아이에게 못 이기는 척 투덜대며 아이의 요구를 들어주는 것이 아니다. 말끔하지 못한 허락으로 아이로 하여금 차라리 축구 훈련에 갈 것을 그랬다는 생각이 들게 하면 안 된다. 자신이 원하는 것을 얻었음에도 아이가 다리의 난간 끝까지 밀려난 듯한 기분을 느끼

게 만드는 것이 아니다. 직감적 바운더리는 각 상황마다 각기
다른 아이의 욕구 수준에 맞춰 응답하는 것이다. 바운더리의
안전한 난간을 설치하는 과정에서 시시각각 달라지는 아이의
욕구를 고려하는 것이 중요하다.

방향을 알려주는
아홉 가지 디딤돌

아이의 안전을 보장하는 세 가지 중요한 지침은 배웠고, 그럼 이제 어떻게 해야 할까? 이런 이야기를 듣고 싶지는 않겠지만 앞서 말했듯이 내가 정확히 뭘 어떻게 해야 한다고 말해줄 수는 없다. 정해진 한 가지 길이 없기 때문이다. 아이가 도전적인 행동을 보이는 숨 막히는 순간에 어떻게 대처해야 하는지 판단하기가 어렵겠지만, 직감과 아이의 발달적 욕구를 가이드로 삼는다면 생각보다 쉽게 답을 찾아갈 수 있다.

보고, 느끼고, 존재한다는 원칙에 충실할 때 당신의 여정을 인도해주고 바라는 목적지로 안내할 아홉 가지 디딤돌을 만나게 될 것이다. 나란히 걷기, 조금씩 천천히 접근하기, 시도하고 정복하게 하기의 세 개의 존에서 아이가 당신에게 어떻게 반응해주길 원하는지 또 아이의 욕구 수준이 어느 정도인지에 따라 당신의 경로가 달라진다. 상황에 따라 시간이 길게 또는 적게 걸릴 수도 있고, 좀 더 강하게 또는 약하게 대응해야 할 수도 있다.

이제부터 나올 아홉 가지 디딤돌을 배우며 이들을 순서대로 행하기 어려울 것이라는 사실을 염두에 두는 것이 좋다. 이 아홉 가지 개념은 아이가 도전적인 행동을 보일 때 어떻게 대처해야 하는지를 가르쳐주는 하나의 거대한 아이디어로 접근하는 것이 알맞겠다.

1) **연결을 바탕으로 반응한다**: 아이가 거친 행동을 보이면 성인은 당장이라도 아이의 행동을 멈춰야 한다는 생각에 조급해한다. 물론 신체적 안전을 지키기 위해 이런 접근법이 필요한 순간도 있다. 가령, 우리 아들 둘이 거실에서 본격적으로 몸싸움을 벌일 조짐이 보이면 나는 당장이라도 두 아이 사이에 끼어들어 힘으로 제재를 가할 것이다.

하지만 아이가 도전적인 행동을 보일 때 가장 먼저 해야 할 행동은 아이에게 연결감을 느끼도록 하는 것이다. 당신이 아이를 이해하고 있고, 책임지고 있으며, 아이가 무슨 말을 하고자 하는지 알고 있다는 것을 보여주는 것이다.

이 방법이 효과가 있는 이유는 아이의 신경학적 측면에 접근해 욕구를 곧장 파악할 수 있게 해주기 때문이다. 진정하지 못한 아이의 두뇌를 침착하게 안정시켜주는 것이 바로 연결의 힘이라고 말했던 것을 떠올리길 바란다. 아이에게 연민을 표현하는 표정이면 충분할 수도 있다. 포옹이나 아이의 팔을 부드럽게 만지는 것, 또는 주변 사람들의 호기심 어린 시선에서 아이를 보호하는 등의 몸짓이면 된다. 아이에게 전하는 목소리, 어조, 언어가 큰 역할을 하기도 한다.

조용하고도 따뜻한 어조로 "마음이 괴로운 것 같구나. 엄마가 도와줄게… 이쪽으로 가자… 차분히 정리해보자…"와 같은 한 마디면 해결될 수도 있다. 어떤 형태든 연결을 바탕으로 아이의 행동에 반응을 보일 때 상호작용의 톤이 달라지고, 아이를 진정시키고 싶다면 연결을 느낄 수 있는 반응으로 대처해야 한다. 연결이 아이와의 신뢰와 유대감을 쌓아나가는 기반이 되기도 한다.

2) **침착해진다**: 어렸을 적 나는 피겨 스케이팅 선수였다. 큰 대회가 열리기 직전에는 긴장감에 너무 괴로웠다. 스케이팅은 좋아했지만 대회에 나가 다른 선수들과 경쟁하는 것이 힘들었다. 중요한

대회 전날이면 잠도 거의 자지 못했다. 너무 긴장한 나머지 아무 것도 먹지 못했다. 내 순서가 가까워지면 속이 메슥거릴 때가 많았다.

코치 선생님은 순서를 기다리는 나를 데리고 아이스 링크 복도를 거닐며 심호흡을 시켰다. 앞으로 우리가 무엇을 어떻게 할 것인지를 한 마디로 정리해주었다. 스케이트를 탈 동안 내가 세 가지만 기억하면 된다고 알려주었다. 세상에서 가장 침착하고, 친절하며, 확신 어린 목소리로 말이다. 선생님은 침착해지는 방법을 아는 양육자의 모습 그대로였다. 바로 이것이 아이의 흥분된 시스템을 잠재우려는 어른이 보여야 할 반응이다.

내 동료는 내담자들에게 아이가 흥분할수록 부모는 침착히게 반응해야 한다는 이야기를 자주 한다. 부정적인 말을 쏟아붓거나 주먹 또는 발을 휘두르는 아이를 마주하며 침착한 상태를 유지하는 것이 힘들 수 있다. 하지만 아이가 무엇 때문에 감정의 동요를 느끼는지 그 원인을 생각하고 이해하려 한다면 아이에게 연민을 발휘하는 것이 한결 쉬워진다.

침착하게 대응한다는 것은 로봇처럼 굴거나 무뚝뚝하거나 관심이 없는 것과는 다르다. 오히려 반대에 가깝다, 당신에게 무척이나 슬픈 일이 있어 마음이 너무 슬프고 아픈 상황이라고 가정해보자. 당신은 배우자나 친구를 찾아갔다. 당신의 감정이 격할수록 침착하게 반응해야 한다고 생각한 이들은 아무 감정 없이 이렇게 말한다고 생각해보자. "괜찮아. 다 괜찮아질 거야. 잘 헤쳐 나갈 거야." 냉정한 반응을 보이는 상대방에게 당신은 소리를 치고 싶을 거고, 조금의 위안도 얻지 못할 것이다. 아이들도 마찬가지이다.

침착하게 반응해야 하는 것은 맞지만 무엇보다 진심이 느껴지도록 해야 한다. 연결감이 느껴지고 걱정하는 마음이 전달되도록 해야 한다. 마음의 동요를 일으키는 것이 아니라 자신감과 통제력이 느껴지는 어조로 침착하게 반응해야 한다.

침착하다는 데는 물리적으로 '눈높이를 낮추는' 것 또한 포함이다. 우리의 두뇌는 비언어적 신호에 자동으로 반응하게 되어 있다. 예컨대, 비즈니스 미팅에서 어떤 아이디어의 장점을 설득하려는 사람이 선 채로 상대를 내려다보며 이야기를 하는 자세로 인해 설득의 영향력이 달라질 수 있다. 신체적 자세로 권력을 드러낼 수 있듯이 몸짓을 통해 침착함을 전달할 수도 있다. 아이의 눈높이에 맞춰 몸을 낮추고 아이 앞보다는 옆으로 자리하며 커다란 손짓이나 움직임을 피한다면 진정 효과를 전달할 수 있다.

3) **핵심만 전한다**: 아이가 거친 행동을 보일 때는 무엇이 잘못되었고 앞으로 무엇을 개선해야 하는지 들을 수 있는 상태가 아니다. 이런 이야기는 나중에 해야 한다(뒤에 다시 설명하겠다). 따라서 아이에

게 확실히 전달해야 하는 내용만 짧게 그리고 빠르게 알리는 것이 좋다. "손 예쁘게.", "말조심", "그런 행동은 그만해.", "이런 식으로는 안 돼."와 같은 말로 빨리 핵심만 전달하는 것이다. 조절력을 상실하고 혼돈에 빠진 두뇌 속으로 정보를 슬쩍 밀어 넣어야 하기 때문에 스피드가 중요하다.

아이의 잘못을 늘어놓는다면 아이가 진정을 찾는 데 핵심적인 역할을 하는 부모와의 연결이 끊어지고, 아이는 부모에게서 이해를 받기는커녕 비난을 받는다고 생각하고 수치심을 느끼며 방어적이 된다. 아이의 방어벽이 높아지면 부모의 말은커녕 짧게 전하는 핵심마저도 입력이 되지 않는다.

보편적으로 핵심 정보는 다섯 단어 이하로 제한해야 효과가 있다. 침착하면서도 따뜻한 톤을 유지해야 한다. 핵심만 전하고 나오는 것이다. 사회적 규범과 가치, 기대에 대해 계속 설명하며 아이의 방어체계를 불필요하게 높이지 않는 것이 좋다. 이런 이야기는 아이가 안정을 되찾은 후에 할 수 있다.

4) **친절하지만 단호한 태도를 취한다:** 바운더리가 필요하다는 것을 깨달았으니 이제 아이에게 이 바운더리를 어떻게 적용할지가 중요하다. 양육자가 '헐크'로 변신해 자신 있게 어떠한 선을 확고하게 지키는 동안에도 아이는 자신이 돌봄과 케어를 받고 있다는 기분

을 느껴야 한다. 아이에게는 "안 돼"라는 말과 함께 "네가 실망했다는 것은 잘 알아"(또는 "네가 슬프다는 것은/화가 났다는 것은/ 혼란스럽다는 것은 잘 알아")라는 식의 말을 덧붙여야 한다. 간단히 말해 양육자는 "안 돼/~잘 알아" 화법을 지켜야 한다.

"안 돼/~잘 알아" 화법을 고수하는 것은 쉽지 않다. '안 된다'는 말이 자주 나오기 시작하면 무엇이 왜 안 되는지 냉정하게 바운더리를 설명하는 방향으로 대화가 진행되기 시작한다. 부모가 이렇게 나오면 아이들은 마음을 닫고, 부모와의 관계가 단절되며 이후 조절 능력을 잃고 거친 행동을 보이는 현상이 뒤따른다. 반대로 '~잘 알아'라는 말에만 얽매이다 보면 바운더리가 흐려진다.

이때 아이들의 안전을 보장하는 장치가 사라지고 아이들이 반드시 경험해봐야 할 실망감을 마주할 기회를 잃는다. 결국에는 안전한 울타리 안에서 실망감을 수용으로 전환하는 경험마저 못하게 된다.

내가 만났던 부모 중 대부분의 경우, 한 명은 보통 '안 돼'라고 말하며 단호한 역할을 하고 다른 한 명은 '~잘 알아'라며 친절한 역할을 맡았다. 양쪽이 이런 식으로 역할을 나누는 경우가 일반적이다. 당신도 만약 이 경우에 속한다면 조금씩 변화해야 한다.

한쪽 방향으로 너무 치우치는 것 같다 싶으면 중간 지대로 돌아오기 위해 노력하는 것이다. 단호함과 친절함 사이에 균형을 잡는 것은 아주 어려운 일이지만 양육자로서 반드시 해야 하는 일이기도 하다. 아이를 대하는 어른이라면 단호함과 친절함을 모두 발휘하는 동시에 적절한 균형을 잡는 능력을 키워야 한다.

5) **설명하지 않는다:** 아이가 자제력을 잃거나 거친 행동을 보일 때는 두뇌에 이성적인 영역이 활성화되지 않은 상태이다. 두뇌 중심의 깊은 곳에서 조절 능력을 잃어 그에 따라 행동하는 것이다. 정서적으로 자극되어 자신의 뜻대로만 하고 싶은 아이는 그 순간만큼은 두뇌 속 이성을 주관하는 영역이 작동하지 않아 바운더리가 왜 중요한지 큰 그림을 고려할 수 없다. 아이는 탈출 경로만 찾으려 할 것이다. 어른의 설명이 바로 아이에게 퇴로를 제공하는 셈이 된다.

대부분의 사람들에게 익숙할 만한 한 가지 예시를 들겠다. 저녁 식사 직전에 아이가 쿠키를 달라고 하는 경우이다. '안 돼'라고 말하는 당신에게 아이가 '왜요?'라고 묻는다. "과자를 먹으면 밥맛이 떨어지니까." 과연 아이가 받아들일 수 있는 설명일까? 물론 아니다. 아이는 분명 이렇게 답할 것이다. "저녁밥 다 먹을게요!" 저녁 식사 전에는 간식을 먹지 않는다는 부모의 논리를 설명한다면 바운더리를 아이가 이해하는 데 시간만 걸릴 뿐이다.

따라서 바운더리가 수용되고, 아이가 정서적으로 안정되고, 아이와 연결의 시간을 가진 후에야 이유를 설명하는 것이 좋다. 따라서 그 순간에는 "왜요?"라는 질문에 "조금 후에 이야기해 줄게. 일단은 안 돼."라는 식으로 답하는 것이 현명하다.

6) **때를 살핀다:** 이번 장 초반에 아이에 대한 당신의 지식을 바탕으로 직감적 바운더리를 설정하는 것이 중요하다는 이야기를 했었다. 어떤 경우에는 아이에게 금기 사항을 전달하는 것보다 아이를 위로해주고 아이에게 '져주는' 접근법이 더 도움이 될 수도 있다. 좀 전에 나왔던, 저녁 전에 아이가 간식을 달라고 청하는 사례를 들어 설명해 보겠다.

쿠키를 달라는 아이를 보며 당신은 오늘 아이가 힘든 하루를 보냈고, 학교에서 집으로 오는 길에 실망스러운 일을 네 가지나 겪었다는 사실을 떠올렸다. 이런 날에는, 지금 이 순간에는 식사 전의 쿠키 하나가 대단한 에너지와 걱정을 쏟을 만한 대상이 아닌 듯 보인다. 오늘 하루 저녁 전에 쿠키 하나를 먹었다고 해서 끔찍한 불행의 서막이 오르는 것일까? 아니다! 반대로 식사 전에는 절대로 간식을 먹어서는 안 된다는 원칙을 단호하게 지키는 것이 어쩌면 지금껏 잘 참아온 아이의 한계를 건드리는 일이 되는 것은 아닐까?

유난히 힘들고 괴로웠던 오늘 하루만은, 지금 이 순간만큼은 아이에게 위안을 전해주기로 결심하고 이렇게 말하는 것이다. "안 그래도 오늘은 디저트부터 먹자고 이야기하려던 참인데!" 현명하게 그때를 파악해야 한다. 어떤 일이든 아이의 욕구에 따라 선택을 내리는 것이 중요하다.

7) **필요하다면 우아하게 상황을 모면한다**: 바운더리를 설정했지만 뒤늦게 후회하는 일도 생길 수 있다. 어쩌면 바운더리를 지키기에는 당신이 너무 피곤할 수도 있고, 아이의 상태가 바운더리를 내세워서는 안 되는 상황일 수도 있다.

이유가 무엇이든 '안 된다'는 기준을 지키기 어려워졌지만 양육자로서 당당한 해결사 헐크의 모습을 지키고 싶다면 어떻게 해야 할까? 화가 난 채로 "알겠어. 네가 좋을 대로 해!"라고 소리치거나 아이의 요청을 순순히 들어주듯 "그래, 네 말이 맞아."라고 한다면 상황에 대한 통제력을 상실한 사람으로 아이에게 비춰질 것이다. 방법은 우아하게 상황을 벗어나는 것이다.

한 가지 예를 들자면, 화요일 저녁마다 시청하게 해주는 프로그램을 한 편 더 보고 싶다고 아이가 조른다고 가정해보자. 루틴을 지키는 것이 가장 중요하다는 판단에 "안 돼."라고 아이에게 말한다. 하지만 아이가 힘든 하루를 보냈고 오늘따라 거칠고 과격한 반응을 보이고 있다. 당신도 피곤한 하루를 보낸 터라 아이에게 거친 반응이 나올 것만 같다. 또한 원칙을 지키는 동시에 아이에게 부모와의 연결감을 느끼게 해줄 만한 에너지가 바닥이 난 상태라 TV를 더 보면 안 된다고 말한 것이 후회되기 시작했다. 해당 DVD에는 몇 편의 에피소드가 담겨 있어 자동으로 굳이 정지 버튼을 누르지 않으면 다음 편이 재생된다는 것을 알고 있다.

지금 당신은 마음을 가다듬고 심호흡을 할 혼자만의 시간이 필요하다. 이런 상황이라면 침착한 목소리로 가다듬고 이렇게 말하는 것이다. "잠깐만. 정원에 스프링클러가 작동 중이라 지금 바로 꺼야 될 것 같아. 엄마가 그것만 해결하고 바로 올 테니 그때 다시 이야기하자." 당신이 자리를 비운 동안 DVD가 다음 편을 재생하도록 내버려 두는 것이다.

이런 식으로 상황을 모면하는 것이 '안 된다'는 부모의 거절을 아이가 수용할 기회를 앗아가는 것일까? 물론 그렇다. 하지만 당신과 아이 모두 쉽게 진정되기 어려울 정서적 동요를 경험하기 직전이었고, 아이가 프로그램을 한 편 더 보는 것보다 부모의 '거절'로 벌어질 부정적 영향이 훨씬 큰 상황이었다. 이런 순간에는 앞으로 원칙을 지키고, 바운더리를 준수하고, 아이가 실망과 수용을 경험하며 성숙할 수 있는 기회가 많다는 것을 상기하며 우선 상황을 피하고 마음을 차분히 정리하는 것이 좋다.

8) **관계가 가장 중요하다:** 보고, 느끼고, 존재한다는 접근법을 취해야 하고 직감을 바탕으로 아이의 행동에 반응해야 한다는 것도 알지만 도대체 이를 어떻게 행해야 할지 감이 잡히지 않을 때는 어떻게 될까? 이럴 때는 예전에 배웠던 훈육 테크닉을 다시 꺼내들기 쉽다. 아이에게 어떻게 반응해야 할지 도무지 떠오르지 않을 때는 한 가지만 기억하길 바란다. 관계가 가장 중요하다는 사실 말이다. 어떤 방식으로 응답하든 아이와의 연결을 지키는 데 초점을 맞추면 된다.

이렇게 생각해보자. 회사에서 바쁜 하루를 보내고 급히 집에 왔더니 저녁 식사 차리기, 숙제 봐주기, 청소하기, 빨래 정리하기 등 산더미 같은 일이 당신을 기다리고 있는 것을 보고 배우자에게 싸증을 부렸을 때, 배우자가 당신에게 어떻게 반응하길 바라는가? 당신의 행동이 얼마나 무례했는지를 듣고 싶은가? 자신은 벌써 얼마나 많은 일을 해치웠는지 배우자가 줄줄 늘어놓는 소리를 듣고 싶은가? 방으로 들어가 마음을 정리하고 나오라는 소리를 듣고 싶은가? 이런 말들은 당신의 감정을 안정시키는 대신 오히려 화와 짜증을 돋울 것이다.

하지만 만약 배우자가 당신을 이해한다는 제스처와 말을 전한다면 어떨까? "이런. 오늘 하루 힘들었겠다. 빨래 정리는 급한 게 아니고, 애들 숙제는 이미 마쳤어. 그러니 따뜻한 욕조에 몸을 좀 담

그러면 어떨까? 저녁은 내가 알아서 준비할게. 애들 재우고 오늘 있었던 일 이야기 하자. 걱정하지 마, 여보. 내가 있잖아. 다 괜찮아."

이런 말을 듣는다면 좀 전과는 상당히 다른 기분을 느끼게 될 것이다. 부부간의 관계를 돈독하게 해주는 반응이다.

짜증이나 분노가 아니라 당신이 겪고 있는 어려움을 조심스럽게 언급하며 도움과 보호를 제시하고 있다. 따라서 무엇을 어떻게 해야 할지 혼란스러운 나머지 어떤 말도 행동도 나오지 않을 때는 잠시 멈추어 심호흡을 한 뒤 당신이 좌절에 빠졌을 때 상대가 어떻게 반응해주었으면 좋겠는지를 떠올리길 바란다. 당신이 원하는 연결감과 연민을 아이에게 그대로 행하면 된다.

9) **마음이 진정된 뒤 이야기를 나눈다:** 아이가 조절 능력을 잃었을 때는 두뇌의 이성적인 부분이 작동하지 않기에 규칙이나 바운더리, 기대치, 사회적 규범에 대한 설명을 들을 준비가 되어 있지 않다. 두뇌가 완선히 안정을 찾아야 아이는 무언가를 배울 수 있다. 따라서 가르침의 시간은 아이의 행동이 진정되고 아이가 바운더리에 대해 이해할 수 있을 때까지, 양육자의 따뜻한 연결을 느끼며 조절 시스템이 안정화 될 때까지 기다려야 한다. 아이의 잘못된 행동이 발현되는 순간을 놓치면 가르침을 전할 기회를 잃을 거라는 걱정은 하지 않아도 된다.

몇 분이든, 한 시간 또는 하루, 어쩌면 일주일 후라도 아이가 당신과 안전하게 교감을 나눈 후에 적절한 타이밍을 찾는 것이 좋다. 아이와 진정으로 유대감을 느끼는 방법을 통해서 말이다. 아이가 하는 활동에 함께 참여하거나 할머니 집으로 가는 차 안에서 서로의 마음을 나누는 따뜻한 대화를 나누는 식이다. 그런 시간을 가진 뒤 일전에 있었던 일에 대해 다시 이야기를 나눈다.

지난번에 어떤 일이 있었는지 간단하게 요약한다. 이때 간단하게 말하는 것이 중요하다. 그런 뒤 아이에게 다음번에는 어떻게 행동하면 좋겠는지 설명한다. 앞으로는 이렇게 행동할 수 있겠는지 아이의 약속을 받고, 무엇을 하고 또 무엇을 하면 안 되는지 결론을 정리해주고, 왜 그렇게 해야 좋은 것인지도 덧붙인다. 인간의 마음은 확실한 결론이 필요하다. 감정이 동요했던 때를 상기시키면 아이는 당시 느꼈던 강렬한 감정을 다시금 느낀다.

아이의 두뇌에서 정서적 활동이 일어날 때면 결론이나 중요한 정보를 놓치기가 쉽다. 따라서 최종적인 결론과 안전에 대한 중요성, 당시 사건에 연루된 사람들 모두 괜찮다는 안심을 확실하게 전달해주어야 한다. 이런 식으로 말할 수 있다.

"그날 힘든 오후를 보냈지만 다친 사람은 없어. 스미스 선생님께서 도와주셨고 또 아빠도 상황을 어떻게 해결해야 하는지 잘 알고 있었으니까." 그리고 아이와의 연결에 초점을 맞추어 대화를 마무리하는 것이 좋다. "네가 무척 자랑스러워. 다들 괜찮으니까 걱정하지 마.", "너는 언제나 엄마의 예쁜 딸이야. 다들 괜찮아." 다 함께 있는 저녁 식사 시간에 배우자에게 이 일에 대해 또 언급해서는 안 된다. 아이가 듣고 있을 때 친구에게 어떤 일이 있었는지 말하는 것도 좋지 않다. 아이와의 대화를 끝으로 이제 그 일에 대해서는 넘어가야 아이가 그 사건이 정말 완전히 끝났다고 생각하고 나아갈 수 있다.

지금까지 소개한 아홉 가지 디딤돌을 아이에게 동시에 제공할 필요도, 이곳에 나열된 순서대로 제시할 필요도 없다. 다만 아홉 번째 디딤돌은 반드시 아이가 진정한 후에 행해야 한다. 아이가 격앙된 행동을 보이는 순간 하나의 디딤돌을 실천한 후 다른 디딤돌로 건너뛰는 동시에 다음에는 무엇을 실행해야 할지 널리 보는 안목을 발휘해야 한다.

이 아홉 가지 요소는 모두 보고, 느끼고, 존재한다는 원칙을 바탕으로 하고 있다. 아이의 욕구가 행동으로 발현되는 순간, 아이의 욕구 기압계를 지속적으로 체크한다. 한편으로는 아이와 그간 쌓아왔던 연결을 바탕으로 당당하고 자신감 넘치는 헐크의 모습을 유지한다면 아이에게 상처를 입히지 않고도 어려운 순간을 잘 헤쳐 나갈 수 있게 될 것이다.

위기의 순간 아이에게 상처를 입히지 않고 훈육하는 아홉 가지 디딤돌

디딤돌		설명
1.	연결을 바탕으로 반응한다	당신이 아이를 이해하고 또 올바르게 대하고자 노력하고 있음을 보여준다.
2.	침착해진다	애정 어린 따뜻한 분위기에서 침착함과 통제력으로 응대한다.
3.	핵심만 전한다	(다섯 단어로) 무엇을 어떻게 해야 하는지 빠르게 방향을 제시한다.
4.	친절하지만 단호한 태도를 취한다	원칙을 지키는 한편 아이를 향한 연민을 발휘한다.
5.	설명하지 않는다	당신의 입장을 아이에게 설명하지 않는다.
6.	때를 살핀다	아이의 욕구를 이해하고 직감적으로 바운더리를 설정한다.
7.	필요하다면 우아하게 상황을 모면한다	바운더리를 지키지 못할 때도 통제력을 잃지 않는다.
8.	관계가 가장 중요하다	아이와의 관계에 위협이 될 만한 일은 하지 않는다.
9.	마음이 진정된 뒤 이야기를 나눈다	대화는 시작부터 끝까지 완벽히 마무리를 짓는다. 아이를 비난하거나 수치심을 주는 말은 삼간다.

부모는
아이의 세계를 만든다

대다수의 사람들, 대부분의 자녀교육 블로그나 TV 프로그램에서는 훈육이라고 하면 아이가 마트 계산대에서 난리를 피우는 상황에 부모가 어떻게 해야 하는지에만 초점을 맞춘다. 여기서 소개한 아홉 가지 디딤돌은 아이의 행동을 자칫 오해하기 쉬운 순간들에 대처하는 방법을 제시한다. 내가 늘 경험한 것은 아이의 구체적인 욕구를 파악하고, 아이와 연결되고자 노력하고, 아이를 이해하고 있다는 것을 보여준다면 이런 문제들은 쉽게 해결된다는 점이다.

핵심 내용을 전달하고 초코바를 얻지 못해 느낄 실망감에 공감하는 데 3분, 아이의 마음을 진정시키는 데 15분, 좀 전에 있었던 일에 대해 간단히 요약해 대화를 나누는 데 15분이면 된다. 계산대에서 초코바를 사달라고 조르는 아이를 진정시키는 데 33분이 든다면 아이의 남은 하루를 채우는 1,407분은 어떻게 해야 할까? 아이에게 상처를 주지 않는 훈육은 아이가 실제로 도전적인 행동을 보일 때만 행하는 것일까? 아이와 아이의 욕구에 대해 직감적으로 대응한다는 것은 훈육의 개념을 아이의 삶에 더욱 넓게 적용해야 한다는 뜻일까?

우리는 아이가 매일 경험하며 자라날 세계를 만들고 가꾸어 주어야 하고, 어떤 세계를 만들어 줄 것인지가 훈육을 논할 때 고려되어야 한다. 성향을 막론하고 아이에게 가장 좋은 것은 관계성 내에서 존재하는 것이다. 아침에 눈을 뜰 때부터 잠이 들 때까지 아이가 경험하는 세계와 환경 속에 양육자가 함께해야 한다. 그 세계 안에서 양육자는 다양한 역할을 맡는다. 교통경찰이 될 때도 있고, 간호사나 시인, 아이의 소원을 이뤄주는 마법사가 되기도 한다.

이러한 관계를 통해 조절되고, 안정되며, 정서적으로 건강한 아이로 자랄 수 있다. 양육자와 아름다우면서도 확실하고 타협이 불가한 연결 속에서 살아가는 아이로 말이다. 따라서 훈육의 가장 중요한 부분은 아이에게 관계를 바탕으로 한 세계를 만들어주는 것이 되어야 한다.

지금껏 우리는 강렬한 행동을 보이는 순간에 아이를 위한 존재가 된다는 것이 무엇인지 배웠다. 다음 장에서는 그 외의 순간, 일상 속에서 아이를 위한 존재가 되는 법을 이야기하려고 한다. 다시 말해, 아이의 행동에 반응하는 방법에서 그 행동을 촉발하는 요인을 제거하는 방법을 배우는 것으로 넘어간다는 뜻이다. 아이를 위해 존재한다는 것은 아이에게 어떠한 세계를 만들어줄 것인지 늘 의식하고 아이의 시각에서 일상을 바라본다는 뜻이다.

우리는 아이가 관계란 울타리 안에서 희망, 관대함, 안전함 등 관계에서 파생되는 긍정적인 것들을 모두 경험하길 바란다. 그래서 아이들이 항상 이런 감정에 둘러싸여 정신적으로나 신체적으로 빨리 회복할 수 있기를 기대한다. 부모와의 연결을 바탕으로 한 세상이 형성되면 아이들은 건강하고 적응력이 높은 인간으로 성장할 수 있고, 양육자는 아이의 도전적인 행동의 원인을 만들지 않을 수 있다.

07

아이를 위해
환경을 바꾸다

문제를 해결하는
큰 그림

나도 대학시절을 보냈다. 공부를 열심히 했고, 학자금 대출도 받았다. 틈틈히 연구 보조 일을 했지만 여유가 없어 찾을 수 있는 가장 저렴한 방을 구해 살았다. 4학년 때는 낡은 주택의 추운 지하층에서 가장 친한 친구와 몸집이 큰 쥐 몇 마리와 함께 살았다. 거실 벽은 여기저기 구멍이 뚫려 마당이 보일 정도였고, 그 탓에 집안으로 찬바람이 쌩쌩 들어왔을 뿐 아니라 습했고, 확신하건대 내부에 곰팡이도 심했을 거다. 가능한 몸을 자주 움직이며 건강하게 지내려고 했지만 항상 시간이 부족했다. 새벽까지 공부하다가 책상에 엎드려 깜빡 잠이 들고는 알람 소리에 깨는 생활이 이어졌다. 돈도, 시간도, 마음의 여유도 없었다.

결국 스트레스를 견디지 못하고 끔찍한 폐 질환을 앓게 되었다. 캠퍼스 내 병원을 찾아 약을 처방받았지만 병이 완전히 낫지 않아 오랫동안 병원을 다녀야 했다. 수천 킬로미터 떨어진 곳에 있던 부모님이 크게 걱정하기 시작했고, 나 역시도 내가 과연 나을 수나 있을지 불안해졌다.

나는 증상만을 치료하려 했을 뿐 병이 생긴 원인을 해결하려 들지 않았다. 물론 감염을 치료해야 하는 건 맞았지만, 진짜 문제는 질환이 아니라 질환을 유발한 환경이었다. 나는 증상이나 고통이 찾아올 때면 그에 맞춰 적절한 반응과 대처를 했을 뿐 나를 둘러싼 환경과 내가 삶을 살아가는 태도는 조금도 달라지지 않았다.

당신이 자꾸 반응하게 되는 아이의 행동이 있다면 아이의 세계에 미처 당신이 알아채지 못했던 어떠한 문제가 숨어 있는 것은 아닌지 생각해보길 바란다. 행동 문제에 그저 대응만 하는 것은 폐 질환 증상을 원인은 그대로 둔 채 약으로만 다스리려는 것과 같다. 그 순간은 어떻게 해결되겠지만 앞으로 또 다른 유형의 도전적 순간을 맞닥뜨리게 될 것이다. 좀 더 너른 맥락 안에 숨은 본질적인 문제에는 접근하지 못하고 있기 때문이다.

내가 병을 이겨내려면 단순히 증상만 치료해서는 안 되었다. 환경, 루틴, 습관 등 내 삶을 구성하는 세계를 바꿔야 했다. 아이들도 마찬가지이다. 행동 문제를 제대로 바로 잡으려면 도전적인 순간들에 대처하는 법을 배우는 것뿐 아니라 아이의 본성을 파악하고, 아이의 두뇌가 발달하고 영적, 정서적 자아가 성장하는 방식을 이해해야 한다.

바람을 타고 흩날리는
작은 씨앗

아이의 행동은 결국 욕구에서 비롯된 것이다. 오랫동안 아동 및 학부모 심리 상담을 하며 단 한 번도 나쁜 행동 하는 것을 즐기는 아이를 만나본 적이 없다. 오히려 충족되지 못한 욕구를 간절하고 절박하게 소통하려 몸부림치는 아이만 있었다. 아이가 폭발하고, 떼를 쓰고, 무례하고 굴고, 때리고, 소리치고, 발로 차는 순간에만 대응하기 급급한 양육자들은 이런 행동을 할 수밖에 없는 아이의 상황을 간과하는 것은 물론 본인의 반응이 문제를 지속시킨다는 것 또한 모른다. 완벽한 부모가 아니라, 그 정도면 괜찮은 수준이면 된다. 그 수준은 아이의 세계에 우리가 어떠한 영향을 미칠지 그 낙수효과를 고려하는 것이다.

건강하지 않은 환경과 라이프 스타일로는 폐 질환을 이겨낼 수 없다. 아이들도 스트레스를 받으면, 일상의 환경이 너무 무겁고 부담스러우면, 휴식과 회복의 기회가 없다면, 본인의 신체적, 정신적 안전을 끊임없이 걱정해야 한다면 거친 행동은 지속될 뿐 아니라 심화될 것이다. 이런 행동은 마음에 들지 않는 무언가가 있음을 표현하는 아이의 창구인 셈이다. 간단히 말해, 욕구가 지속되면 행동도 지속된다. 그렇게 되면 양육자는 아이의 도전적 행동에 대응하기에 급급해지고, 그런 순간들은 약간의 유예도 없이 자주 찾아온다.

따라서 아이가 강렬한 욕구를 표현하는 순간에 아이에게 상처를 입히지 않고 필요한 도움을 주는 적절한 행동으로 반응하는 것이 필수적이다. 가능하다면 이런 문제의 순간들이 아이의 삶을 가득 채우지 않도록 좀 더 넓은 맥락의 환경을 살펴야 한다. 문제의 순간에 반응하는 태도도 중요하지만 성장하는데 가장 이상적인 환경을 제공하기 위해 아이의 세계를 형성하고, 만들고, 양성하고, 조정해 나가는 법을 배우는 것도 중요하다. 보고, 듣고, 존재한다는 원칙을 바탕으로 아이의 고유한 기질과 욕구를 충족하는 세계를 만드는 것으로 가능하다.

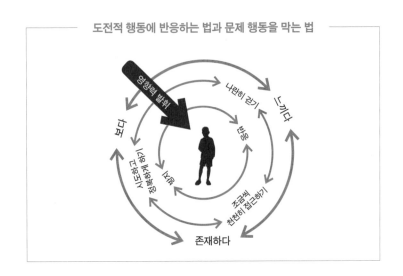

· 의식적으로 방지하다: 아이의 욕구 ·

아이가 최적으로 발달할 수 있는 세계를 디자인할 때는 1부에서 배웠던 두뇌 발달에 관한 내용을 기억해야 한다. 아이가 자신이 처한 세계에서 안전과 안정을 느끼기 시작하고 이와 동시에 잠재의식적으로 양육자가 이런 환경을 제공하기 위해 늘 노력한다는 것을 이해하면 아이의 두뇌에 커다란 변화가 찾아온다. 조절 시스템이 안정화되는 것이다.

이때 아이들은 자연스럽게 차분해지고 어떠한 상황이 촉발되어도 좀 더 침착하게 반응한다. 이렇게 되면 느리지만 분명하게 전체적인 상황이 한결 안정되기 시작한다. 그렇다면 앞으로 도전적 행동을 목격할 일이 없다는 뜻일까? 물론 아니다. 다만 아이의 발달 과학을 이해하고 활용한다면 성장하기 가장 좋은 환경을 제공할 수 있다는 뜻이다.

문제는 아이들은 자신이 성장할 수 있는 가장 이상적인 세계를 만드는 데 아무런 권한과 통제를 발휘하지 못한다는 점이다. 아이들은 성장과 발달에 유리한 비옥한 땅에 내려앉길 희망하며 바람을 타고 흩날리는 작은 씨앗과도 같다. 하지만 자신이 어디에 정착을 하게 될지, 더 나아가 어떠한 조건의 환경에 놓이게 될지는 이들에게는 불가항력이다.

아이들이 유리한 환경에 정착하도록 하는 것은 온전히 양육자의 몫이다. 아이들이 불리한 조건의 영향을 덜 받도록 보호하고 이런 조건들이 최대한 개선되도록 노력하는 것 말이다. 아이들은 그저 바람을 타고 날리는 씨앗일 뿐이다. 아이의 발달은 전적으로 양육자의 손에 달려 있다.

우리는 아이의 건강과 행복을 아이가 내보이는 특정 행동이 아니라 아이를 둘러싼 세계를 보고 판단한다. 특정한 발달 단계, 나이, 기질, 욕구 수준에 이르면 아이들의 행동은 나아지겠지만 이 또한 아이들을 둘러싼 세계가 그 변화에 발맞춰 조정

될 때만 가능한 일이다. 이 사실을 알면 큰 해방감이 느껴질 것이다.

아이의 필요에 맞춰 돌봄을 제공하는 것도 맞지만 사실 우리는 아이의 의미있는 삶을 책임지는 아름다운 역할을 수행하고 있다. 아이가 어떤 사람인지, 어떤 성향이고, 무엇이 필요한지 직감적으로 이해하고, 아이의 시각으로 바라보며 아이들의 세계를 조절하고, 형성하고, 변화시킬 때 우리가 바라는 이상적인 어른으로 성장시킬 수 있다. 우리가 통제권을 쥐고 나아가기만 하면 가능한 일이다.

· 의식적으로 예방하다: 양육자의 마음 ·

아이의 세계를 바꿀 힘이 우리에게 있다는 것은 대단히 가슴 벅찬 일이고, 한 번씩 아이에게 더욱 멋진 세계를 만들어 줄 수 있다는 것을 경험하기도 하지만 무언가 잘못되어 갈 때는 우리의 잘못처럼 느껴지기도 한다. 이런 생각이 들기 시작하면 감당하기 어려운 죄책감에 시달리는 양육자들이 많다.

내가 아이에게 무언가를 잘못한 걸까? 어떻게 이런 상황이 벌어지도록 그냥 지켜만 보고 있었을까? 이런 생각이 위험한

지점은 바로 아이들과의 상호작용에 서서히 파고든다는 점이다. 불안과 걱정이 찾아오면 아이들에게 지나치게 허용적인 환경을 조성하거나 양육자로서의 든든한 모습을 잃는 현상으로 나타날 수 있다. 사실 양육자가 아이들에게 이상적이지 못한 환경을 의도적으로 지속시키는 경우는 거의 없다.

다만 현대의 많은 양육자들이 너무 압도되어 있을 뿐이다. 자신의 바쁜 삶과 자녀교육을 두고 서로 상충되는 수많은 정보 사이에서 말이다. 보통 아이들이 불만을 느끼는 이유는 자신에게 필요한 상호적 연결을 경험하지 못하거나 양육자가 상당한 주의와 관심을 기울여야 하는 대단한 욕구가 있기 때문이다.

아이를 키우다 보면 당연히 죄책감을 느낄 수밖에 없다. 하지만 그 죄책감에 짓눌리기보다는 우리에게 허용된 정보를 바탕으로 할 수 있는 최선을 다하고 있다고 믿어야 한다. 우리 자신에게 관대함을 발휘하고, 드러났거나 드러나지 않은 아이의 욕구에 대한 해답을 우리가 갖고 있다고 믿을 때 비로소 현명한 길을 찾아 나갈 수 있다.

아이의 욕구를 깊이 이해하기 위해 노력하고, 아동 발달의 과학을 통해 이해를 구하려고 노력하며, 아이와의 관계를 더욱 군건하게 할 방법을 찾기 위해 끊임없이 노력하길 바란다. 어느 정도의 죄책감을 느낀다고 해서 나쁜 것은 아니다. 약간의 죄책감을 벗을 수 없다면 이를 동력으로 당신이 할 수 있는 최고의 양육자가 되기 위해 노력하고, 당신의 노력을 통해 아이도 가능한 최고의 모습으로 성장할 수 있도록 하면 된다.

아이에게 필요한
세계를 만들어라

아이에게 가장 좋은 세계를 가꾸어 나간다는 책임감이 무겁게 느껴질 수 있다. 특히나 여러모로 상황이 힘들고 어떠한 기반이나 동력을 얻기 어려울 때는 더욱 그렇다. 도전적인 행동을 보이는 아이에게 의식적으로 반응해야 할 순간이 많을 것이다. 디딤돌 하나에서 다른 하나로 발을 내디디며 높은 수준의 욕구를 표출하는 아이를 상대로 조절의 댄스를 자신 있게 이끌어야 하는 순간 말이다. 영원히 댄스가 끝나지 않을 것처럼 암담하게 느껴질 때도 있을 것이다.

그렇다면 평소에는 의식적으로 아이의 행동을 사전에 방지하는 장기적 팀워크를 행해야 할 때는 무엇을 어떻게 해야 할까? 아이가 자신의 세계에서 무엇을 바꾸고 싶어 하는 걸까? 변화된 세계는 어떤 모습일까? 보고, 느끼고, 존재한다는 원칙만 있을 뿐, 이 질문에 딱 떨어지는 답변을 주기 어렵다. 아이만의 기질, 성격, 정서적 강도, 욕구에 따라 아이가 원하는 세계 또한 달라지기 때문이다. 정확한 길을 한눈에 보여주는 지도는 없지만 다행히도 길을 찾아가는 데 도움이 되는 몇 가지 팁은 있다.

아이에게 이상적인 세계를 만들고자 할 때 반드시 고려해야 할 네 가지 원칙이 있다. 아이의 성향에 맞춰 매 순간 네 가지 원칙을 달리 적용해야겠지만 그 안의 핵심 내용은 어느 아이에게나 공통적으로 대입할 수 있다. 앞으로 소개될 원칙들이 어딘가 익숙하게 느껴진다면 그건 당신이 보고, 느끼고, 존재한다는 개념을 잘 이해하고 있다는 증거이다.

이제부터 네 가지 원칙을 당신에게 실제적으로 도움이 될 수 있도록 구체적으로 설명할 예정이다. 그 원칙이란 연결을 강화하고, 큰 사람이 되어야 하며, 포근한 안전틀을 만들고, 연결을 바탕으로 이완하는 것이다.

· 원칙 1: 어떤 순간에도 연결을 강화한다 ·

관계 형성은 두뇌의 중심부를 성장시키고 아이의 조절 시스템을 관장한다. 탄탄한 관계를 바탕으로 두뇌가 안정되고, 안정된 두뇌를 통해 침착한 아이가 탄생한다. 이때 신경학적 및 정서적 연결이 생겨나고 완전히 자리를 잡게 된다. 일상에서 아이와의 관계를 강화할 방법을 찾는 것이 핵심이다. 아래의 몇 가지 방법을 통해 가능하다.

·**아이에게 공감해야 아이도 당신에게 호의적으로 응답한다**: 어떤 일에 굉장히 몰두해 있는데 갑자기 누군가 끼어들어 다른 일을 하라고 종용했던 경험이 있는가? 아니면 당신이 정말 싫어하는 상사가 어떤 일을 지시할 때마다 속으로 '싫은데!'라고 반응했던 적은? 관계가 형성되지 않은 사람이 무언가를 요구하면 당연히 비협조적인 반응이 나온다. 첫 번째 질문의 사례는 관계가 있다고 해도 순간적인 단절이 찾아와 상대가 시키는 일에 방어적으로 대응하게 된다. 두 번째의 경우 상기석인 관세성 단질로 인해 싱대를 기쁘게 하거나 상대에게 협조하고 싶지 않다는 마음이 든다.

몇 년 전 어느 토요일, 나 또한 순간적인 단절을 경험한 적 있다. 당시 나는 나만의 프로젝트에 빠져 행복한 오후를 보내고 있었다. 하루 날을 잡고 찬장을 정리하거나 DIY로 필요한 걸 만들거나 이런 저런 소소한 집안일을 하며 시간을 보내는 것을 무척이나 좋아하는 편이다. 평소에는 남편도 나도 바쁘기 때문에 이런 하루가 굉장히 사치스럽고 여유로운 시간처럼 느껴진다.

그날도 거실에 달 커튼을 만들 생각에 기쁜 마음으로 몇 미터나 되는 천을 재봉질하고 있었다. 길고 긴 커튼 천에 휩싸여 한창 집중하는 중에 차고에서 자기만의 프로젝트를 하던 남편이 갑자기 고개를 쏙 빼고 나를 부르며 도움을 요청했다. 나는 속마음을 숨기고 침착하고 밝은 목소리로 '그럼, 바로 갈게!'라고 대답하려 했다.

하지만 실제로는 "당신 일은 당신이 알아서 해. 나도 내 거 하느라 정신없다고. 방해 좀 하지 마!"라고 소리쳐 버렸다. 그 순간 이성을 잃고 반응하지 말았어야 했지만 남편도 내게서 긍정적인 반응이 나올 수 있도록 달리 물어야 했다.

차고에서 내 이름을 소리쳐 부르는 대신 내가 작업하던 공간으로 다가와 내가 얼마나 큰 혼돈에 휩싸여 있는지를 보고 이렇게 말했어야 했다. "와, 일이 엄청 많네. 정말 예쁘다. 자기한테 이런 재주가 있다니 놀라워. 얼른 완성된 커튼을 보고 싶다."

관계성을 중요시하는 내 잠재의식은 내게 공감을 보인 그에게 마찬가지로 응답했을 것이다. 그에게 공감할 준비가 되었던 나를 향해 그가 이렇게 말했다면 좋았을 것이다. "5분만 시간 내줄 수 있을까? 차고에서 당신 도움이 필요한 일이 있어."

내가 하던 일을 중단하는 데 아쉬움을 느끼기야 하겠지만 그럼에도 그를 도와주어야겠다는 마음이 일 것이다. 무슨 일 때문에 나를 불렀건, 기쁜 마음으로 그를 따라 차고로 갔을 것이다.

우리가 이런 방식에 더욱 호응하는 이유는 관계를 중시하는 두뇌는 외부 사람의 접근과 영향에 저항하도록 설계되었기 때문이다. 진화적 관점에서 보면 당연한 결과이다. 내가 모르는 사람들, 내게 선의를 갖고 있지 않을지도 모르는 사람들에게 쉽게 영향을 받는다는 것은 위험할 수 있기 때문이다.

내게 선의를 갖고 안전한 곳으로 이끌어줄 사람들은 우리와 연결된 이들이다. 관계를 중시하는 두뇌에 자연스럽게 형성된 방어 시스템이다. 때문에 어떠한 상대와 지속적인 단절을 경험하는 것이 아니라 아주 잠깐의 단절이 발생했을 때에도 상대가 우리에게 전파하는 영향력을 감지하고 민감하게 반응하게 된다.

따라서 자녀가 당신에게 공감하길 바란다면 우선 아이와 공감의 순간을 형성해야 한다. 아이가 입고 있는 옷처럼 별 것 아닌 이야기부터 해야 한다. 아이가 만들고 있는 레고가 얼마나 멋진지 칭찬하는 것도 좋다. 게임을 하는 아이가 더 높은 레벨로 올라간 것을 인정해주는 말도 좋다.

관계를 중시하는 아이의 두뇌에 '엄마가 날 보고 있어'라는 메시지를 전달해야 한다. 아이와 관련된 무언가를 알아채고 이해하는 모습을 보여야 비로소 아이의 두뇌는 당신에게 호의적으로 응답할 준비가 된다. 아이가 당신의 지시나 요청에 집중할 확률이 크게 높아지는 것이다.

아이가 만약 당신 또는 다른 양육자에게 지속적인 단절을 경험한다면? 자신의 편이 아닌 것 같다고 느끼면, 자신을 진심으로 이해하지 못하고, 자신을 진정으로 위한다고 느끼지 못하면 아이는 관계적으로 연결되지 못한 상대의 리더십에 본능적으로 저항한다. 이런 경우라면 어떠한 순간에만 공감을 보이며 지시를 내리는 것으로는 아이의 호의적인 응답을 끌어낼 수 없다. 따라서 그 순간에만 연결되기 위해 공감하는 모습을 보이기보다는 전반적으로 아이와 전반적으로 유대감을 쌓을 방법을 고민해야 한다.

아이를 위해 존재하고, 아이를 정말 이해하고 있다는 사실을 어떻게 전달할 수 있을지 깊이 생각해봐야 한다. 뻔한 말을 아이에게 하라는 뜻이 아니다. 다만 당신이 '진심으로 아이를 이해하고' 있다는 느낌이 전달되도록 아이 곁에 존재한다는 데 가깝다.

　관계를 회복하거나 형성하기 위해서는 당신과 아이와 함께하는 어떠한 활동에 대해 눈에 보이는 것과 보이지 않는 것, 두 가지를 언급하는 것이 좋다. 이런 식이다. "피곤해 보이네. 자, 물 한 모금 해. 이따 오후 일정이 어떻게 되는지 한번 보자.", "오믈렛 위에 케

첩으로 웃는 얼굴 그렸어. 우리 맨날 이렇게 해서 먹잖아." 아이에게 부모와의 연결을 상기시킬 수 있는 무언가에 대해 매일, 몇 주 또는 몇 달 동안 끊임없이 말해주어야 한다. 엄마가 이런 것도 해주었다고 자랑을 하거나 프레젠테이션을 하듯 전달해선 안 되고, 확실하고 침착하며 자신감 있게 말해야 한다.

· **절대적인 사랑을 보여준다**: 아름다운 동화책 ≪어떤 경우에도(가제)≫ No Matter What 속에서 엄마 여우 라지Large는 아기 여우 스몰Small에게 어떤 상황에도 예외 없이 사랑한다는 메시지를 전한다. 우울하고 짜증스러운 하루를 보낸 스몰은 온갖 투정을 부린다. 스몰이 이상한 투정을 부릴 때마다 라지는 단호하고도 애정 넘치게 대꾸한다. "언제나 널 사랑할 거란다. 어떤 경우에도 말이야." 라지는 둘 사이의 관계를 무엇도 방해할 수 없다는 확실한 믿음을 전해준다.

아이는(사실 나이를 막론하고 인간은) 자신에게 가장 중요한 사람과의 관계가 절대로 사라지지 않을 거라는 점을 확인받고자 하는 욕구가 있다.

아이는 학교나 어린이집에 갈 때 양육자와의 헤어짐을 경험한다. 잠을 잘 때도 마찬가지이다. 양육자와 갈등이 있을 때도 아이는 단절을 마주한다. 정서적이든 신체적이든 부모와 아이 간의 단절은 관계를 중시하는 두뇌에 불안을 야기한다.

신체적 단절은 사랑하는 엄마 아빠를 마음에 담아두는 법을 모르는 어린아이들에게 큰 타격을 입힌다. 물리적 단절은 나이를 막론하고 불안도가 높은 환경에 처한 아이들에게 큰 괴로움을 선사한다. 갈등 때문이든, '정서적 부재'로 인한 것이든 정서적 단절은 나이나 환경에 관계없이 모든 아이들에게 영향을 미친다. 생각해보면 아이들은 하루에도 몇 번씩 부모와 정서적, 신체적 단절을 경험한다. 그럼 어떻게 해야 할까? 어떤 경우에도 연결되어 있다는 안정을 전해주기 위해 무엇을 해야 할까?

부모와의 단절에 겉으로는 그리 흔들리지 않아 보이는 아이들도 사실은 영향을 받고 있을 수 있다. 신체적 단절의 파장과 불안을 낮추는 가장 좋은 방법은 단절이 아니라 지속적인 연결에 초점을 맞추는 것이다. '굿바이goodbye'를 '헬로hello'로 전환할 방법을 찾아야 한다. 다시 만나 연결될 순간에 초점을 맞추는 것이다. 아이를 등교시킬 때 굿바이라거나 엄마 없이 혼자 지낼 아이가 어떻게 행동해야 하는지 늘어놓을 것이 아니라 이렇게 말해야 한다. "멋진 하루 보내길 바라. 이따 오후에 다시 만나자. 학교 끝나고 쿠폰으로 아이스크림 먹으러 가자." 아이의 마음에 다시 부모와 연결될 것이라는 사실을 새겨주는 것이다.

단절을 연결로 전환할 방법은 셀 수 없이 많으니 재치와 기지를 발휘해 아이와 물리적으로 함께 있지 않아도 마음은 같이 있을 방법을 다양하게 실행해보길 바란다. 내가 아는 한 엄마는 저녁에 아이와 학교 놀이터로 가서 미끄럼틀 아래, 그네 옆, 정글짐 아래 등등 둘만 아는 비밀 공간에 사랑의 뽀뽀를 새겼다. 다음 날 놀이터로 간 아이는 전날 엄마의 사랑이 새겨진 장소를 돌며 엄마의 입맞춤을 하나씩 마음속에 저장했다.

한 엄마는 아침마다 딸을 위해 아이의 펜던트에 뽀뽀를 가득 심어놓는다. 어떤 가족은 어린 아들과 함께 찍은 가족사진을 코팅한 뒤 아빠 향수를 뿌린 줄을 걸어 목걸이처럼 만들었다. 아이는 상의 아래 그 목걸이를 하고 유치원에 갔다. 아이의 도시락 가방에 깜짝 편지를 남기는 것도 좋은 방법이다. 한 엄마는 고등학생 아들이 도시락에 넣어놓은 자신의 편지를 부끄러워한다는 것을 알았지만 그래도 아이에게 엄마와의 유대감을 확인하는 계기가 필요하다는 사실도 알고 있었다. 고민 끝에 엄마는 자신이 한 입 베어 문 샌드위치를 점심 도시락으로 싸주었다. 샌드위치를 먹는 아들은 엄마가 남긴 표식을 보며 엄마가 함께하고 있음을 느꼈다.

수면시간에 단절을 전환으로 바꾸기 위한 노력으로 아이를 재우며 그날 밤 아이와 함께 어떤 꿈을 꿀 것인지 이야기를 만들어 들려주는 부모도 있었다. 또 어떤 부모들은 아이들이 잠든 후에 자신이 아이 방에 들렀다는 징표로, 항상 연결되어 있고 함께하고 있다는 의미로 아이 방에 특별한 인형을 놓아두기도 한다. 또는 아이가 잠든 후 부모가 직접 손으로 적은 편지를 베개 밑에 넣어둔 후 아침이면 아이와 부모가 함께 읽어보는 방법도 있다.

내게서 심리 치료를 받는 어린 환자들이 경과가 좋아져 치료를 종료할 때면 나는 아이들에게 별 모양의 돌을 건네며 너는 반짝이는 별과 같으니 이 돌도 너와 함께 항상 빛날 거라는 이야기를 들려준다. 아이들이 나와 함께 했던 상담 시간을 떠올리고 싶을 때 그 돌을 손에 쥐고 눈을 감으면 별과 같이 빛나는 아이라고 했던 내 말이 귓가에 울릴 것이다.

부모 자녀 간의 갈등이나 부모의 부재로 인해 정서적으로 단절이 발생한 경우에는 정서적 관계성을 되살릴 방법을 찾아야 한다. 아이와 다툼을 한 후에는 조금 전에 멋지지 않은 일을 겪었지만 그래도 괜찮다는 메시지를 아이에게 전달한다. "우리 말다툼을 했잖아. 충분히 있을 수 있는 일이야. 우리 사이는 괜찮아. 어떤 일이 있어도 엄마는 항상 너를 사랑할 거야." 단절의 순간이 끝났음을 알린 후에는 아이와의 연결성을 제공할 만한 일에 대해 언급하는 것이 좋다. "저녁 먹고 바닷가 산책하기로 했던 거 기억나? 그때 말했던 것처럼 우리가 정말 달팽이를 만날 수 있을까?", "네가 방에서 만들던 작품 정말 멋질 것 같아. 언제 엄마한테 보여줄 수 있니?" 좀 전에 어떤 식으로든 단절을 경험했지만 그것과 상관없이 미래에 다시 아이와 연결과 유대감을 느낄 수 있는 일을 언급하며 함께 느낄 기쁨과 행복에 초점을 맞추는 것이 핵심이다.

아이에게 부모의 무조건적이고도 전적인 사랑을 알게 하는 것이 자녀와의 연결을 강화하는 방법이다. 연결이 강화되었을 때 두뇌가 최적으로 발달하고, 행동은 온순해진다. 따라서 신체적 단절이든 정서적 단절이든 함께하지 않을 때도 아이가 부모와 연결되어 있다는 느낌을 얻을 수 있는 다양한 방법을 활용해 아이의 안정적이고 균형 잡힌 발달을 도모할 수 있다.

· **관계가 가장 중요하다는 점을 명심한다**: 양육자로서 좌절하거나, 정신이 없거나, 피곤하거나, 자신감이 떨어졌을 때면 패배주의적인 사고방식에 사로잡혀 조바심이 드는 나머지 익숙한 훈육 테크닉을 쓰고 싶어지기 마련이다. 아이가 유난히 굼뜨게 구는 아침을 생각해보자. 점점 짜증이 쌓여 가고 아침 회의나 약속에 늦을까 봐 불안한 마음이 점차 커지다 보면 아이를 좀 더 몰아붙이려고 심한 말을 하게 된다. 그럴 때는 5초 만이라도 잠시 멈추고 마음을 진정시킬 방법을 찾아야 한다. 아이의 격렬한 행동에 응답하는 방법으로 앞서 제시된 아홉 가지 디딤돌 중 하나를 떠올려야 한다. 바로 관계가 가장 중요하다는 것 말이다.

관계를 중요시하는 태도는 비단 아이의 행동을 잠재울 때만 중요한 것이 아니다. 언제 어디서나, 어떤 순간에나 아이를 대할 때 명심해야 할 핵심 전략이다. 사실 이 원칙은 아이가 아니라 부모인 당신의 감정이 폭발할 때 더욱 간절히 의지하게 될 것이다. 감정이 끓어오를 때면 심호흡을 한 번 한 뒤 당신이 아이와 만들어 나가는 관계가 아이에게는 전부나 다름없다는 것을 떠올리길 바란다.

당신을 든든한 보호자라고 여기는 아이의 믿음을 조금이라도 다치게 할 만한 언행은 삼가야 한다. 입 밖으로 나올 말들이 당신을 향한 아이의 신뢰를 깨지게 만들 수 있다면 하지 말아야 한다. 하지만 어느 전문가가 아니라 당신이 직접 떠올린 말을 해도 될까 고민이라면, 그 말이 아이를 진심으로 이해하고 사랑하고 있으며 현재의 상황을 단호하지만 애정 어린 방식으로 해결할 사람이 당신이라는 의미를 담고 있다면 망설이지 말고 해야 한다!

보고, 느끼고, 존재한다는 접근법은 정해진 테크닉이 없다. 다만 아이가 가장 소중한 사람이고 아이를 사랑하는 당신의 마음이 가장 중요하다는 것을 아이에게 보여주면 된다. 그러니 어떠한 순간을 해결하는 정답을 찾으려 들 것이 아니라, 당신 스스로가 정답이 되어 아이와의 관계를 조금도 해치지 않는, 관계를 더욱 깊고 단단하게 만드는 방법을 택하면 된다.

아직도 혼란스럽다면 이렇게 생각해보길 바란다. 당신이 실수했거나, 회사에서 업무를 잘못 처리했거나, 약속을 잊었을 때를 떠올려보자. 자신이 무언가 잘못 했다는 것을 깨달았던 순간 주변 사람들이 어떻게 반응해주길 바랐는가? 당신이 얼마나 무책임한 사람인지 이야기해주길 바랐는가? 결코 그냥 넘어갈 수 없다는 듯 당신에게 벌을 내리길 바랐는가? 아닐 것이다. 이런 접근법은 결코 긍정적인 결실을 맺을 수 없다.

생각해보면 당신의 실수로 피해를 입은 사람들에게서 당신이 바란 것은 이해심이었을 것이다. 당신에게 악의가 없었음을 이해하고 어떻게 해야 문제를 바로 잡을 수 있는지 도움을 주고, 곁에서 당신을 돌봐주길 바랄 것이다. 결국 이 모든 것이 무엇을 의미하는 걸까? 관계가 장기적으로 가장 중요한 요소이다. 단단한 관계성이란 무엇인지 세부적인 사항이 아니라 그런 관계가 어떤 느낌을 주는지에 중점을 두고 그런 존재가 되어야 한다. 이것이야말로 관계를 가장 중요하게 여기는 태도이다.

· **아이를 채워준다**: 아이가 세상을 접근하는 방식은, 세상을 어떻게 느끼고 보는지 또 의식적으로 또는 무의식적으로 아이가 에너지를 어디에 어떻게 쏟는지는 관계에 따라 달라진다. 아이가 양육자의 이해를 받고 있는가? 수많은 대상과 연결된 세상에서 자라고 있는가? 연결과 관계가 아이에게 정서적 안정을 제공하는가? 발달상의 욕구가 충족되고 있는가? 부모와의 관계가 안정적으로 형성되고 있는가?

부모와의 관계가 잘 형성된 경우라면 아이는 부모에게서 어떻게든 유대감을 얻어 보려 애쓰지 않고 비로소 성장과 발달, 배움에만 집중할 수 있게 된다. 그렇지 못 할 경우 아이는 에너지를 부모와의 관계에만 쏟아붓느라 마음 편히 안정을 찾지 못하고 발달에 집중할 수도 없다.

당신이 누군가에게서 무언가를 갈구했던 때를 생각해보길 바란다. 친구와의 사이가 묘하게 달라진 것 같지만 친구는 아무 일도 없다고 넘기는 것이다. 하지만 당신 눈에 친구는 어딘가 냉담해보이고 말투나 몸짓을 보면 정말 아무 일도 없는 게 맞는지 의심스럽다. 친구의 반응을 보기 위해 지나가듯 얼마 남지 않은 당신의 생일 이야기를 꺼내기도 한다.

친구가 당신의 마음을 알아주길 바라며 이런저런 이야기를 언급하는 것이다. 어떤 주제에 대해서는 약간의 유대감과 연결이 되살아나는 기분이 들기도 하지만 친구의 반응에 실망감이 들 때도 있다. 면접은 어땠는지 묻지 않는 친구를 보며 마음을 다친다. 아픈 막내아이의 안부를 더는 묻지 않는 친구에게 서운함도 느낀다. 그러면서 더욱 매달리게 되는 것이다. 꽃도 보내고, 쿠키도 굽는다. '그냥' 전화를 걸어보기도 한다.

예전의 관계를 회복하기 위해 갖은 애를 쓴다. 뚜렷한 싸움이나 갈등은 없지만 묘하게 자꾸 어긋나는 기분이 들어 무언가 잘못된 것 같다는 확신이 커져간다. 문제는 당신이 이 관계에서 지나치게 소진된다는 것이다. 친구가 진심으로 당신을 생각하고 아낀다는 확신이 들 때까지 당신은 관계를 바로잡기 위해 쉼 없이 에너지를 쏟는다.

아이들도 마찬가지이다. 한 가지 차이라면 아이에게 양육자와의 관계는 대체할 수 있는 종류가 아니라 반드시 필요한 것이라는 점이다. 아이가 어떠한 결핍을 느껴 부모와의 관계를 바로잡기 위해 들이는 에너지는 앞의 상황과 비교가 되지 않을 정도이다. 아이는 쉼 없이 격렬한 행동을 하며 굉장한 에너지를 분출하고 부모는 아이의 행동에 어리둥절해진다.

이런 생각이 드는 것이다. 아이가 나와 좋은 관계를 형성하고 싶다면 도대체 왜 이렇게 불쾌하게 구는 것일까? 사실 아이는 불쾌하게 구는 게 아니다. 평정을 잃은 두뇌가 관계를 제자리로 되돌리기 위해 갖은 노력을 하고 있고, 이것이 거친 행동으로 발현되는 것이다. 아이는 물론 자신의 행동이 관계 중심적 메커니즘에 의한 것이라는 사실을 모른다.

아이의 관계 중심적 두뇌는 무탄수화물 다이어트에 비교해볼 수 있겠다. 탄수화물을 섭취하지 않고 몇 시간을 지낼 때는 뭐 그리 나쁘지 않다는 생각이 들 것이다. 하지만 첫날 저녁 식사 시간이 되면 감자, 빵, 피자, 베이글 등 탄수화물이 든 음식이 마구 생각나기 시작한다. 탄수화물을 갈구한다. 입안 가득 탄수화물을 잔뜩 넣고 우물거리는 상상을 하게 된다. 탄수화물을 향한 욕구에 사로잡혀 온 시간과 에너지를 쓴다. 결국에는 탄수화물 외에는 아무것도 생각하지 못하는 지경에 이른다. 왜일까? 충족이 되지 않기 때문이다.

아이들은 우리와의 관계와 제공되는 돌봄에서 가득 만족을 느껴야 한다. 아이가 사랑을 의심하거나 갈구하거나 더욱 필요하지 않을 정도로 부모가 애정을 듬뿍 주어야 한다. 넘쳐흐를 정도로 사랑이 차야 아이들은 마음이 편안해진다. 그래야 아이가 욕구를 충족시키는 데 매달리지 않고 다른 것들에 눈을 돌릴 여유를 얻는다.

우리는 아이를 온전히 이해하고 책임지고 있다는 느낌, 안심해도 된다는 안정감을 아이에게 전해줘야 하고, 아이가 우리와의 연결을 회복하는 데 에너지를 쓰는 대신 발달과 성장에만 몰두할 수 있도록 해야 한다고 말했던 것을 기억하는가? 이는 완벽한 충족을 통해서만 가능한 일이다. 아이가 마음 편히 성장하기 위해서는 아이를 가득 채워주어야 한다.

아침 기상 시간 15분 전에 알람을 맞추고 바쁜 하루가 시작되기 전에 아이와 몸을 비비며 애정을 나누는 여유를 갖는 것으로 아이의 마음을 채워줄 수 있다. 정신없는 스케줄에도 어떻게든 아이를 학교에 데려다주는 시간을 만드는 것으로도 가능하다. 아이가 무척 고민하는 문제에 양육자가 책임감을 발휘하는 모습을 보일 때 아이는 부모가 자신을 신경 쓰고 든든히 지켜준다는 느낌을 받는다. 아니면 자기 전 아이를 침대에 눕힌 뒤 은은한 수면등 아래서 10분 간 이런저런 이야기를 주고받는 것이다. 어떤 방식이든 부모와 영원히 연결되어 있다는 안정감을 아이에게 전해주고 아이를 가득 채워주어야 한다.

· **아이의 마음을 이해한다**: 최근 친구들과 음식점에서 저녁 식사를 했다. 친구 한 명이 점원에게 얼음물을 요청했다. 바로 준비하겠다는 점원의 말과 달리 5분 넘게 얼음물이 오지 않았다. 다시 점원을 불러 정중히 부탁하느라 몇 분간은 음식에 제대로 집중하지 못했다. 이처럼 양육자의 역할은 아이의 정서적, 신체적 욕구를 충족시키는 것이다. 아이가 마음껏 성장하는 데 필요한 만큼 양육자의 역할을 제대로 하지 못한다면 아이는 무의식적으로 자신의 욕구가 왜 충족되지 못하고 있는지, 상황을 어떻게 바로 잡아야 하는지에 집중하느라 다른 부분에 에너지를 쏟지 못한다.

점원이 우리의 요구에 좀 더 민첩하게 반응했다면 저녁 식사가 더욱 편안하고 즐겁게 흘러갔을 것이다. 아이들도 양육자가 자신의 욕구에 신속하게 대응하는 모습을 보면 삶이 한결 편안하고 즐겁다고 여길 것이다. 우리는 약속한 바만 잘 지키면 된다. 아들에게 물 한 잔을 가져다주겠다고 말했다면 그렇게 해야 한다. 점심 도시락으로 아이가 가장 좋아하는 샌드위치를 싸주겠다고 했다면 그렇게 하면 된다. 금요일 밤늦게까지 아이들과 영화를 보겠다고 약속했다면 영화를 끝까지 본다.

다만 그 과정에서 어떤 변수나 문제가 생겼다면 마땅히 책임져야 한다. 사정을 설명하고 상황을 바로 잡기 위해 노력해야지 그냥 덮어두어서는 안 된다. 아이가 부모님이 약속을 잘 지키는 사람인지 자꾸 의심하도록 만들어선 안 된다.

아이의 마음을 이해한다는 것은 약속한 사항을 잘 지키는 것을 넘어서 보호자로서 자신감 넘치고 강한 모습을 보이는 것을 의미한다. 자신에게 무엇이 필요한지 아이들은 말을 하지 못하거나 안 할 때도 있다. 행동이나 표정의 변화나 성적 저하, 수면 장애 등 여러 증상을 부모가 읽고 그 원인을 해결해주길 바라는 것일 수도 있다. 수영 코치가 별로라면 수영 수업을 그만두게 한다. 교사가 아이의 자존감을 무너뜨린다면 아이가 그 교사 밑에서 수업을 듣지 않도록 한다. 아이에게 결단력 있는 모습을 보여준다. 어떤 친구와 놀고 나니 아이가 2~3일간은 불안정한 모습을 보인다면 아이가 원한다 해도 그 친구와는 더는 놀지 않도록 한다. 민첩하게 대응해야 한다.

물론 상황을 잘 알고 있는 양육자로서 여러 사항을 고려해 깊이 고민하고 그에 맞는 결정을 내려야 한다. 중요한 것은 아이에게 어떠한 욕구가 있다는 것을 발견했다면, 그 욕구가 충족되길 아이가 바라고 있다면 그렇게 해야 한다는 것이다. 아이가 부모에게서 관심과 돌봄을 받고 있음을 느낄 수 있도록 아이의 마음을 읽고 대신 상황을 해결하고 정리하는 양육자가 되어야 한다. 말보다 행동이 중요하다. 관심과 애정을 바탕으로 행동을 보여주는 부모가 될 줄 알아야 한다.

· **관대함을 발휘한다**: 관계를 만드는 것은 타인의 건강과 행복에 특별한 관심을 기울인다는 것이다. 아이에게 특별한 관심을 쏟는 양육자의 모습을 보여주기에 관대함을 발휘하는 것보다 좋은 방법은 없다. 관대함을 발휘하는 것과 허용적인 모습을 보여주는 것은 다르다.

관대함은 아이를 버릇없이 두거나 응석을 다 받아주는 게 아니다. 자신이 맡은 일 이상의 역할을 기꺼이 하면서도 그에 따른 인정을 바라지 않는 태도를 의미한다. 아이들에게는 더없는 행복이다. 아이로서는 크게 안도의 한숨을 내쉬며 양육자의 따뜻하고도 안온한 관계 속에 기대는 것만큼 행복한 일은 없다. 자신이 무언가를 요구하거나 갈구하거나 찾아 헤매거나 쫓을 필요가 없으니까. 그저 모든 것이 잘 해결될 거라는 믿음만 가득하니까.

힘든 시간을 보내는 아이를 생각해보길 바란다. 무엇도 확실하지 않고, 삶은 복잡한 상황이다. 아이는 긴장한다. 학교생활이 녹록지 않을 수도 있고 얼마 전 남동생이 태어났을 수도 있다. 부모가 최근 이혼을 했거나 새로운 학교에 적응해야 하는 상황일 수도 있다. 전부 아이에게는 힘든 일이다. 앞으로 어떤 일이 펼쳐질지 예상할 수가 없다.

아이의 욕구가 충족되지 않은 상황이다. 어떤 길을 택해야 할지 또는 어떤 결과가 뒤따를지 알 수 없다. 그렇지만 아이는 한 번 해보기로 한다. 당신은 잠자리에 들기 전 아이에게 항상 책 두 챕터를 읽어준다. 오늘 잠자리에서 유난히 힘든 하루를 보낸 아이가 묻는다. "엄마, 오늘은 세 챕터를 읽으면 안 돼요?" 물론 정해진 약속대로 해야 할 때가 있다. 아이가 무척이나 피곤하거나 밤이 너무 늦었다면 정해진 대로 해야 할 것이다. 하지만 약간의 재량을 발휘해야 할 때는 어떻게 해야 할까?

유독 힘든 하루를 보낸 아이에게 잠을 15분 더 자는 것보다 잠들기 전 엄마와 애정을 나누는 15분을 갖는 게 더욱 중요할 때 말이다. 그런 밤에는 아이에게 이렇게 말하며 깜짝 놀래주는 것이다. "오늘은 세 챕터를 읽지 않을 거야. 그렇다고 평소처럼 두 챕터만 읽을 것도 아니야. 오늘 하루 힘들었잖니. 그런 날에는 네 챕터를 읽으면 마음이 좀 더 편안해질 수도 있어. 그러니 세 챕터가 아니라 네 챕터가 좋을 것 같아." 아이에게 웃으며 윙크를 해보인 뒤 보드라운 머리카락을 헝클어뜨리고는 침대 옆 탁자 위에 있는 책을 읽기 시작하는 것이다.

잠시 아이의 생각을 추측해보자. 아이가 "우리 엄마는 내가 하자는 대로 다 해줘."라고 생각할까? 아니면 "와! 엄마가 어떻게 내 마음을 알았지?"라고 생각할까? 아이와의 관계를 돈독하게 쌓기에 이보다 좋은 선물이 있을까? 아이의 마음속에 들어가 욕구를 읽어내고 따뜻한 손길로 그 욕구를 충족시켜주는 것 말이다.

· **함께 놀이를 한다**: 삶은 즐거움과 재미가 깃들어야 한다. 회사에서 팀빌딩 훈련을 해봤다면 동료들과 집라인을 타며 업무 성과와 창의성이 훨씬 커지는 경험을 해봤을 것이다. 즐겁고 재밌는 경험을 공유할 때 유대감과 소속감을 느낄 수 있다. 아이와의 관계를 쌓기 위해 하루 15분 만이라도 재미를 함께 누릴 방법을 찾아야 한다. 무엇이든 가능한 세계 말이다.

끊임없이 웃음이 터지고, 상상력과 철없는 행동만이 가득하며 금지와 규칙, 스케줄은 사라지는 세상이다. 행복을 느끼며 뇌로 도파민이 분비될 때 관계의 연결성 또한 강해진다. 전문지식 같은 것은 필요 없다. 그저 재미만 있으면 된다.

우리 집에서는 장마철이 끝나면 곧장 트램펄린을 꺼낸다. 나는 트램펄린을 정말 좋아한다. 아이들이 바깥에서 신나게 몸을 움직이는 시간을 보낼 수 있어서만이 아니다. 아주 바보 같고 한심한 행동을 마음껏 할 수 있기 때문이다. 아이들과 함께 트램펄린에 올라간 남편은 웃음이 나다 못해 '음소거 웃음'을 터뜨릴 때가 많다. 너무 웃겨서 눈물이 눈가에 고이는 그런 웃음 말이다. 그런 뒤 얼마 못 가 아이들이 끅끅거리며 숨차게 웃는 소리가 뒤따라 들린다. 트램펄린 위에서 서로 몸이 엉키고 함께 쓰러질 때 관계의 마법이 벌어진다. 그 전에 불편한 저녁 시간을 보냈다 해도 15분의 놀이면 모든 것이 달라진다.

해야 할 일이 있을 때도, 아이들의 도움이 필요한 일이 있을 때도 약간의 재미를 더할 수 있다. 아바ABBA의 신나는 음악과 함께 토요일 아침 밀린 집안일을 하는 것은 어떨까? 아니면 2층 침실로 올라갈 때 아이들은 토끼처럼 깡충거리거나 코끼리 흉내를 내며 쿵쿵 발소리를 내는 건? 또는 세탁한 양말을 잘 접어만 후 아이들 방 문가에서 양말 서랍장 안으로 슛을 넣는 게임은 어떤가? 바닥에 잔뜩 헝클어진 레고 조각들을 누가 빨리 정리하나 게임은? 그냥 할 때보다 시간이 더 걸릴 수도 있고, 좀 더 시끄럽고 번잡해질 수도 있다. 하지만 일상에서 반드시 해야 할 일들에 재미를 더한다면 웃음과 즐거움을 느낄 수 있고, 거부와 단절을 몰아낼 단단한 연결을 통해 가족 구성원 모두 행복해질 수 있다.

· 원칙 2: 큰 사람이 된다 ·

아이들은 부모가 책임자가 되길 원한다. 공포스럽고 권력에 굶주린 그런 책임자가 아니라 친절하고 직관적이며 연민을 발휘할 줄 아는 그런 리더 말이다. 아이들은 우리가 내면의 헐크를 깨워 무엇이든 해낼 능력이 있는, 믿을 수 있는 책임자가 되길 바란다. 하지만 우리는 주변을 이리저리 둘러보며 "이제는 어떻게 해야 하지?" 불안해할 때가 많다. 아이는 어려움에 처했을 때 부모가 자신에게 필요한 모든 것을 책임지고 제공할 능력이 없다고 느끼면 그 불안이 오랫동안 지속된다.

우리가 아이들에게 얼마나 큰 존재인지를 스스로 깨우쳐야 이 불안을 이겨낼 수 있다. 아이를 양육하는 과정에서 부모로서 책임자의 역량을 보여줄 수 있는 몇 가지 방법을 소개하고자 한다.

· **조용히 퇴장한다**: 앞서 등장한 아홉 가지 디딤돌 중 하나인 우아하게 상황을 모면한다는 개념은 널리 적용할 수 있다. 크게 티를 내지 않고 조용히 퇴장하는 방법을 찾는 것이 책임자의 위치를 지키는 데 중요한 요소 중 하나이다.

가끔씩 잘못된 타이밍에 아이에게 강경한 규칙을 내세우는 실수를 저지르기도 한다. 부모가 어떠한 사정으로 조바심이 난 탓에 실수를 저지를 때가 있다. 어떤 경우에는 뒤늦게 아이가 현재 힘든 상황이고 유연하게 대처할 여유가 없다는 것을 깨닫고는 아차 싶을 때도 있다. '이런, 타이밍이 안 좋았어. 내가 실수했네. 아이의 상태를 잘 몰랐네.' 이때 아이에게 '책임자로서의 존재감'을 잃지 않으면서 상황을 해결할 가장 좋은 방법은 무엇일까?

조용히 퇴장하는 것이 늘 정답은 아니고, 그런 모습을 너무 자주 보여주어서도 안 된다. 이런 경우가 잦다면 당신의 욕구와 아이의 욕구가 무엇인지 깊이 있게 성찰한 뒤 그 순간의 상황에서 또는 좀 더 본질적인 관점에서 각자 무엇을 해결해야 하는지 파악하는 것이 좋다. 하지만 가끔씩은 정해진 규칙을 지킬 수 없거나 고수하기 어려운 상황이라면 아이가 눈치채지 못하게 연관된 모든 것에서 벗어나게 하는 것이 좋다. 체면을 지키면서 책임자로서의 지위를 잃지 않을 수 있고, 무엇보다 아이와의 관계도 안전하게 지킬 수 있다.

조용히 퇴장하는 것을 우리 아버지는 연막탄을 피운다고 표현한다. 아이가 안전한 장소에 있다는 것을 확인한 뒤 말 그대로 아이의 시야에서 벗어나 상황이 알아서 정리되도록 기다리는 것이다. 한 예로, 최근에 나는 막내아들인 여덟 살 난 맥스웰을 학교에서 데려와 미팅 몇 건이 끝날 때까지 내 사무실에서 기다리게 했다. 옆 사무실에서 회의를 하러 모인 사람들이 아이의 존재를 눈치 채지 못하도록 조용히 시켜야 했다.

회의에 참석하러 사무실을 나서던 내 눈에 며칠 전 인턴이 고맙게도 내게 주고 간 초콜릿 바가 책상 위에 놓여 있는 것이 눈에 띄었다. 아이는 아직 초콜릿 바가 있다는 것을 모르는 눈치였지만 언젠가 보게 되면 먹고 싶어 할 게 뻔했다. 그 순간 저녁 식사 전에 간식을 먹어서는 안 된다는 생각이 스쳤다. 지치고 피곤한 아이에게 설탕과 카페인 범벅인 간식을 준다면 어떻게 될까? 하지만 떼를 쓰는 아이에게 '안 돼'라고 말했을 때 벌어질 상황에 대처할 여유가 내게는 없었고, 설탕과 카페인 범벅의 초콜릿이 아이에게 끼칠 영향보다 간식을 금하는 것이 끼칠 영향이 더욱 안 좋을 거란 판단이 들었다.

그래서 내가 어떻게 했을까? 아무것도 하지 않았다. 이렇게만 말했다. "금방 회의 다녀올게. 장난감 갖고 놀다가 도움이 필요하면 누구누구한테 부탁하면 돼. 엄마 금방 올 거야." 그러고는 우아하게 퇴장했다. 책상 위에 초콜릿 바를 둔 채로 말이다. 이렇게 책임자로서의 통제력과 신뢰를 지킬 수 있었다. 하지만 한 가지 조언을 더하자면, 가능한 민첩하고 능수능란하게 퇴장해야 상황을 모면할 때마저도 헐크로서의 큰 존재감과 책임자로서의 권위를 지킬 수 있다.

· **미끄러지는 방향으로 핸들을 돌린다**: 아이들이 양육자에게서 가장 위안을 얻는 때는 양육자가 모든 것을 알고 있는 듯한 모습을 보일 때이다. 특히나 모든 것이 통제 불능의 상태일 때 말이다. 심리학자 고든 뉴펠드 박사는 이를 두고 '미끄러지는 방향으로 핸들을 돌린다'고 표현했다. 한겨울 미끄러운 빙판 위를 무사히 운전해본 사람이라면 수긍할 것이다. 패닉에 빠져 핸들을 반대 방향으로 급히 트는 것보다 미끄러지는 방향으로 핸들을 돌릴 때 오히려 무난하게 상황을 헤쳐 나갈 수 있다.

어쩔 수 없는 일은 수용할 때 그 충격이 훨씬 덜하다. 마찬가지로 아이가 통제 불능의 상황에 놓였고 어떻게 해도 상황을 되돌릴 수 없다는 것을 깨달았다면 차라리 그 상황을 유연하게 받아들이며 책임자의 존재감을 유지하는 것이 낫다.

스케이트장에서 큰 아이가 피겨 스케이팅을 훈련하는 모습을 지켜본다고 생각해보자. 코치와 아이들이 수업에 집중해야 하는 공간인 만큼 정숙해야 한다. 다섯 살 난 막내가 매점에서 간식을 사달라고 했지만 당신은 안 된다고 한 상태이다. 아이가 다시 한번 간식 이야기를 했고 당신은 여전히 안 된다고 강경하게 말했다. 그러자 아이가 눈물을 보이며 엄마가 간식을 사줘야 하는 이유를 늘어놓기 시작한다.

당신이 안 된다고 계속 말하자 상황은 급속도로 악화되었다. 통제력을 완전히 상실한 아이는 점점 더 목소리를 높였고, 이제는 좌석을 발로 차기까지 했다. 앞에 앉아 있던 다른 가족들이 고개를 돌려 쳐다보기 시작하자 당장 아이를 조용히 시키고 상황을 정리해야 한다는 압박감이 찾아왔다. 아이가 좀 더 어렸다면, 다른 사람들이 다 지켜보는 관람석이 아니었다면 아이를 번쩍 안아 혼을 내주겠지만 그럴 수 없는 상황이다.

어떻게 해야 할지 모르는 사람은 당신만이 아니었다. 조절력을 상실한 아이도 어찌할 줄 모르고 날뛰었다. 사람들이 전부 자신을 그것도 마뜩잖은 눈빛으로 바라보고 있었고 당장이라도 아이를 조용히 시키고 싶었다. 아이와의 관계를 지키면서 상황을 조용히 정리할 방법은 없어 보인다. 이럴 땐 어떻게 해야 할까?

방법은 오히려 통제 불능의 상태로 핸들을 트는 것이다. 이런 일이 벌어질 줄 미리 예상한 듯, 책임지고 맞닥뜨릴 준비가 되었다는 듯이 현재의 상황을 수용하는 것이다. 관람석을 발로 차며 간식을 조르는 아이에게 이렇게 말한다. "화가 나는 게 당연해. 괜찮아. 네 마음이 괴로운 만큼 풀고 그 감정을 흘려보내면 돼. 엄마가 있잖아. 괜찮아. 같이 마음을 잘 진정시키면 돼. 할 수 있어."

불안함을 느끼는 상황에서 아이는 도리어 엄마의 말을 들으며 대단한 안도와 위안을 얻는다. 엄마에게 한바탕 혼이 나고 미움을 사는 것이 아니라, 엄마가 이미 예상하고 책임질 준비를 했다는 것을 알 때 아이가 느낄 안도감이 얼마나 클지 생각해보길 바란다.

미끄러지는 방향으로 핸들을 돌리는 접근법은 비단 아이의 문제 행동을 맞닥뜨린 순간에만 적용할 수 있는 것은 아니다. 살다 보면 우리 자신이 또는 아이가 통제할 수 없는 일들이 벌어진다. 피할 방법도, 상황을 달리 바꿀 방법도, 책임을 모면할 방법도 없다. 아무런 선택권이 없이 당신과 아이에게 쏟아지는 일을 온몸으로 맞아내야 할 때가 있다.

그럴 때는 피할 수 없는 일을 미리 예측했다는 듯, 어찌 되었든 잘 해결할 자신이 충분하다는 듯 행동해야 한다. "엄마 손을 잡으면 돼. 이 힘든 상황을 잘 이겨내도록 이끌어 줄게."라는 태도이다. 미끄러지는 방향으로 핸들을 트는 것은 헐크가 된 상태로 빙판길 위를 달리는 것과 비슷하다.

· **아이의 불편한 감정에도 괜찮아져야 한다**: 아이의 기분을 상하지 않게 하려고 수많은 부모들이 애쓰는 모습을 본 적이 있는가? 부모들이 이런 말을 하는 것을 자주 목격했을 것이다. "괜찮아, 괜찮아. 새 거 사면 돼. 장난감 망가진 거 속상할 일 아니야.", "쟤 신경 쓰지 마. 그냥 다른 애들 괴롭히는 못된 애야.", "축구 경기 질까 봐 너무 걱정하지 마. 다음에 이기면 되지."

부모들은 마음이 다치는 것이, 특히나 아이가 그런 경험을 하는 것이 너무도 걱정되는 나머지 아이의 불편한 감정을 최소화하거나 없애주기 위해 온갖 노력을 다한다. 물론 부모로서 아이의 욕구 수준을 낮춰주고 없애주어야 할 때도 있다. 그 순간 아이가 상황을 잘 이해하고 대처하는 것 같다면 불편한 감정을 경험할 기회는 아이에게 좋을 뿐 아니라 실제로 성장에 반드시 필요한 과정임을 인정해야 한다.

기쁨과 괜찮음 외에 분노나 슬픔 등 다른 감정을 느낄 기회가 없다면 아이의 두뇌와 마음은 부정적인 감정을 처리하는 법을 어떻게 배울 수 있을까? 신경 발달과 두뇌 성장의 기본 원칙인 '함께 점화하는 뉴런들은 연결되어 있다'는 사실을 다시 한번 떠올리길 바란다. 지금이 아니라도 언젠가는 아이는 살아가며 고난과 역경을 마주해야 할 것이고, 성인이 되었을 때 이를 잘 처리할 수 있도록 준비하는 것이 건강한 발달의 과정이다.

아이들은 따뜻한 보살핌을 주는 양육자가 함께하는 환경 내에서 불편한 감정을 조금씩 경험해볼 필요가 있다. 그 감정을 달래주는 부모와 있을 때 연결되어 점화하는 뉴런들이 두뇌 속 조절력을 강화시킨다. 두뇌가 진정하는 법을 배우는 훈련을 하는 셈이다. 아이의 슬픔이나 분노를 잠재워야 한다는 생각이 들 때마다 이 사실을 떠올리길 바란다. 공감과 연민을 발휘하는 부모가 함께하는 한, 불편한 감정은 두뇌 성장에 이롭게 작용한다.

· **자신감을 보여준다:** 몇 년 전, 한 학교의 강당에서 강연할 일이 있었다. 강연 장소에 조금 일찍 도착해 음향 등 무대를 확인하는 동안 사람들이 입장하기 시작했고, 나는 강당을 한 바퀴 돌며 강연 장소를 둘러봤다. 고개를 들고 주변을 면밀히 살피는 한편 친근한 눈빛으로 당당하게 걸었다. 대중을 상대로 한 강연을 앞두고 나는 늘 이렇게 마음을 준비한다. 청중들을 확인하고 이들의 에너지를 흡수하는 것이다.

그날도 강연 장소를 둘러보며 걷고 있는데 한 남성이 다가와 내게 준비가 잘 된 것처럼 보인다고 말했다. 강연을 한 번 해봤다는 그는 그때의 경험을 통해 무대에 오르기 전 이렇게 준비하는 시간을 갖는 것이 얼마나 중요한지 깨달았다고 전했다. 고개를 들고 청중을 바라보며 마음가짐을 다지는 시간 말이다.

실제로 무대에 올라 이야기를 시작할 때가 되자 나는 편안하고 여유로운 상태가 되어 있었다. 목소리에는 힘이 실렸고, 두 발이 단단히 내 몸을 지탱하고 있었으며, 연설 주제에 금방 몰입했고, 어조와 몸짓으로 내 존재감을 전달했으며, 내가 하고 싶은 말을 자신 있게 할 수 있었다.

점점 모여드는 관중들을 살피고 분위기를 읽어내는 대신 어깨를 떨구고 누구와도 눈을 맞추지 않은 채 땅만 바라보며 구석을 맴돈다고 생각해보길 바란다. 소개를 받고 나간 무대에 올라서는 참석자들에게 갈라진 목소리로 너무 긴장한 모습을 보여 죄송하다고 사과하는 모습 말이다. 청중들에게 오늘 저녁, 내가 여러분께 도움이 될 만한 이야기를 전해줄 수 있기를 '바란다'고 말하는 것이다. 청중들은 '이거 들으려고 황금 같은 금요일 저녁 시간을 포기한 거야?' 생각하며 속으로 또는 겉으로 한숨을 내쉴 게 뻔하다.

왜일까? 자신감 넘치는 모습을 전혀 보여주지 않았기 때문이다. 아이든, 누구든 상대에게 자신감 없는 모습을 보이는 것은 시작부터 당신 스스로도 뭘 하고 있는지 잘 모른다고 고백하는 것과 다름없다. 아이로서 마땅히 우리가 자신을 잘 이끌어줄 것이라고 전적으로 믿고 있는 상황에서는, 이렇게 위험부담이 큰 상황에서는 더욱 그렇다.

바디랭귀지, 목소리의 톤, 상대와 시선을 마주하는 방식 등 상대를 대할 때 보여주는 태도는 미묘하지만 확실하게 당신 내면의 상태를 전달한다. 침착하고, 자신감 넘치며, 주도적인 모습을 보여주고 있는가? 아니면 불안하고, 불확실하며, 따라가기에 급급한가?

아이에게는 비언어적 '언어'가 상당히 중요하게 작용한다. 당당한 지세로 시선을 맞추고 주도적인 태도로 분명하게 말하는 등의 자신감을 드러내는 비언어적 신호를 어떻게 보내야 하는지에 대해 조언을 전할 수는 있다. 하지만 그보다 중요한 점은 실제로 자신감을 갖추지 못한다면 그런 신호들을 잘 전달할 수 없다는 것이다. 강하고 당당한 양육자라는 인상을 주는 게 어렵다면 중요한 두 가지를 기억하길 바란다.

첫째로, 아이는 당신이 제 역할을 잘 해낼 수 있는 사람이라고 믿어도 좋을지 의심하고 있다. 둘째는 당신 스스로도 자신이 제 역할을 정말 잘 해낼 수 있는 사람일지 의심하고 있다는 것이다. 자기인식이 가장 중요하므로 아이를 위해 그 역할을 잘 해낼 수 있다는 것을 스스로 믿어야 한다. 당신은 아이에게 멋진 세상을 만들어 줄 놀라운 기회를 가진 것이다. 당신은 어쩌다 양육자가 된 것이 아니다. 자연의 섭리에 따라 당신이 충분히 감당할 수 있기 때문에 그 역할을 맡은 것이다. 양육자와 아이의 관계라는 계층적 위치에서 양육자는 당신이다. 이 위치가 지닌 힘을 적극 발휘하라. 불안함은 떨쳐 버리고 당당한 태도로 상황을 이끌어라.

· **가장 큰 사람이 된다**: 어렸을 때 부모님은 내게 항상 이런 말을 했다. "그 수준으로 내려가지 말고, 더욱 큰 사람이 되어야지!" 아이는 발달이라는 여정 속에서 여러 부침을 거치며 자신의 길을 찾아가는데, 이 과정에서 필연적으로 마음이 상하고 상처받는 일이 생긴다. 당신이 아이들에게 해서는 안 되는 말이나 행동을 할 수도 있다. 아이들이 해서는 안 되는 말이나 행동을 당신에게 할지도 모른다. 당신도, 아이들도 상처를 받는다. 이런 순간에서 친절함을 발휘할

기회가 찾아온다는 것을 명심하길 바란다. 연민을 발휘할 기회가 찾아온다. 용서할 기회가 찾아온다.

그래서 아이와의 관계가 힘들 때면 더욱 큰 사람이 되어야 한다. 벌어진 일에 책임을 질 줄 아는 사람이 되어야 한다. "오늘 오후에 좀 괴로웠지? 미안해. 아까 큰 소리도 내고 소리도 질렀지만 이제 진정되었어. 우리는 아무 문제 없어." 당신이 상황을 바로 잡아야 한다. "엄마가 잘못한 거야. 그래서는 안 됐는데. 이제 다 정리됐어. 괜찮아졌어." 사과하는 사람도 아이가 아니라 당신이어야 한다. "오늘 아침에 말다툼한 일 미안해. 그럴 일까지는 아니었는데. 사랑해."

양육자로서 자녀와의 관계를 보호한다는 궁극적임 책임을 지고 관계를 안전하게 유지하기 위해 노력해야 한다. 갈등을 누가 시작했고 또 누가 끝냈느냐 와는 무관하게 말이다. 더 큰 사람이 되어라. 모든 일에 초연해야 한다. 연민을 발휘하고 당신이 아이에게 선물로 전해주고 싶은 모든 좋은 것들을 발휘하라. 더 큰 사람이 될 때 아이들에게 연민과 친절함, 용서가 무엇인지 경험할 기회를 줄 수 있다. 아이들은 연민과 친절함, 용서를 반복적으로 경험하며 스스로 이런 자질을 발휘할 줄 아는 사람으로 성장할 수 있다.

· **앞서 희망을 전달한다**: 언쟁을 하며 점점 긴장 상태가 심화되는 상황

을 경험한 적이 있는가? 당신도 점차 과열되고 상대 또한 점점 더 동요하는 상황 말이다. 자칫하면 당신과 상대방 모두 끔찍한 언행을 하고 더는 되돌릴 수 없는 지경에 이를 것 같아 마음을 안정시켜야 한다고, 상황을 진정시키고 조심해야 한다는 생각이 들 것이다. 그럼에도 두 사람 모두 언쟁을 계속하고 점점 더 평정심을 잃어가며 넘어서는 안 될 선에 가까워진다. 그리고 결국 끔찍한 말이나 행동을 하고 마는 것이다. 당신의 입에서 해선 안 될 말이 튀어나오지만 멈추기에는 늦어버렸다.

이것으로 다 끝났다고 생각할지도 모른다. 한 발짝 물러나거나 마음을 가다듬어야 할 때라고 생각한다. 하지만 넘어서는 안 될 선을 넘어 본 사람이라면 앞으로 어떤 일이 펼쳐질지 잘 알 것이다. 당신을 통제하던 힘이 완전히 사라진다. 통제력이 무너져 내렸고, 그 결과 상황에 대처할 능력 또한 완전히 상실했다. 당신이 생각했던 선이, 당신이 해선 안 될 최악의 행동을 가리키던 표지판이 사라지고 새로운 선이 생겨난다. 당신 안의 양심은 당신이 큰 실수를 저지른 것을 깨닫고 모든 것을 망쳤다는 절망감에 사무친 나머지 어디 한 번 마음껏 해보라며 당신을 완전히 놓아 버린다. 그 결과는 끔찍하고 비참하고 처참하고 참혹한 난장판이다.

감정이 과열되어도 통제력과 평정심을 발휘할 수 있는 신경학적 구조가 아직 완성되지 않은 아이들의 미성숙한 두뇌는 분노와 좌절 앞에서 굉장히 혼란스러운 상태에 빠진다. 당신이 만약 아이가 넘어서는 안 되는 선을 넘지 않게 해줄 수 있다면, 그래서 선을 넘고 난 후 찾아오는 절망감을 느끼지 않게 해줄 수 있다면 어떻겠는가? 아이가 이 절망감을 겪지 않는다면 이후 통제력을 상실하는 일도 그리하여 더 멀리 새로운 한계선이 생겨나는 일도 없지 않을까? 이것이 바로, 앞서 희망을 전해주는 것이다.

아이의 감정이 크게 동요할 상황으로 치달을 것 같다면 먼저 사실을 있는 그대로 말해주는 것이다. "오늘 켄드라와 놀고 나서 엄마가 데리러 가면 엄마한테 켄드라 집에서 자고 가면 안 되냐고 묻고 싶을 거야. 엄마가 지금 말해두는데 대답은 '안 돼'야. 그러면 네가 마음이 무척 괴로울 거야. 엄마한테 화도 날 테고. 그런 마음이 들어도 괜찮아. 아빠가 네 마음 풀어주는 데는 최고잖아. 그러니 엄마가 '안 돼'라고 말한 것 때문에 화가 심하게 나도 괜찮아. 엄마는 잘 감당할 수 있어. 엄마랑 네 사이는 아무런 문제도 없을 거고, 네가 괴로운 마음을 잘 이겨내도록 엄마가 도와줄게." 이렇게 말함으로써 아이가 넘을 뻔한 선 자체를 없앴고, 엄마를 화나게 했을지도 모른다는 절망감에 자기조절력을 더욱 잃을 수 있는 위기에서 아이를 구할 것이다.

· 원칙 3: 포근한 안전틀을 만든다 ·

커다란 빈백에 몸을 파묻고 뒹굴거릴 때, 몸을 폭 감싸는 흔들리는 해먹 위에 누워 있을 때, 긴 하루를 마치고 거실 소파, 당신의 몸에 꼭 맞는 자리를 찾아 몸을 기댈 때 얼마나 안온하고 편안한 기분을 느끼는가. 따뜻함, 안전함, 편안함에 휩싸인 기분은 말 그대로 천국과 다름없다. 마음에 안정을 주는 틀은 정서적인 세계에서도 적용된다.

이번에는 당신의 삶이 큰 변화를 맞이했던 때를 떠올려 보길 바란다. 새로운 지역이나 나라로 이사를 했거나, 새로운 일을 시작했거나, 새로운 관계를 쌓을 때 말이다. 이 모든 것들이 긍정적인 변화라 해도 어떻게 행동해야 할지, 무엇을 예상해야 할지 또 주어진 상황에서 어떻게 처신해야 할지 혼란스러웠을 것이다. 편안한 분위기, 누구나 당신을 아는 관계를 얼마나 그리워했던가? 낯선 환경에서 무엇을 어떻게 해야 할지 적힌 안내 책자라도 있기를 얼마나 바랐는가?

아이들이 잘 성장하기 위해서는 아늑하고 자연스럽게 감싸 주는 환경만이 아니라 경계와 규칙, 기대치, 규범이 필요하다. 아이들에게 안전하고도 예측가능하며 통제된 일상 환경을 만들어 줄 수 있는 몇 가지 방법을 지금부터 소개하겠다.

· 표출할 기회를 준다: 어떤 일이 쌓이고 쌓이면 지긋지긋해지는 순간이 찾아오고, 어떤 일이든 안에 품고 있는 것보다 내뱉는 것이 낫다고들 한다. 힘든 시기를 보내는 아이들은 좌절감과 공격성을 내보이고 거친 언행을 하고, 떼를 쓰거나 말썽을 부리는 아이들은 내면에 지나치게 많은 괴로움이 쌓여 있을 때가 많다. 아이들의 상처와 실망 등의 욕구는 느리지만 단단히 쌓여 내면의 조절력을 잃게 만든다.

아이는 억눌린 좌절과 괴로움을 이상한 방향으로 표출하는 한편 아이가 왜 짜증을 내는지 그 원인을 모르는 부모는 아이가 자신의 마음을 표현할 수 있는 안전하고도 지속적인 방법을 찾아야 한다는 과제를 떠안는다. 당신과 아이 모두 적절한 상황에 놓여 있다고 판단될 때, 그리하여 아이의 온전함에 손상이 가지 않을 때 아이가 억눌린 좌절감을 마음껏 표출할 수 있도록 해야 한다. 아이의 괴로움이 며칠, 몇 주, 몇 달, 어쩌면 몇 년 동안이나 쌓여 있을 때 마음을 표현할 계기를 마련해주어야 한다.

아이가 마음을 표현할 자리를 계획하며 부모가 몇 가지 중요하게 고려해야 할 사항이 있다. 첫째로, 아이가 연약한 슬픔을 표현할 상태로 진입할 수 있는지 살펴야 한다. 연약한 슬픔이란 좌절감에 분노에 차 소리를 질러대는 것이 아니라 실망한 나머지 진짜 슬픔에서 비롯된 눈물을 흘리는 것을 말한다. 만약 아이가 연약한 슬픔을 표현한 지 오래되었다면 아이가 온전히 슬픔을 느낄 준비가 되어 있다는 신호를 확인할 때까지 우선 마음을 표현할 자리는 잠시 보류해야 한다. 6장과 7장에 소개된 여러 방법을 활용해 한 번씩 아이를 향해 직관적이면서도 유대감을 바탕으로 한 반응을 보여주면 아이에게서 연약한 슬픔을 끌어내기 쉬워진다.

둘째로, 아이가 마음을 표현할 계기를 계획할 때는 몇 시간이 걸리더라도 처음부터 끝까지 아이가 내면을 표현하는 전 과정을 곁에서 지켜볼 수 있도록 충분한 시간을 안배해야 한다. 당신의 마음은 가득 차 있다는 것을, 에너지와 의지력, 내면의 평화가 충분하다는 것을 믿고 내면을 표현하는 아이에게 필요한 양육자의 모습으로 곁을 지켜야 한다. 마지막으로 아이의 온전함과 자의식을 지켜주기 위해 아무도 없는 공간에서 누구의 방해도 받지 않고 감정을 표현할 수 있는 장소를 찾아야 한다. 이를테면, 남편이나 양육 '공동체'의 구성원에게 다른 자녀들을 맡기는 것이다.

이 모든 사항들을 신중하게 고려했다면 명확한 바운더리를 전달할 적당한 때를 찾아야 한다. 예를 들면, 아이가 토요일 오전에 해야 할 일을 다 마치지 못했음에도 밖으로 나가 농구를 하고 싶다고 말한다고 생각해보자. 이때 남은 일 세 개를 다 하기 전에는 다른 것을 할 수 없다고 단호하지만 친절하게 전달해야 한다. 아이가 짜증이 나 있는 상태라면 이러한 바운더리 앞에서 굉장한 좌절 반응을 보일 수 있다. 그런 반응이 나타나지 않는다면 당신의 생각과 달리 아이의 내면에 부정적인 감정이 그리 가득 차 있는 것이 아니거나, 감정을 분출하기에 적절한 때가 아닌 것이다. 이 경우 다른 기회를 마련하는 것이 좋다.

거대한 감정의 표출이 시작될 때 당신이 해야 할 일은 어떤 순간에도 자신의 원칙을 굳건히 지키되 대단히 친절하고 공감 어린 방식으로 아이를 대해야 한다는 것이다. 이렇게 대응할 수 있다. "네가 얼마나 나가 놀고 싶은지 잘 알아. 농구를 좋아하는 것도 알지만 네가 해야 할 일을 다 마칠 때까지는 다른 건 할 수 없어. 화를 내도 괜찮아. 네 마음을 표현해도 괜찮고. 괴로운 마음이 드는 게 당연하지만 그래도 할 일을 마치기 전에는 다른 건 안 돼." 아이가 마구잡이로 감정을 표현하겠지만 어른으로서 아이의 감정 표출이 모두 끝날 때까지 연민을 발휘해 들어주어야 한다.

아이의 흥분이 점차 눈물과 슬픔으로 바뀌어 가면 끝이 거의 다 온 것인데, 이때 아이의 에너지는 저항에서 수용으로 변한다. 아이가 슬픔을 표현하면 따뜻한 돌봄의 태도로 반응하며 아이가 푹신한 지면에 안전하게 차지할 수 있도록 도와준다. "네 마음이 얼마나 힘들지 알아. 그간 괴로운 일도 많았을 거고. 가끔은 마음과 달리 행동할 때도 있지만 네가 얼마나 착한 아이인지 엄마는 잘 알아. 어떤 상황에서도 엄마는 널 사랑해. 그럼, 당연히 이해하지. 엄마가 여기

있잖아. 다 괜찮아. 엄마는 네 편이야." 아이가 마음껏 쏟아낼 수 있는 안전한 틀을 제공할 때 부모에게 완강히 맞서던 아이가 점차 부모의 품속에 파고드는 모습을 보게 될 것이다.

· **언어적 또는 시각적 스크립트로 로드맵을 제공한다**: 삶에서 거대한 변화가 일어났을 때 무엇을 어떻게 해야 할지 안내 책자라도 있기를 간절히 바랐던 것을 기억하는가? 스크립트는 몇 시간, 하루, 일주일, 한 달, 어떠한 활동 등을 아이가 잘해 나갈 수 있도록 도와주는 매뉴얼이다. 이제부터 무슨 일이 일어날 것인지, 그 뒤 무슨 일이 있을지, 그 이후에는 어떤 일이 벌어질 예정인지를 보여주는 로드맵이자 일상 속 혼란을 통제하는 가장 쉬운 방법이다.

스크립트는 글로 작성해도 되지만 조절력이 부족한 아이들은 글과 시각적인 자료가 함께 할 때 더욱 쉽게 내면화시킨다. 시중에서 글과 그림을 조합해서 쓸 수 있는 제품을 구매해도 좋고, 직접 간단한 리스트를 적고 그 옆에 작게 그림을 그리는 것도 괜찮다. 클립아트나 아이가 해당 활동을 하는 사진으로 그림을 대신할 수 있다.

언제, 어떤 내용으로 스크립트를 만들지는 온전히 아이의 욕구에 달려 있다. 보통은 하루 일과를 전반적으로 살펴볼 수 있는 스크립트가 아이에게 도움이 된다. "오늘 엄마가 학교에 데려다주지만, 학교 마치면 할머니가 학교로 오실 거야. 오늘 오후에 과학 시험 있는 거 잊지 말고. 또 아침에 조례 있는 것도 잊어선 안 돼. 이따가 할아버지께서 수영 수업에 데려다주실 거야." 아이는 보통 이런 식으로 길게 이어지는 설명에 집중하지 못하니 하루 또는 일주일의 스케줄을 글이나 그림으로 정리해 시선이 자주 가는 곳에 붙이면 된다. 평소 아이가 두 집을 오가는 생활을 하거나 주말에는 이혼한 엄마나 아빠의 집으로 가는 식으로 스케줄이 매주 달라질 경우에는 한 달 치 스크립트를 정리하는 것이 좋다.

엄마 아빠와의 만남과 헤어짐을 미리 공지한다면 아이가 마음의 준비하기에 편하다. 마지막으로 짧은 리스트 또는 그림으로 스크립트를 준비하면 아침에 등교 준비를 하거나, 방과 후 저녁 식사 시간까지의 공백을 견디거나, 잠자리 준비를 하는 등 아이가 특히나 힘들어하는 일과를 잘 헤쳐 나가는 데 큰 도움이 된다. 시각적 스크립트는 일정을 실재적이고 한눈에 파악할 수 아이에게 안정감을 제공한다.

· **리추얼과 전통을 만든다**: 내 두 아들은 초등학교 2학년 때 담임 선생님이 같았는데, 1년을 이런 선생님과 같이 보낼 수 있다니 대단한 행운이라는 생각이 들 정도로 훌륭한 분이었다. 훌륭한 양육자의 자질을 타고난 선생님은 따뜻하고도 연민 어린 태도로 이 자질을 유감없이 발휘했다. 교육자이자 양육자로서 직관적으로 행했던 수

많은 멋진 일들 가운데 무엇보다 기억에 남는 것은 굿바이 리추얼 (ritual, 일상 또는 삶에서 절대적으로 지켜 행하는 의식 및 루틴-옮긴이)이다.

둘째 아들이 이 선생님과 함께했을 때는 아이들이 교실을 나갈 때마다 문 앞에 선 선생님과 각각 'H' 인사를 해야 했다. 'H'가 들어간 인사법을 선택해 선생님과 굿바이 인사를 나누는 것이었다. 악수handshake나 하이파이브high five, 포옹hug 등이다. 'H'로 시작하는 인사법이면 무엇이든 가능했다. 당시 대부분의 남자 아이들은 악수를 택했다. 하지만 그냥 평범한 악수는 아니었다. 손을 올렸다 내리고, 손등도 맞대고 무릎 아래로 손을 내리는 등 길고 복잡한 악수였다. 놀라운 것은 선생님이 아이들마다 제각각인 악수 인사법을 모두 외웠다는 것이다. 왜 이렇게까지 수고로운 일을 했을까?

선생님은 본능적으로 아이들이 원하는 것이 무엇인지 꿰뚫어 보는 능력을 타고났던 것 같다. 하지만 어린 학생들에게 이 인사법이 왜 좋은 것인지, 왜 좋은 효과를 보였는지를 생각해보면 그 이유는 규칙에 대한 아이들의 본능적인 욕구에 부합하기 때문일 것이다.

리추얼과 전통이 큰 힘을 발휘하는 이유는 변화와 혼돈의 삶 속에서 우리가 기댈 수 있는 익숙함이기 때문이다. 생일 파티를 하거나 가족만의 특별 추수감사절 메뉴를 요리할 때 세 가지 의미가 충족된다. 행사가 지닌 의미를 되새기게 해주고, 그 핵심에는 유대감이 자리하고 있으며, 구성원들에게 소속감을 불러일으킨다.

두 아들의 2학년 때 선생님의 경우를 보면 헤어질 때마다 나눈 'H' 리추얼은 아이들이 선생님과 물리적으로 유대감을 나누는 계기가 되었고, 자신만의 악수를 기억해주는 선생님을 보며 아이들은 선생님이 자신에게 정말 마음과 관심을 쏟고 있다고 느꼈다. 'H' 리추얼을 하지 않는 다른 반 아이들의 눈에는 부러움이 넘쳐흘렀다. 이 아이들은 왜 그렇게 갈망하는 눈빛을 보냈던 걸까? 간단히 말하자면, 리추얼은 포근한 안전틀을 마련해주고, 이는 천국과도 같은 안온함을 전해주기 때문이다.

대부분의 가정에는 리추얼에 있다. 우리 집은 금요일 저녁에 서로 유대감을 나누는 시간을 가지며 바쁜 한 주를 마무리한다. 저녁 식사를 배달시키고 따뜻한 담요를 덮은 채 소파에 옹기종기 모여 앉아 영화를 함께 본다. 아이들은 한주 내내 이 시간만 기다린다. 일요일 아침이면 평일에는 시간이 없어 하지 못한 '특별 아침 식사'를 만들어 아일랜드 식탁에 다 같이 둘러앉아 음식을 나누며 서로 연결되는 시간을 갖는다. 따뜻한 계절에는 저녁 식사 후에 산책을 나선다.

우리 가족은 자연스럽게 하는 일이다. 아침에는 막내아들과 헤어질 때 아이의 손바닥에 마법의 입맞춤을 저장해 놓는다. 내가 손바닥에 미리 해둔 입맞춤을 아이가 사용하는지 안 하는지는 중요하지 않다. 그저 우리의 루틴이자 우리가 교감하는 방식이다. 하교

후 만날 때는 따뜻한 포옹을 나눈다. 내가 다른 사람과 대화 중이라도 아이들이 다가오면 팔을 둘러 아이들을 안아준다. 잠들기 전에는 항상 아이들에게 책을 읽어준다. 우리 집 잠자리 루틴이다. 물론 좀 더 규모 있고 정형화된 큰 전통들도 있지만, 아이들에게 포근한 틀과 안전함을 제공하는 리추얼은 정작 이렇듯 사소하고도 일상적이다. 당신의 가족은 어떤 리추얼이 있는가?

· **스케줄의 리듬을 느낀다**: 남편과 나는 투스텝(사교댄스의 한 종류─옮긴이) 수업에서 만났다. 대학생이었던 남편은 초등학교 친구의 제안에 볼룸댄스를 배워보려 온 것이었고, 과거 아이스 댄싱 선수로 활동했던 나는 새로운 취미를 만들어보려 그곳을 찾았다. 우리는 아주 다른 이유로 투스텝을 배우러 왔다가 만났다. 그는 탁 트인 실제 댄스 플로어에서 볼룸댄스를 연습하려 온 것이었다. 나는 대학 친구 몇 명과 재미 삼아 등록했다. 당시 무척이나 흥미로웠던 점은 볼룸댄스에 대해서는 남편이 나보다 훨씬 많이 알고 있었다는 것이다. 나는 아이스 댄싱 경력으로 아무래도 다른 사람들보다 소질은 좀 더 있었지만 남편의 스킬이 나보다 뛰어났다. 남편에게 시선을 빼앗긴 나는 그의 눈에 들고 싶었고, 남편만큼 스킬을 갈고 닦으려 노력했다. 비밀은 리듬이었다. 춤의 핵심은 자신의 리듬을 얼마나 파악하느냐이다.

리듬에 따라 발을 움직이는 타이밍과 위치가 달라진다. 투스텝, 카우보이 셔플, 왈츠, 이스트 코스트 스윙, 웨스트 코스트 스윙이 전부 다르다. 이 모든 춤을 배우진 않았지만, 음악의 리듬에 맞춰 정확한 타이밍에 발만 움직이면 남편이 내게 어떤 춤을 제안하든 해낼 수 있을 것 같았다. 이 경우 포근한 틀은 리듬인 것이다. 나는 리듬 안에서 어떠한 안전함을 느꼈다. 리듬을 잘 탔던 덕분인지 약 2년 후 우리는 결혼식을 올렸다.

삶에서 어떤 일이 벌어지든 아이들이 리듬만 갖는다면 발걸음을 내디딜 자리를 찾을 수 있다. 매년 여름휴가, 크리스마스 연휴, 봄방학 등 학교생활과 여러 루틴에서 장기적으로 멀어지는 시기가 지나면, 수많은 가족들이 내 사무실로 찾아온다. 가족들은 장기 휴가를 마치고 나니 기분도 침울해지고, 모든 것이 힘들게 느껴지며, 루틴을 되찾는 일이 어렵다고 고백했다. 왜 그런 걸까? 춤과 마찬가지로 답은 리듬에 있다.

휴가 동안에는 수면 루틴이 깨지고, 식사 시간의 경계가 흐려지며, 하루하루가 정처 없이 흘러가고, 우리에게 익숙했던 생활이 한순간에 휙 하고 사라진다. 스크립트와 리추얼이 그렇듯, 평범한 일상 스케줄의 리듬을 찾는 것이 아이들에게 기준점이 되고, 현실감을 전해줄 또 하나의 닻이 되어준다. 우리가 휴가 후 익숙한 루틴으로 복귀할 때 안정감을 느끼듯이 아이들 또한 익숙한 체계를 바란다.

'월요일'은 축구 연습을 하고 '화요일'은 피아노 수업이 있는 날이며, '아침'에는 옷을 입고 식사를 하고, '방과 후'에는 숙제를 해야 한다고 정하면 아이들은 이 스케줄에 맞춰 자신의 기대치를 조정할 수 있다. 오랫동안 신었던 슬리퍼에 발을 넣을 때 익숙함과 편안함을 느끼듯, 일상 속 리듬이 아이들에게 비슷한 위안을 전해줄 수 있다.

· **은근한 행동 신호를 반복한다**: 매년 여름이면 우리 가족은 동네에서 열리는 대규모 행사에 참여한다. 맛있는 음식과 전시회, 각종 쇼, 다양한 놀이기구까지 갖춰져 있다. 그중에도 캐나다에서 가장 오래된 목재 롤러코스터는 세계에서 반드시 타봐야 할 목재 롤러코스터 10위 안에 항상 꼽히는 놀이기구이다. 나는 롤러코스터를 무서워하는 편이다. 반면 남편과 큰아들은 너무 좋아한다.

몇 년 전, 마지막으로 롤러코스터를 탔을 당시, 안전바를 꼼꼼하게 확인했었다. 롤러코스터가 출발하기 전에 안전바가 이상 없는지 수십 번은 체크했다. 잠긴 바를 다시 한번 꾹 누를 때마다 내가 안전하다는 확인을 받는 것 같았다.

부드러운 행동 신호에 아이들도 이와 같은 느낌을 받는다. 놀이터 미끄럼틀에서 너무 들뜬 아이에게 "조심"이라고 말하거나, 친구와 열띤 대화 중에 목소리가 점차 커지는 아이를 향해 "목소리 조금만 낮춰서", 또는 앞서 정한 기준을 넘어서려는 아이를 향해 "엄마랑

이야기했던 거 기억하지?"라고 말하며 은근하지만 롤러코스터의 안전바처럼 확실한 틀을 제시해주는 것이다. 짧은 기간 동안 행동 신호가 반복적으로 전해질 때 아이들은 안전함을 느낀다. 행동 신호는 길고 장황한 대화가 아니라, 나지막한 짧은 문구로 아이에게 안전함을 전해주는 것이다.

아이들은 충동적일 수밖에 없다. 두뇌가 성장하고 발달해감에 따라 점차 진정하고 통제하는 힘이 커진다. 하지만 이런 자질을 발휘할 수 있을 때조차도 흥분과 격한 감정이 찾아오면 조절력이 사라지고 충동성이 아이를 지배하기 시작한다. 은근한 신호만으로도 아이는 바운더리를 상기하고, 마음을 진정하고, 자신의 말과 행동을 다시 한번 생각해보며, 어떤 매너로 행동해야 더 좋은 결과를 도출할 수 있는지 깨닫게 하기에 충분하다.

아이마다 신호가 다르다. 우리 집의 경우, '친절과 존중'이라는 신호를 사용한다. 사람을 대하는 태도에 대해 아이들과 앞서 여러 차례 이야기를 나누었고, 남편과 나는 아이에게 우리가 정한 기준을 상기시키고 아이들이 막 그 기준을 넘어섰다는 신호를 주기 위해 이 두 단어를 말한다. 강압적이거나 위협을 하듯 말해선 안 된다.

· **둥지를 마련한다**: 얼마 전, 엄마가 인터넷에서 굉장히 멋진 '둥지'를 발견했다며 사진 한 장을 보내왔다. 아주 어렸을 때부터 책을 좋아

했고 여전히 문학을 사랑하는 엄마에게 가장 완벽한 오후란 모닥불 옆이나 호숫가에서 좋은 책 한 권을 끼고 웅크리고 앉아 시간을 보내는 것이다. 엄마가 찾은 '둥지'는 색색의 펠트 공들을 촘촘히 엮어 만든 거대한 안식처로 몸을 푹 기댄 채 책을 읽으며 여유로운 오후를 보내기에 최적의 공간이었다.

나처럼 이 둥지를 떠올리며 심장이 두근거린다면 거친 길을 나아가며 휘청이는 아이에게 안전한 안식처를 만들어주는 것이 얼마나 중요한지 이해할 수 있을 것이다. 이 상징적인 둥지는 온전한 회복이 가능하고 몸과 마음을 가득 채워주는 곳이다. 보호자만이 아이에게 이런 공간을 마련해줄 힘이 있다. 이 공간은 아이가 두 발로 굳건히 서지 못하는 것처럼 보일 때 특히나 필요하다. 아이가 두 걸음 전진하다 세 걸음 후퇴한다면, 계속 바닥으로 고꾸라지는 것 같다면, 삶에 잔뜩 지쳐 보인다면 무엇보다 둥지에서 휴식을 취하는 것이 가장 필요한 때이다.

아이의 세계를 고요하게 잠재우기 위해 무엇이 필요한지는 부모가 직관적으로 이해하는 바와 아이의 욕구에 따라 달라진다. 아이의 일상에 평화를 가져오고 휴식에 최적화된 온도를 조성하는 둥지의 형태도 제각각이다. 보통은 아이의 행동반경을 줄이고 집과 아주 가까이에 아이가 머물도록 하는 것이 중요하다. 생일 파티 초대를 거절하고, 시끄럽고 떠들썩한 실내 놀이 공간을 피하며, 특별 활동은 중단하고, 휴가를 미뤄야 할 수도 있다.

아이를 따뜻한 둥지에서 쉬게 하기 위해 이보다 좀 더 과감한 조치를 해야 할 때도 있다. 이를테면, 전통적인 학교에서 벗어나 가정에서 다양한 배움의 기회를 누리게 해야 할 수도 있다. 어떤 형태의 둥지를 택하든 외부와 통하는 문을 걸어 잠그고, 본질에 집중하며, 다른 모든 활동을 금한 채 아늑한 곳에서 휴식을 취하는 것이 중요하다. 그래야 둥지 안의 안온함이 전해주는 회복의 힘이 발휘될 수 있다.

· 원칙 4: 연결을 바탕으로 이완한다 ·

자율 신경계에는 두 가지 중요한 하위 시스템이 있다. 휴식과 소화 시스템(부교감 신경)과 투쟁 도피 경직fight, flight or freeze 시스템(교감 신경)이다. 휴식과 소화계는 상대적으로 평온한 상황에서 활동하는 신경계로, 이때 신체는 뇌와 장기를 포함해 생존에 필수적인 부위에 피를 전달한다. 투쟁 도피 경직 시스템은 위험을 인지하거나, 휴식과 소화보다 안전이 더 중요하다고 판단한 상황에 갑자기 작동한다. 이런 상태에 있을 때 몸은 위험에 맞서 싸우는 투쟁, 위험에서 도망치거나 떠나는 도피, 위험의 눈에 띄지 않도록 가만히 있는 경직 반응으로 방어 상태에 접어든다.

몸은 투쟁 도피 경직 모드에 접어들었지만 사실 실재적인 위험이 없는 상황도 있다. 만성적으로 조절력을 잃은 두뇌에서 발생하는 상황으로, 스트레스 때문일 때가 많다. 스트레스의 주요인을 파악하고 이를 경감하기 위해 조치를 취하는 것 외에도 스트레스에 동반하는 전형적인 신체적 증상에서 벗어나는 것이 도움이 된다. 그 증상으로는 보통 근육 긴장, 두통, 복통, 심박 증가, 빠른 호흡, 수면 장애 등이 있다.

심호흡, 근육 이완, 명상 등 이완 테크닉은 신체의 스트레스 증상을 생리적으로 완화시킨다. 느리게 심호흡을 하고 근육에 긴장을 풀면 몸은 투쟁 도피 경직 시스템을 잠재울 수 있다고 착각한다. 연결 이완은 이러한 테크닉에서 한발 더 나아가 관계의 과학과 결합시켜 그 효과를 더욱 끌어올리는 기술이다. 양육자와의 높은 연결성에서 비롯된 안전한 울타리에서 이완할 때 아이들의 두뇌가 가장 조절력이 높은 상태에 접어든다는 사실을 떠올리길 바란다. 다시 말해, 보호자와 연결이 되어 있을 때는 두뇌가 스트레스 반응을 지속하기 어렵다는 의미이다. 따라서 연결의 힘과 스트레스 저하 테크닉의 힘을 합칠 때 마음과 몸을 대단히 진정시킬 수 있게 된다.

·**심호흡**: 몇 년 전, 큰아들 네이선이 2학년일 때 남편과 나는 현명한 생각이 아니란 것을 알면서도 집을 짓기로 결심했다. 집을 짓는 데 1년이 넘게 걸렸고, 그 과정에서 온갖 스트레스를 경험했지만 마침내 임시로 임대했던 비좁은 집을 벗어나 새집으로 이사하는 날이 왔다. 그즈음, 네이선을 데리러 학교에 갔을 때 네이선의 선생님이 내게 잠깐 대화를 하자고 청하더니 그날 오후 아이가 아무 데도 집중하지 못하는 모습을 보였다고 알렸다.

작문 시간 내내 머리를 손에 기댄 채 한숨을 내쉬며 주제를 고민했다는 것이다. 결국 선생님이 아이에게 무슨 일이 있는지 묻자 아이는 머릿속이 너무 정신이 없고 너무 많이 생각이 오가는 탓에 무엇을 써야 할지 정할 수가 없다고 털어놨다고 한다. 간단히 말해 아이가 스트레스를 받았던 것이었다.

네이선을 태워 집으로 돌아왔다. 그날 저녁, 침대에서 카드를 종류별로 분류하는 네이선의 옆에 앉아 잠시 아이가 하는 일을 함께하다 선생님에게 들은 이야기를 언급했다. 잠깐 아이의 활동을 함께한 것만으로 충분했다. 이내 아이는 머릿속에 생각이 너무 많아서 작문 주제 하나를 고르기가 너무 어려웠다고 설명했다. 나는 다 이해한다는 듯 고개를 끄덕이며 아이에게 친절하고도 자신 있는 목소리로 마음이 굉장히 바빴겠다고 말한 뒤 그 문제에 대한 답을 엄마가 알고 있다고 말했다.

아이는 놀란 표정으로 고개를 들었다. 다시 한번 고개를 끄덕인 나는 아이에게 종종 그럴 때가 있지만 아이가 그런 생각들에 시달리지 않게 지켜주는 것이 부모의 역할이고, 지금도 네 생각을 엄마가 모두 가져가려고 온 거라고 알렸다. 내가 모두 가져간다면 아이가 더는 골치 아픈 생각에 짓눌리지 않아도 될 터였다. 언제든 아이가 내게 넘겨준 생각 중 하나를 다시 살펴보고 싶을 때는 내게 말하면 된다. 그럼 생각을 다시 꺼내 함께 대화를 나눌 수 있을 테니까. 아이는 불신하는 눈초리로 나를 바라보더니 생각이 너무 많아서 그건 어려울 것 같다고 말했다. 아이에게 내 기억력은 굉장히 뛰어나고 엄마가 그 정도는 충분히 감당할 수 있으니 믿어보라고 안심시켰다.

그러자 아이는 자신의 생각을 털어놓기 시작했다. 이런저런 생각들이 뒤죽박죽 섞여 그 양은 많았지만 본질적으로 그리 심각한 고민은 없었다. 나는 몇 번이나 아이가 내게 들려준 생각을 반복해 말하며 내 머릿속에 잘 저장시켰다는 것을 보여주었다. 아이가 마지막 생각을 털어놓은 뒤에는 그간 아이가 들려준 생각들을 모두 정리해 말해주고 혹시나 아이가 내게 넘겨준 생각들이 다시 떠오르는 경우를 대비해 한 가지만 더 하자고 말했다. 바로 복식호흡이었다.

배 위에 양손을 얹고, 입을 꾹 다문 채 코로만 4를 셀 때까지 숨을 들이마시며 배가 점차 산소로 부풀어 오르는 모습을 지켜보는 것이다. 그런 뒤에는 손은 여전히 배 위에 둔 채 8을 셀 때까지 숨을 내쉬며 복부에 가득 찬 산소를 내뱉는다. 오늘 내게 털어놓은 생각이 다시 찾아오거나 마음이 자꾸 바빠지려 할 때면 배에 손을 대고 복식 호흡을 다섯 번 하면 된다고 알려주었다. 이 호흡으로 걱정이 사라질 것이니 내일 학교에서 한번 해보라고 권했다. 아이는 세계에서 가장 심오한 수수께끼를 내가 해결했다는 눈으로, 엄마가 정말 대단하다는 듯이 나를 올려다봤다.

그날 저녁 늦게, 학교 선생님에게 메일을 보내 아이와 있었던 일을 공유했다. 다음 날 네이선은 평소처럼 등교했고, 담임 선생님이 아니라 보조 교사 선생님과 수학 문제를 풀던 중 아이는 전 날 저녁 배운 것처럼 양손을 배에 얹고 리드미컬하게 심호흡을 몇 차례 했다. 보조 교사가 얼마나 놀랐겠는가. 걱정이 되었던 선생님은 네이선에게 괜찮은지 물었고, 아이는 복식 호흡으로 자꾸 잡생각이 드는 마음을 가라앉히는 중이라고 설명했다. 보조 교사가 담임 선생님에게 이야기하자 담임 선생님은 복식 호흡은 네이선이 생각을 정리하는 방법이라고 알려주었다.

그날 오후 네이선을 데리러 학교에 조금 이르게 도착한 나는 복도에서 아이의 교실 안을 들여다봤다. 교실 앞에 마련된 의자에 앉은 네이선 앞에는 반 친구들이 아빠 다리를 하고 바닥에 앉아 있었다. 아이는 마음이 어지러운 친구가 있냐고 묻자 아이들이 전부 손을 번쩍 들었다. 네이선은 다들 손을 들자 놀라는 한편 그럴 줄 알았다는 표정을 지었다.

아이들은 그런 생각들을 품고 있어선 안 되고 생각이 많은 것은 어린아이들에게 문제가 되며 골치 아픈 생각들은 부모님에게 모두 맡겨야 한다고 설명했다. 자꾸 복잡한 생각이 찾아올 것 같을 때에는 복식 호흡 다섯 번으로 물리칠 수 있다고도 말이다. 그런 뒤 아이들에게 복식 호흡 방법을 가르쳐주었다. 그렇게 문제를 해결했다.

무엇이 효과가 있었던 걸까? 네이선이 마음의 평안을 찾도록 도와준 것은 생각 버리기였을까, 아니면 심호흡이었을까? 둘 다였다. 생각 버리기는 아이에게 이 모든 상황이 잘 통제되고 있다고 안심시키기 위해 내가 그냥 만들어낸 것이었다. 과학적으로 입증된 어떤 개입 방법이 아니었다. 그저 문제를 해결하려는 엄마로서 만들어낸 방법이었다. 내가 이 상황을 전부 파악하고 있고 통제하는 것처럼 보이자 아이는 나와의 깊은 신뢰를 바탕으로 정말 내 말을 믿고 마음을 편히 할 수 있었던 것이다.

심호흡은 심각한 아이의 스트레스 상태를 생리적으로 잠재우고자 제안한 것이다. 내가 제시했기 때문에 아이는 기꺼이 내 제안을 받아들여 나와 함께 심호흡을 연습했던 것이다. 아이는 스트레스를 생리적으로 상쇄했고 나와 함께하며 관계적 연결도 경험할 수 있었다.

심호흡에서 중요한 점은 이 테크닉을 아이의 연령대에 맞춰 잘 전달할 방법을 찾아야 하고, 아이와 엄마가 신체적인 접촉을 하거나 신체적으로 가까이 있을 때 심호흡을 함께 행하거나 아이가 심호흡을 행할 때 엄마를 떠올릴 수 있도록 해야 한다. 그래야 심호흡의 이점과 연결을 바탕으로 한 마음의 안정이라는 두 가지 힘이 굉장한 시너지를 발휘할 수 있고, 그렇게 아이의 스트레스는 낮추고 조절력은 높일 수 있다.

복식 호흡은 여러 심호흡 테크닉 중 하나이다. 아이에게 나이만큼 초가 꽂힌 생일 케이크를 떠올려 보라고 할 수도 있다. 그런 뒤 나이만큼 손가락을 펴고 깊이 숨을 들이마신 뒤 손가락 '촛불'을 하나씩 불어 끄는 것이다. 또는 비눗방울로 심호흡 연습을 할 수도 있다. 가능한 나이라면 풍선으로 깊이 숨을 내뱉는 연습을 할 수도 있다. 방법은 다양하다! 핵심은 이러한 테크닉과 엄마 또는 다른 보호자와의 연결이 함께해야 아이의 세상이 흔들림 없이 돌아갈 수 있다는 점이다. 부모와의 연결이 있어야 호흡법이 마법처럼 아이의 스트레스를 낮출 수 있다.

· **이완/명상 스크립트**: 멋진 친구 한 명이 얼마 전 내게 문자를 보내 가족끼리 모여 토요일 저녁을 함께하자고 말했다. 어떤 이유가 있어서라기보다는 그저 함께 모여 즐거운 시간을 보내는 것이었다. 친구 가족들이 도착해 즐거운 저녁 시간이 무르익을 즈음에야 이런 자리를 만들자고 했던 친구의 진짜 의도가 드러났다.

일에서도, 삶에서도 아주 힘든 한 주를 보낸 친구는 마음을 무겁게 짓누르던 일들에서 간절히 벗어나고 싶었던 것이다. 자신은 물론 가족 모두가 우정과 즐거움이 가득한 따뜻한 시간을 보내며 친구의 마음은 행복으로 가득 찼다. 우리의 웃음소리가 부정적인 생각을 몰아냈고, 안온한 시간을 함께하는 것이 친구의 스트레스를 치유하는 완벽한 치료제였다. 이것이 바로 사랑하는 사람들의 유대감 속에서 이완과 명상을 함께 할 때 얻는 효과이다.

이완 및 명상 스크립트는 현재 나를 괴롭히는 스트레스에서 의식을 전환해 마음의 평안을 주는 아이디어와 생각에 집중하는 것이다. 의식이 다른 곳으로 전환될 때 두뇌와 몸 또한 투쟁 도피 경직 반응에서 휴식과 소화로 전환된다. 무엇보다 스크립트에 담긴 아이디어들은 실제로 우리 안에 뿌리를 내리고 정착하며, 이완과 명상을 마친 후에는 더욱 긍정적인 출발점에 설 수 있다. 심호흡과 마찬가지로 이 테크닉 역시 보호자가 함께할 때 아이들에게 더욱 큰 힘을 발휘할 수 있다.

우리 집의 경우, 한 아이는 잠들기 전 침대에서 명상 스크립트를 듣는 것을 무척이나 좋아했다. 함께 침대에 누워 가만히 듣다 보면 이내 아이는 바람을 타고 부유하는 눈송이가 되는 이야기나 물 속 깊은 곳으로 들어가 보물을 찾는 이야기에 푹 빠져들었다. 그리고 10분짜리 스크립트가 끝날 즈음이면 잠이 들었다. 이와 달리 내 친구는 아이와 예배곡을 함께 불렀다. 아이는 가사에 담긴 의미도 좋아했겠지만 분명 엄마의 목소리에서 전해지는 따뜻함을 좋아했을 것이다.

또 내 두 아이는 저녁 시간에 엄마나 아빠가 책을 읽어주는 것을 좋아했는데, 아이들이 현실도피적인 모험 이야기를 재밌어하는 것도 있지만 무엇보다 엄마 아빠의 익숙한 목소리에 담긴 포근한 리듬을 좋아했다. 아이들이 하루를 보내며 받은 스트레스를 지우고 사랑스러운 생각을 채워주면서 부모와 유대감을 나누기 좋은 방법이다. 의식이 긍정적으로 전환될 때 두뇌는 안정되고, 몸은 평온해지며, 정신을 회복시키는 휴식과 수면 상태에도 좀 더 쉽게 접어들 수 있다. 마음이 회복될 때 당연히 두뇌 또한 조절력이 향상되고 그 결과 좀 더 안정적인 아이가 된다.

· **진보적 근육 이완**: 내가 처음 진보적 근육 이완을 체험했을 때가 아직도 선명하게 기억난다. 그 과정보다는 다 끝난 후 내 신체적 자기

physical self를 대단히 긍정적으로 느꼈던 기억이 굉장히 인상적이었다. 본질적으로는 긴장했었던 근육들을 풀어주는 것이었다. 몸을 완벽하게 이완하기 위해 누군가의 인내가 필요한데 심호흡을 하면서 팔다리의 커다란 근육부터 얼굴의 작은 근육들까지 각각 긴장시키고 이완시킨다. 내가 처음 이 테크닉을 시도했을 때 훈련의 안내를 친구가 도와주었다. 친구의 따뜻한 목소리와 내내 곁에 있어 준 친구의 존재감이 내게 안도감을 전해주었다.

아이들에게도 마찬가지이다. 진보적 근육 이완의 방법을 양육자가 읽어줄 때 아이들은 굉장한 안도감을 경험한다. 스트레스가 크지 않은 아이라도 이런 활동을 하며 경험하는 연결과 이완을 충분히 느낄 수 있다. 출장으로 자리를 비울 때도 아이가 '연결감'을 느낄 수 있도록 이완 스크립트를 자신의 목소리로 녹음해두는 부모도 있다. 진보적 근육 이완 과정 중 음성, 신체적 친밀함, 접촉 등으로 아이와 유대감을 나눌수록 세상이 혼란스러워져도 아이가 침착함을 유지할 수 있도록 이끌어 줄 수 있다.

· **진정 보드**: 아이의 일상에 명상 스크립트가 포근한 안전틀이 되어주는 것처럼 진정 보드도 연결을 바탕으로 이완을 촉진한다. 많은 아이들이 경험하는 문제는 연결을 바탕으로 한 이완이 가장 필요한 순간이 아이들이 조절력을 잃고 악화되는 순간과 맞물린다는 것이

다. 조절력을 잃은 두뇌는 편안히 긴장을 풀고 심호흡처럼 순차적으로 진행되는 이완 테크닉을 따르기 어렵다. 바로 이때 도움이 되는 것이 스크립트이다.

진정 보드는 부모가 이완 활동의 클립아트나 실제 아이와 함께 활동을 하는 사진으로 진정에 도움이 되는 다섯 가지에서 여섯 가지 단계를 설명하는 것이다. 아이가 너무 많은 것을 생각하지 않아도 되도록 스크립트는 가능한 단순하게 만들고, 아이가 주머니에 넣거나 가방에 항상 소지할 수 있도록 주머니에 들어갈 크기로 만드는 것도 좋다. 오래 보관할 수 있도록 스크립트를 코팅하고 여기에 마법의 진정 가루를 뿌리거나 입맞춤을 저장해둔다면 연결감을 더욱 높일 수 있다. 이 보드가 있다면 부모가 물리적으로 곁에 있지 않더라도 아이에게 필요한 순간, 마음의 평안에 이르는 과정을 부모가 알려주고 함께할 수 있다.

아이를 잘 키우고 싶은
부모에게 꼭 필요한 것, 자기 돌봄

지금껏 아이가 잘 성장하고 발달할 수 있는 아이의 세계를 만드는 다양한 방법과 사례에 대해 이야기했다. 하지만 '아이의 세계'에 가장 중요한 요소, 바로 당신에 대해서는 말하지 않았다. 부모가 스트레스를 받을 때는 어떻게 해야 할까? 정신없이 바쁠 때는? 정작 당신에게 필요한 것이 결핍되어 있다면 어떻게 해야 할까? 자기 자신을 돌보기 전에는 아이를 위한 보호자의 역할을 제대로 할 수 없다.

다음의 이야기를 한 번 생각해보길 바란다. 비행기 이륙 전 승무원들은 기내에 산소가 부족해지면 천장에서 떨어지는 산소마스크 사용법을 승객들에게 알려준다. 승무원들은 성인이 먼저 마스크를 제대로 착용한 후 아이들이 마스크를 착용할 수 있도록 도와주어야 한다고 말한다. 왜 그런 것일까? 당신이 기내 바닥에 누워 숨을 헐떡이거나 기절하면 누구에게도 도움을 줄 수 없기 때문이다. 일상에서도 마찬가지이다. 아이에게 자신의 양육 의무를 다하고 싶다면 우선 당신의 컨디션이 최상이어야 한다. 그러니 자기 자신의 건강과 행복을 돌보는 데 주의를 기울여야 한다.

당신의 스케줄을 면밀하고 객관적으로 살펴보길 바란다. 아이에게 낼 수 있는 시간이 얼마나 되는가? 물리적으로, 정서적으로 아이의 욕구를 채워줄 여유를 마련하기 위해 대체하거나 포기하거나 바꿀 수 있는 스케줄이 있는가? 정신 건강도 고려해야 한다. 불안이나 우울과 싸우고 있는가? 도움을 청할 만한 곳이 있는가? 당신이 의지할 수 있는 누군가가 있는가?

지속적인 정신 건강 문제가 없다 하더라도 업무 스트레스나 친구와의 불화 등 성인으로서 매일매일 겪는 일상 속 괴로움에 어떻게 대처하고 있는가? 이러한 스트레스가 아이에게 전달되지 않도록 어떠한 노력을 기울이는가? 부부 간의 긴장 상태나 부침에 적절하게 대응하고 있는가? 정신 및 정서 건강 외에도 신체적 건강은 어떤가? 24시간 내내 아이에게 보호자의 역할을 수행하는 데 필요한 에너지와 체력이 충분한가?

아이들에게 가능한 최고의 보호자가 되기 위해 자신을 돌보는 것도 중요하지만, 이 모든 일을 혼자서만 짊어지지 않아도 된다는 것 또한 명심해야 한다. 과거에는 부모가 자녀를 돌보기 어려울 때면 마을의 구성원들이 나서 그 역할을 대신해주거나 부모가 잘 이겨낼 수 있도록 지혜의 말을 전해주었다.

2010년 〈베이비스Babies〉라는 한 다큐멘터리에서 감독인 토마 발메스Thomas Balmés는 네 개 국가의 아기 네 명을 대상으로 탄생부터 한 살 생일까지의 생활을 담았다. 그중 남아프리카의 나미비아 시골 지역에서 태어난 남자아이의 경우, 아기와 엄마를 중심으로 지역 공동체가 양육에 함께하는 모습이 대단히 놀라웠다. 양육이 엄마 혼자서 책임져야 하는 일이 아니었다.

아이에게는 커뮤니티의 직접적인 지원도 도움이 되었지만, 양육하는 엄마에게 전해지는 손길 또한 간접적인 도움으로 크게 작용했다. 이것이야말로 아이와 보호자에게 이상적인 세상이다. 우리의 두뇌는 실제로 이런 세상에, 타인과의 끈끈한 관계를 바탕으로 한 세계에 맞게 설계되어 있다.

최근 한 라디오 프로그램에서 캐나다에 급속한 속도로 번져

가는 편견인 노인 차별을 주제로 토론을 나눴다. 인터뷰에 참여한 연구진은 북미 지역의 젊은 세대가 나이든 세대를 두려워하다 못해 배척하기까지 한다고 설명했다. 나이든 세대와 함께 지내는 것이 어색해졌다는 것이 이유였다. 몇몇 예외도 있지만 캐나다 역시 대가족 형태가 사라졌고, 우리가 피곤하거나 도움이 필요할 때 우리를 지원해주거나 '대리' 보호자의 역할을 해줄 윗세대의 도움을 받는 것이 어려워졌다. 보호자와 아이들을 위한 도움과 연대가 가득했던, 관계를 바탕으로 한 세계가 사라져감에 따라 우리는 공동체를 꾸리고 이 공백을 메우기 위한 방법을 찾을 수밖에 없다.

아이 친구들의 부모 및 가족과 우정을 쌓아나가는 방법을 떠올릴 수도 있다. 종교 단체나 아이의 학교 단체를 중심으로 한 공동체도 있다. 친구들과 서로를 돕고 지원하는 그룹을 형성할 수도 있다. 아니면 가족 친지들의 도움을 받기 위해 가까이로 이사하는 방법도 있다.

자기 자신과 아이를 돌보기 위해서는 공동체의 도움이 필요하다. 나아가 이러한 공동체를 형성하고 성장시킬 방법을 마련해야 한다. 오랜 속담처럼 아이 하나를 키우는 데 온 마을이 필요한 것이 사실이고, 아이에게 최적화된 세계를 만들어주는 데 가장 중요한 것은 가능한 많은 양육자를 두는 것이다.

보고, 느끼고,
무엇보다 존재하라

예방적인 환경을 조성한다는 것은 이런 것이다. 때때로 아이의 어떠한 행동을 바로 잡기 위해 조치를 취한다. 아이가 깊이 좌절한 나머지 도전적인 행동들을 마구잡이로 내보이는 순간 말이다. 다른 순간도 있다. 삶을 규정하는 순간들, 아이들에게 색채와 풍미를 부여하는 순간들도 있다. 폐렴을 곰팡이가 가득한 환경과 수면 부족에 스트레스받는 생활로 치유할 수 없듯이, 아이의 삶을 널리 조망하며 아이의 발달과 조절력을 촉진할 방법을 찾지 않는다면 문제 행동을 고칠 수 없다.

아이를 이해할 때, 아이와 깊고도 심오한 유대감을 나눌 때,

아이의 욕구를 깨닫고 이를 해결해주기 위해 노력할 때 아이에게 가장 이상적인 세상을 만들어 줄 수 있다. 아이에게 가장 맞는 양육 방향을 떠올릴 때 당신이 생각하는 가장 이상적인 색채와 풍미는 무엇인가? 그 이상을 목표로 해야 한다.

당신의 아이 그리고 당신 자신에게 가장 이상적인 세상을 그려보길 바란다. 그리고 그 세상을 만들어주는 존재가 되어라. 조금씩 천천히 쌓이다 마침내 아이들의 내면을 구성하는 일상의 모든 순간에 아름다운 색채를 더하기 위해 노력해야 한다. 아이의 욕구를 보고, 당신의 영혼 깊은 곳에서부터 아이의 욕구를 느끼고, 그리고 아이를 위한 존재가 되어야 한다.

08

특수한 아이를 키우는
부모에게

왜 내 아이만
유독 민감할까?

누군가 이런 말을 하는 것을 들어본 적 있는가? "한 배에서 나왔는데도 왜 이렇게 다른 거야!", "어떻게 잘 하는 게 하루를 못 가니?", "별 것도 아닌 일에 어쩜 이렇게 호들갑이야?" 이런 말은 보통 특수한 아이를 키우는 보호자 입에서 자주 나온다. 여기서 특수하다는 의미는 높은 수준의 욕구를 지닌 아이를 가리킨다. 이 아이들은 처음에는 논리와 이성이 전혀 통하지 않는 듯 보이지만 아이의 욕구와 경험을 진심으로 이해하고 나면 아이가 특별한 행동을 보이는 데 그만한 이유가 있다는 것을 깨닫게 된다.

특수한 아이의 상황과 사연, 증상은 저마다 다르지만 욕구 수준이 높은 이유는 동일하다. 신경계가 반응성에 초점이 맞춰져 있다는 것, 그리고 이 신경계로 전달된 경험이 영구적이라는 믿음을 바탕으로 자기 자신과 주변 환경의 안정성에 대한 신념 체계를 형성했다는 것이다.

무엇이 먼저일까? 민감한 신경계가 원인일지 이러한 핵심 신념을 갖게 한 경험이 먼저일지는 아이마다 다르고, 어떤 경우 민감성과 경험이 동시에 작용하며 특수성으로 발현된다. 원인이 무엇이든 우리가 알아야 할 점은 특수성으로 인해 아이나 당신이 때때로 힘든 순간을 맞이한다는 것이다. 그러나 특수한 아이들의 욕구를 이해한다면 아이의 입장에서 느낄 수 있고 또 이로 인해 아이가 바라는 존재가 되어줄 수 있다.

어떤 아이들은 왜 유독 민감한 걸까? 먼저 유전과 출생 경험이 영향을 미치는 것으로 보인다. 기질과 성격이라는 거대한 연속체에서 어떤 아이들은 그저 초민감한 신경계를 타고나 삶을 좀 더 강렬하게 경험하는 경우도 있다. 이러한 민감성은 정신적 외상을 초래하는 출생 경험으로 악화되기도 한다. 진통 시간이 길거나 진통이 급작스럽게 진행되었던 아이들은 그 과정에서 스트레스를 경험하거나, 출산 과정에서 잠깐 산소가 부족했던 경우 신경계가 좀 더 민감해진다. 과학자들은 출생 경험 때 전해지는 충격이 두뇌 속 신경학적 네트워크의 형성에 미치는 영향 때문으로 보고 있다.

유전이나 탄생 경험 때문이든 또는 둘 다가 원인이든, 민감성은 청각(큰 소음, 시끄러운 공공 화장실 등), 미각, 촉각(옷에 달린 태그, 양말의 솔기, 축축해진 기저귀, 끈적이는 손), 빛(햇빛, 화면) 등으로 발현된다. 정서적 민감성으로도 나타나는데, 여기에 해당하는 아이들은 욕구에 과장된 반응을 보인다. 가령, 갑작스러운 불행에 크게 반감을 내비치거나, 실망감을 느끼면 완전히 무너져 내리거나, 행복하면 이해할 수 없는 행동을 하기도 한다. 특수한 아동 중에는 특정 분야만 민감하게 반응하는 아이들도 있고 여러 분야가 다양하게 조합된 경우도 있다.

소설가이자 인권운동가인 펄 벅Pearl S. Buck은 민감한 사람과 함께하는 삶을 아름다운 글로 표현했다. "접촉은 구타이고, 소리는 소음이며, 불행은 비극이고, 기쁨은 엑스터시이며, 친구는 연인이고, 연인은 신이며, 실패는 죽음이다." 민감한 아이들이 느끼는 강렬함이 어느 정도인지 절절하게 느껴지는 글이다. 실제로 예민한 아이들은 자신이 이해해야 하는 세상을 거칠고 위험하다는 믿음을 키워나가기도 한다. 높은 수준의 민감함 속에서 아이들은 더욱 자주 조절력을 잃고 양육자와의 유대감이 전해주는 안전함과 조절력을 더욱 많이 필요로 한다.

유전과 출생 경험 외에도 특수한 환경이 아이에게 영향을 주기도 한다. 아이가 경험한 큰 일이 실제로 신경 발달에 영향을 미치고 핵심 신념 체계를 만든다. 이 경험에는 학습 장애로 하루를 무난히 보내는 것조차도 더 많은 노력과 에너지를 쏟아야 하는 데서 좌절감을 느끼거나, 발달 문제로 지속적으로 부정적인 반응을 마주하며 좌절감을 경험하거나, 입양, 위탁 가정, 이혼과 재혼으로 주 양육자가 바뀌며 상처를 입고 계속해서 유대감을 갈망하거나, 학대나 방치, 또는 트라우마로 다쳐 마음을 닫거나 관계 맺기를 두려워하는 등이 있다. 양육자와의 연결을 향한 아이들의 욕구가 생존에 필수적인 만큼, 유대감에 큰 위협이 닥치거나 지장을 받을 때 이를 정신적 외상을 입을 정도로 심각하게 받아들인다.

이혼이나 학대, 방치로 양육자와의 관계가 단절되는 경험을 한 아이가 민감한 반응을 보이는 것을 누구나 이해한다. 하지만 양육자가 아이에게 어떠한 트라우마나 문제를 초래하지 않은 일상에서도 아이들이 단절을 경험할 수 있다는 사실은 많이들 간과하고 있다. 보호자의 가장 근본적인 역할은 아이를 보호하는 것이다. 따라서 양육자 입장에서는 억울할지 몰라도,

아이가 잠재의식에 트라우마를 주는 사건을 경험하거나 삶에서 어려운 시기를 거치면 이를 자신을 보호해야 하는 양육자와의 관계 문제로 해석한다. 한마디로, 특별한 양육자가 아이들을 안전하게 지키지 못했고, 걸림돌을 제거하지 않았으며, 삶을 무탈하게 만들어주지 않았다고 이해하는 것이다.

양육자와의 연결에서 비극적인 위협이나 단절을 경험할 때 아이의 두뇌에서는 굉장히 큰일이 벌어진다. 아이의 두뇌는 성인의 두뇌와 다르다. 성인의 두뇌는 충격적이거나 상당히 불안한 경험을 하면 이를 지금껏 축적되어 온 '기억의 가설물scaffold of memories'에 통합시킨다. 아이의 두뇌는 충격적인 경험을 완화할 만한 누적된 기억이 없고, 이로 인해 신경학적 충격에 훨씬 취약할 수밖에 없다. 어떤 아이들은 충격적인 사건을 중심으로 두뇌가 체계화되면서 조절과 안정에 굉장한 어려움을 경험한다. 게다가 위협이 다가올까 빈틈없이 감시하고, 예민하게 반응하며, 경계한다. 위협을 경계하는 데 지나친 에너지를 소모하는 나머지 다른 어떠한 일도 처리할 수가 없게 된다.

이런 상태의 뇌는 수학 수업에 집중하지 못한다. 설명을 들어도 세부적인 내용에는 집중하지 못한다. 약간의 모욕에도 곧장 강하게 반응한다. 무엇보다 조심스럽게 대하고 최선을 다해 보호받아야 하는 한편 세상의 걸림돌에도 굳건히 맞설 수 있도록 건강하게 발달시켜야 하는 상태이다. 특수한 아이들의 뇌가 이렇다.

대단히 비극적이지 않은 위협이라도 충족되지 않은 욕구가 있는 아이들은 누구나 양육자와의 단절을 경험할 수 있다. 아이의 뇌에서 이런 질문이 오간다. 어떻게 나를 이해하지 못할 수 있지? 어떻게 나를 모를 수 있지? 어떻게 내 문제를 해결해야 방법을 모를 수 있지? 잠재의식 상에서 아무런 답을 찾지 못한 이 질문들은 아이에게 단절된 느낌을 선사한다. 따라서 유대감을 가장 중요하게 여기는 양육자의 손에서 자란다고 해도 유전이나 출생 경험으로 인해 특수해진 아이들은 어쩔 수 없이 높은 수준의 단절을 경험할 수밖에 없다.

과거 트라우마를 경험한 아이는 자신이 왜 그런 일을 겪어야 했는지 궁금해한다. 입양과 위탁 가정에 맡겨진 아이는 보호자와 아이의 관계를 오래도록 불신하기도 한다. 학습 및 발달 장애를 경험한 아이는 양육자들이 자신에게 무엇이 필요하고 그것을 어떻게 제공해야 하는지 모르는 이유를 잠재의식 상에서 궁금해할 수 있다.

다시 말해, 아이의 특수성으로 발현되는 수많은 특징들은 결국 양육자와의 관계에 문제가 있거나 아이가 그 관계에 의문을 품고 있다는 방증인 셈이다. 물론 양육자가 자신의 역할을 제대로 하지 못해서만 생기는 일이 아니다. 양육자에게 요구되는 역할이 그 복잡성과 규모 면에서 대단히 특수하기 때문에 벌어지는 일이다. 특히나 특수한 아이들을 양육하는 성인은 자신이 쏟는 노력의 성공 여부가 아이의 올바른 행동과는 무관하다는 것을 명심해야 한다. 우리가 들이는 노력의 성공 여부는 우리가 올바르게 행동하는 지로 판가름된다.

아이에게 필요한 존재로 꾸준히 곁에 있을 수 있다면, 그 역할을 오랜 기간 지속할 수 있다면 결국 아이는 성장할 것이다. 이것이야말로 마법의 원투 펀치이다. 최적의 경험과 자연스러운 발달 과정이 합쳐질 때 아이는 멋지게 자랄 수 있다. 그 결과가 즉각 나타나지 않을 수 있고, 특수한 아이의 경우 더더욱 그렇겠지만 결국에는 그 결과를 확인할 수 있을 것이다.

지금 당장 아이의 행동을 교정한다는 것보다 아이를 최적의 방향으로 성장시킨다는 더 큰 목표에 초점을 맞춰야 한다. 목표는 올바른 행동이 아니라 최적의 발달이고, 최적의 발달이 이뤄질 때 올바른 행동이 따라온다. 하지만 발달이 가로 막힌다면 올바른 행동은 영영 불가능하다.

심리학자로서 내 경험에 비춰보면 특수한 아이를 둔 가족이 나를 찾아오는 이유는 보통 전통적인 훈육법을 따르다 아이에게 문제가 생겼기 때문이다. 양육자-아이 역학을 망치고 소진하는 파괴적 행동들은 아이의 민감성 때문이 아니라 이 민감성에 부모가 반응하는 방식이 잘못되어 생긴다.

민감한 아이가 별 것 아닌 실망감에 크게 분노한 나머지 거칠게 반응할 때, 이 아이는 실망감 외에도 양육자의 분노를 마주하게 된다. 그 결과 거친 행동을 더욱 많이 하게 되는 것이다. 이것이 바로 특수한 아이를 키우는 부모가 훈육의 소용돌이 빠질 때 벌어지는 일이다. 끊임없이 조절력이 상실되는 되먹임 고리는 특수한 아이가 경험하는 대단히 심각한 문제이다. 따라서 아이의 문제 행동에 의식적으로 반응하고 아이의 주변 세계에서 아이가 반응할 요소를 예방하고 보호하는 양육자의 태도가 무엇보다 중요하다.

특수한 아이를 기르고 있다면 평범한 정도의 양육자에 그쳐서는 안 된다. 아이의 특수한 욕구에 대응하고, 항상 고민하고, 반응하기 전 먼저 아이의 욕구와 감정을 고려하는 특수한 양육자가 되어야 한다. 특수한 아이는 당신이 아주 큰 사람이 되어주길 바라고 있다. 당신이 아주 친절하고 아주 현명하길 기대한다.

특수한 아이를 최상의 방식으로 기르려고 노력하는 양육자들이 마주하는 가장 큰 어려움 중 하나는 바로 이들 주변의 반응이다. 공공장소에서 난동을 피우는 아이를 봤을 때를 떠올려보길 바란다. 가까이에서 아이의 분노를 어쩌다 목격하게 된 다른 어른들의 얼굴에 떠오른 비난 어린 표정도 말이다.

구경꾼들은 요즘 유행하는 양육법에서 말하는 아이란 어떤 존재이고 아이에게 필요한 것은 무엇인지, 또 이를 다양한 '방법'과 '이론'에 따라 어떻게 대처해야 하는지에 익숙하다. 그들은 부모가 이 상황을 엄중히 바로 잡아야 하고, 아이를 통제해야 하며, 그런 행동이 용납될 수 없다는 메시지를 아이에게 단호하게 전달해야 한다고 생각할 것이다. 양육자는 그 순진한 논리에 굴복해야 한다는 상당한 압박감을 느낄 수밖에 없다.

아이가 가족이 함께하는 저녁 식사 자리나 교실에서 난동을 피운다고 생각해보자. 이 광경을 목격하는 사람들이 남이 아니라 아이의 세상에 함께하는 양육 구성원(친인척이거나 이웃에서 아이를 키우는 부모들 등)인 경우 말이다. 이런 상황에서 양육자가 느낄 부담감은 더욱 심해진다. 아이의 발달과 욕구를 진심으로 이해하는 부모는 잘 알려진 훈육법을 따라야 한다는 부담감을 극심하게 느끼고, 이로 인해 이미 힘든 상황이 더욱 힘들어진다. 실로, 특수한 아이를 둔 부모들이 이러한 부담감을 스트레스의 주원인으로 꼽을 때가 많다. 이로 인해 친구와 멀어지고, 가족들 사이에 금이 가며, 부부간에 갈등이 생기고, 결국 점점 더 고립되어 가는 것이다.

특수한 아이를 키우는 부모는 아이가 지닌 높은 수준의 욕구로 인해 다른 부모들보다 더욱 지치는 일상을 보내기에 조절력을 잃기 쉬운 상황에서 이러한 부담과 고립까지 짊어져야 한다. 때문에 자신에게 시선이 쏟아지거나 좋은 의도겠지만 원치 않은 조언이 전해질 때면 이 모든 압박감에 굴복하고 아이가 '나쁜' 행동을 하지 못하게 사전에 차단하고 싶은 유혹이 상당히 커진다. 하지만 그래서는 안 된다.

아이들은 자신의 양육자가 물살을 거슬러 헤엄치길 바라고, 가능한 최고의 양육자가 되겠다는 사명감으로 세상이 주는 부담감에 단호한 결심으로 맞서길 바라고 있다. 그 과정에서 사람들에게 외면당할지도 모른다. 갈등이 생길 수도 있다. 하지만 아이의 인생이 걸린 일이다. "불편한 상황을 처리하는 것이 아니라 한 인간을 양육하는 것이다." 간호사이자 작가인 키티 프란츠Kittie Frantz는 이렇게 말했다.

당신의 아이가 당신을 필요로 하고 있다. 보호자인 우리는 좀 더 큰 공동체 안에서 위안을 얻고 우리 자신의 욕구를 충족시킬 방법을 찾을 수 있을 만큼 성숙한 사람이다. 하지만 아이는 달리 의존할 곳 없이 우리에게만 전적으로 의존한다. 아이들은 따뜻하고도 굳건하며 친절하고 지도력을 발휘할 수 있는, 자신에게 무엇이 필요한지를 감지하고 그게 무엇이든 자신에게 필요한 존재가 되어주는 보호자가 필요하다. 세상 사람들이 제아무리 당신을 두고 너무 무르고, 서툴며, 양육을 잘 몰라 아이를 과보호하려 든다고 말할지라도 말이다.

아이를 마음으로 느끼고 아이에게 필요한 존재가 된다는 것이 당신의 특수한 자녀에게는 기준을 낮추고 목표를 조정하고, 어떠한 한도를 높여야 하는 것이라면, 그렇게 해야 한다. 우리는 성장 중인 아이를 발달 과학이 옳다고 말하는 바대로 대해야 한다. 아이를 가능한 최상의 방식으로 양육하기 위해서는 항상, 어떤 일에서는 연결을 바탕으로 접근해야 한다.

도움이
필요한 순간

양육자들은 언제 전문가에게 도움을 구해야 하는지 혼란스러울 때가 많다. 항상 상황이 최악으로 치달을 때까지 기다릴 필요는 없다. 사실, 공동체의 도움을 구하고 아이의 욕구를 깊이 이해하고자 하는 태도가 최악의 상황을 만들지 않는 최고의 방법이다.

심리학자라는 직업 덕분에 나는 여러 양육자 및 아이들에게 다양한 교류의 창구를 마련해주는 역할을 한다. 수많은 가족이 공동체를 확장하고 긍정의 힘을 얻기 위해 내게 도움을 요청한다. 또한 당장 시급하게 해결해야 할 문제가 있어서가 아니라 아이의 욕구에 대해 너른 지식을 나누고 대화의 장을 경험하고 자 하는 교육자 및 돌봄 제공자와 함께 일할 때가 많다. 과학적 인 근거를 바탕으로 신중하게 저술된 자녀교육서는 물론 워크 숍 또한 큰 도움이 된다. 아이의 건강과 웰빙을 지키고 양육자 스스로 자기 돌봄을 긍정적으로 행할 계기를 마련하고, 당신 안의 헐크를 더욱 강하게 만들 방법을 찾길 바란다. 수많은 전 문가들과 지역사회의 단체가 아이와 부모의 웰빙을 위해 워크 숍과 상담 창구를 마련하고 있다.

부모 및 양육자가 아이 발달에 대한 걱정으로 도움을 찾는 일도 잦다.아이에게 우려스러운 문제가 있어 전문가의 특별한 조치가 필요한 경우도 있다. 전문가의 도움이 정말 필요한 문 제인지 혼란스러울 때도 있다. 그럼 이 질문에 답을 해보자. 해 당 문제로 인해 아이의 일상이 기능적으로 어려움을 겪고 있 는가? 다시 말해, 일상 속에서 아이가 자기 자신을 이해하는 데 어려움을 느끼거나, 이 세상이 안전하지 않다고 느끼거나, 발 달상에 어려움을 겪고 있는가? 이 질문에 그렇다는 생각이 든 다면 전문가에게 도움을 받는 것이 좋다.

나를 포함해 조기 개입 및 예방적 의료 분야에 속한 저명한 연구자들과 많은 의료진은 정말 어려운 상황에서도 보호자가 현명한 방법을 찾아갈 능력이 있다고 믿는다. 아이에 대해서만큼은 당신보다 전문가인 사람은 없다. 하지만 누구나 약간의 도움이 필요한 것도 사실이다.

· 전문가에게서 어떤 도움을 받을 수 있는가 ·

아이 발달 상담 및 카운슬링 분야에서 제안하는 다양한 접근법이 있다. 부모가 아이에게 필요한 존재가 될 수 있는 한 가지 방법은 가족 중심 접근법이다. 전문가가 아이의 욕구를 파악하고 그에 맞는 개입 전략을 선택하는 전문가 중심의 모델과 달리, 가족 중심 모델에서는 가족의 바람과 욕구가 중심이 되어 어떠한 해결책과 자원이 필요한지를 결정한다. 이 모델의 핵심은 상황을 주도하는 능력을 부여하는 데 있다.

양육자가 아이들을 위해 큰 사람이 되고자 할 때 무엇보다 중요한 것은 그럴만한 자신감과 주도권이 있다고 스스로 믿는 것이다. 이 책에 등장하는 여러 아이디어에 더불어 가족 중심 관점에서 문제를 바라보는 전문가와 함께 하는 것이 핵심이다.

양육자가 누구인지를 정확히 이해하고 가족 중심 접근법을 행하는 전문가와 함께하는 것이 중요하지만 무엇보다 아이의 발달 문제를 연결에 기반하여('애착 기반'이라고도 한다) 보고, 느끼고, 존재한다는 원칙으로 이해하는지가 핵심이다. 서로 다른 이론을 바탕으로 한 수많은 전문가의 상충하는 이야기 속에서 혼란을 느끼겠지만 연결 기반 이론과 접근법을 신념으로 하는 전문가를 찾는 것이 좋다. 그렇지만 공감 가는 접근법이 무엇인지, 무엇이 과학적으로 가장 탄탄한지, 무엇이 내 아이에게 가장 적절할지를 결정하는 것은 오롯이 당신의 몫이다. 양육자로서 현명함과 역량을 발휘해 다양한 정보를 바탕으로 가장 직관적인 방법을 찾을 수 있을 거라 믿는다.

전문적 도움을 구하는 사람들이 가장 많이 고민하는 또 다른 문제는 바로 누가 치료를 받아야 하는가이다. 심리학자나 임상의를 만나는 사람이 양육자여야 할까 아니면 아이여야 할까? 이 질문에 정해진 답은 없지만 몇 가지 고려해야 할 중요한 사안이 있다. 나는 먼저 부모와 상담을 하는 쪽을 선호한다. 아이와 대면하는 일은 거의 없다. 또한 전문가의 도움을 받고 있다는 사실을 아이한테 절대로 알리지 말라고 한다.

아이를 위해 큰 사람이 되고자 아무리 노력한다 해도 양육자가 자신의 욕구를 이해하지 못해 전문가의 도움을 받아야 한다는 사실을 아이가 알게 된다면 그 모든 노력은 허사가 되고 만다. 대다수의 경우, 전문가는 아이가 보여주는 행동과 욕구를 어떻게 이해하고 반응해야 하는지 알려주며 부모와만 소통하는 것으로도 문제는 충분히 해결된다.

아이의 과거 경험과 연령에 따라 전문가가 아이를 직접 만나보는 것이 적절한 경우도 있다. 가령 심각한 트라우마를 경험한 아이라면 부모와 아이 치료 모두를 진행하는 게 바람직하다. 이때 아이가 어리면 놀이 치료사와 놀이 기반으로 한 치료를 하거나, 놀이를 통해 아이가 복잡한 감정과 충격적인 경험을 소화할 수 있도록 도와주는 치료사를 찾아야 한다. 10세에서 12세 이상의 아이는 대화 치료가 동반되기도 한다.

몇몇 예외도 있지만, 트라우마가 없는 10세 미만의 아동은 부모 상담을 통해 양육자가 헐크가 되어 아이에게 필요한 존재가 되는 법을 배우는 것만으로도 충분하다. 십대 초반에서 십대 아이들은 치료사의 도움을 직접적으로 받는 것이 강렬한 감정과 정서를 이해하는 데 도움이 될 수 있다. 이런 경우에는 부모도 전문가의 도움을 동시에 받는 것이 이상적이다. 이 외 아이가 치료사와 직접적으로 대면하는 때도 앞서 말했듯이 부모 또한 전문가의 도움을 받는다는 것을 아이들이 모르게 하는 편이 낫다.

몇 년 전 내가 블로그에 쓴 글 하나가 다른 나라까지 퍼져 나가기 시작했다. 훈육에 대한 짤막한 글이었지만 전 세계에서 수백 통이 넘는 메일을 받았고, 어떤 이들은 이 글이 좀 더 정확하게 많은 사람들에게 전달될 수 있도록 번역을 해달라고 요청하기까지 했다. 그리 대단한 글은 아니었다. 아래가 바로 그 글이다.

식료품점 계산대 앞, 길게 늘어선 줄에서 종종 펼쳐지는 광경이다. 동생은 엄마나 아빠에게 설탕이 가득한 간식을 사달라고 스물일곱 번째 말하고 있고, 그런 동생을 오빠가 슬쩍슬쩍 건드리며 괴롭히기 시작하는 모습이다. 양육자는 점점 화가 치밀어 오른다. 줄에 선 사람들이 하나둘씩 쳐다보기 시작한다. 그리고 결국 식료품점에서 소리를 지르는 부모가 되고 만다. 보통 이런 식이다. "그만 좀 해!! 동생 건드리지말라고 벌써 여덟 번이나 말했지. 그리고 너, 간식은 안 돼!! 간식 안 사줄 거야!!!" 그리고 한 아이를 카트 반대편으로 밀어내 둘을 떨어뜨린다. 한 아이 혹은 두 아이 다 울음을 터뜨린다. 싸움과 칭얼거림은 멈췄지만 기분이 나아진 사람은 아무도 없었다.

훈육은 많은 사람들이 관심을 갖는 주제이다. 오늘날 유명한 훈육법은 전부 아이의 잘못된 행동을 바로 잡아 양육자의 삶이 평온해지는 데에 초점이 맞춰져 있다. 대체로 아동 발달 과학은 조금도 반영되지 않았지만 효과는 빠른 전략일 때가 많다. 이 방법들로 행동을 멈추게 할수는 있지만 우리가 스스로에게 물어야 할 질문은 바로 '그 대가는 무엇인가?'이다. 식료품점에서 평온한 순간을 얻기 위해 우리가 희생하고 있는 것은 무엇인가?

뇌신경 촬영 및 신경 화학을 포함해 현대 과학이 확실하게 밝힌 사실은, 아이의 신체적 욕구가 충족되는 것 다음으로 아동 발달에 가장큰 영향을 미치는 사안은 바로 양육자가 자신의 감정을 돌봐줄 수 있을거라고 아이가 느끼는가이다. 모든 아이가 공동적으로 두려워하는 것이 바로 부모에게 신체적으로 또는 정서적으로 버림받는 것이다. 그렇다면 우리는 자녀를 어떻게 훈육해야 한다는 것일까?

다시 식료품점 상황으로 돌아가 우리의 진짜 목표를 생각해보도록하자. 우리의 목표는 두 아이를 진정시키는 것이 아니다. 다만 안정된상태로 아이들을 이끄는 동시에 우리가 아이의 마음을 잘 이해하고 있다는 점을 느끼게 하는 것이다. 또 아이의 두뇌가 다시 진정할 수 있다는 사실을 깨닫게 하는 것이다. 우리의 목표는 아이가 답이 필요할 때는 우리에게 의지하면 된다는 것을 일깨우고 우리가 상황을 진정시킬 수 있고 그 방법을 우리가 알려줄 수 있다는 신뢰를 아이에게서 얻는 것이다. 이 목표들을 생각해보면, 아이들을 진정시키려고 화를 내거나, 물리적으로 우리와 떨어뜨려 놓으며 아이에게 '버림받았다'는 기분을 느끼게 할 때 우리가 치르는 대가는 명백하다.

그러니 앞으로 식료품점에서 소리를 지르는 부모로 변하려는 순간이 찾아오면, 무엇이 중요한지 다시 한번 떠올리길 바란다. 잘 자라게 해주고 싶은 아이의 민감한 두뇌와 마음을 유념하길 바란다. 단호하지만 친절하게, 연민 어린 방식으로 아이에게 정확한 바운더리를 전달할 방법을 찾아야 한다. "손을 가만히 두기가 힘든 것 같구나. 한 번씩 그럴 때도 있지만 그래도 해서는 안 되는 일이야. 엄마가 도와줄게. 엄마 옆에 와 봐. 같이 이 줄에 몇 명이 서 있는지 세어보자." 또는 이렇게 말하는 것이다. "이 간식이 많이 먹고 싶구나. 엄마가 안 된다고 해서 마음이 괴로울 거야. 그래서 지금 화가 나는 것도 잘 알아. 괜찮아. 엄마도 그 마음 이해해." 물론 이렇게 반응해도 아이는 울 수 있고, 화를 낼 수도 있다. 그리고 이렇게 설명하는 것이 너무 수고스럽고 피곤하다고 느낄 수도 있다. 하지만 아이의 두뇌와 마음이 가능한 최상의 상태로 기능하도록 성장시킬 기회라고 생각한다면 번거로운 마음이 놀라울 정도로 사라질 것이다.

....

내 글이 실린 여러 사이트에 달린 댓글을 읽으며 내 예상이 맞았음을 확인했다. 몇몇 긍정적인 댓글도 있었지만 대부분 부정적인 반응이었다. "훌륭한 훈육법이야. [냉소적인 이모티콘] 이렇게 키우면 아이는 분명 예의 바른 어른으로 자랄 거야!", "정말로? … '손을 가만히 두기가 힘든 것 같구나' … 이렇게 말하면 애들이 알아듣는다고?" 이런 글들이 많았다.

어쩌다 더는 아이의 영혼을 생각하지 않게 되었을까? 어쩌다 더는 아이가 어떠한 행동을 하는 데는 이유가 있다는 사실을 잊게 되었을까? 현대 과학이 밝혀낸 사실들을 바탕으로 우리는 이미 아이의 건강한 발달에 연결과 관계가 중요하다는 사실을 알면서도 어째서 아이의 감정을 배제시키는 훈육법을 받아들이는 걸까?

이제 변해야 할 때이다. 우리가 아이를 보는 관점을 완전히 바꿔야 한다. 아이는 악마도 아니고, 잘못된 것도 아니며, 바로잡아야 할 대상도 아니다. 아이는 그저 성장이 필요할 뿐이다. 양육자로서 우리의 역할을 생각하는 관점을 전환해야 할 때이다. 우리는 양육자라는 역할에 부여된 권력을 이용해 아이를 바꾸거나, 고치거나, 변화시키기 위해 존재하는 사람들이 아니다. 아이들이 순리대로 자랄 수 있도록 돕기 위해, 아이를 위해 싸워주려고 존재하는 것이다. 식료품점 계산대 줄에 늘어선 사람들은 부모와 아이들에게 비난과 무관심보다는 연민 어린 시선을 주어야 한다. 아이들, 양육자, 훈육법에 대한 담론을 바꿀 때이다.

아이의 욕구를 우선하고 이를 충족시키기 위해 노력하는 부모와 양육자들을 옹호하는 사회가 된다면 어떨까? 아이의 욕구를 충족시키는 것이 얼마나 중요한지에 대해 현대 과학이 굉장히 많은 사실을 밝혀냈고, 우리는 이를 행동에 옮겨야 할 의무가 있다. 이 지식의 빛으로 우리가 키워야 할 아이들을 더욱 깊이 이해하고 또 다른 양육자들을 도와야 한다. 학교에서는 훈육 정책 및 교육 방식에 연결을 갈망하는 아이의 욕구를 반영해야 한다. 어린이집과 유치원은 아이들이 학습하는 모든 것에 관계를 주요 도구로 활용해야 한다. 축구 코치와 수영 강사는 관계를 바탕으로 아이에게 운동선수의 의지력과 회복력을 가르쳐야 한다. 식료품점 계산대 줄에 늘어선 사람들은 아이의 행동을 보고, 아이의 욕구를 느끼며, 그 순간의 아이를 위한, 적어도 그 부모를 위한 존재가 되어 주어야 한다.

보고, 느끼고, 존재한다는 철학은 아동 발달이라는 현대 과학의 확실성에 근거한 개념이자 아이의 문제적 행동을 예방하고, 이런 행동에 적절하게 반응하며 관계를 돈독히 쌓고자 최선을 다하는 수많은 부모들의 경험으로 입증된 방법이다. 또한 단순하면서도 필수적인 행동 방침이다. 우리는 잘 알게 된 만큼 더욱 훌륭하게 행동해야 할 의무가 있다. 아이와 관련된 모든 것에서 연결에 초점을 맞춰 접근한다면 아이에게 가능한 최상의 방법으로 성장할 수 있는 기회를 제공할 수 있다. 우리가 연결을 바탕으로 세상을 이해할 때 다른 부모들과 양육자들에게 연결을 바탕으로 자녀를 대할 기회를 마련해줄 수 있다. 이제 담론을 바꿀 때이다. 보고, 느끼고, 존재해야 한다.

부모가 화를 내면 아이의 행동은 변하지 않습니다

아이와 힘겨루기를 끝내는 애착 육아의 기적

초판 1쇄 발행 2023년 06월 22일

지은이   바네사 라포인트
옮긴이   신솔잎
펴낸이   최현준

편집   이가영, 구주연
디자인   김소영

펴낸곳   빌리버튼
출판등록 제 2016-000166호
주소   서울시 마포구 월드컵로 10길 28, 201호
전화   02-338-9271 | **팩스** 02-338-9272
메일   contents@billybutton.co.kr

ISBN   979-11-92999-06-7(03370)